마이크 펜스의 행하는 신앙

이 소중한 책을

특별히 _____님께

드립니다.

The Faith of Mike Pence

Leslie Montgomery
Yeshu'a Ministries

ISBN: 978-1-64123-225-8
© 2019 by Leslie Montgomery

Whitaker House
1030 Hunt Valley Circle
New Kensington, PA 15068

미국 48대 부통령

마이크 펜스의 행하는 신앙

레슬리 몽고메리 지음

THE
FAITH
OF
MIKE
PENCE

나침반

마이크 펜스의 믿음의 중요성

미국 제48대 부통령 마이크 펜스의 신앙을 다룬 "The Faith of Mike Pence" 한국어판 출간을 진심으로 축하드립니다.

무엇보다도 마이크 펜스의 방한에 맞춰 이번 출간이 이루어지고, 독실한 기독인으로 알려진 마이크 펜스의 신앙을 소개할 수 있게 되어 무척 기쁘게 생각합니다.

저자는 마이크 펜스를 믿음과 삶이 일치되는 진정한 크리스천임을 강조하고 있는데 저 역시 이 책을 통해 그의 믿음의 중요성을 발견하고, 큰 감동을 받았습니다.

"너희는 세상의 빛과 소금"이라는 예수님의 말씀처럼 이 책을 읽는 독자들 역시 자신이 속해있는 영역에서 빛과 소금의 역할을 온전히 감당했으면 하는 바람입니다.

다시 한번 "The Faith of Mike Pence" 한국어판 출판을 진심으로 축하드립니다. 감사합니다.

김장환

김장환 목사 (극동방송 이사장)

서문

"나의 주님, 구세주이신 예수님께 이 책을 올려드립니다."

2006년, 나는 「콘돌리자 라이스의 믿음」을 출간했다.

그때 불임 치료 중이던 나는 만약 임신한다면 아이들을 학교에 보낼 때까지 하던 일을 쉴 생각이었다. 치료는 성공적이어서 나는 2년 반 동안 두 아이를 낳았다.

2017년 초, 두 아이가 학교에 갈 때가 되자 나는 다시 일을 시작하기로 결심했다. 2주 후, 나는 「마이크 펜스의 믿음」에 관한 책을 쓰는 꿈을 꾸었다. 그때까지 사실, 마이크 펜스와 그의 신앙에 대한 책에 대해서는 생각하지 않았다.

나는 새 책에 대한 연구를 시작했고, 몇몇 출판사에 제안서를 보냈으며 「콘돌리자 라이스의 믿음」을 출판했던 출판사에도 제안서를 보냈다. 하지만 그들은 내 제안에 관심이 없었다.

작가에게 가장 어려운 일은 책을 출판할 출판사를 찾는 일이다. 당시 나는 피를 말리는 상황에 직면했다. 그래서 하나님께 기도했다.

"이 책을 출판하는 것이 하나님의 뜻이라면, 좋은 출판사를 만나게 해주세요."

다음 날, 휘태커 하우스 출판사의 매니저인 크리스틴 휘태커로부터 한 통의 이메일을 받았다. 일 년 전쯤 창작소설 제안서를 보냈는데, 이미 제안한 소설에는 관심이 없지만 비소설 제안서가 있으면 보내달라는 것이었다. 나는 바로 「마이크 펜스의 믿음」에 대한 제안서를 보냈고 며칠 만에 출판 계약이 이뤄졌다. 이렇게 빨리 계약이 이뤄지는 것은 출판계에서는 거의 일어나지 않는 일이다. 그러나 「마이크 펜스의 믿음」 출판 계약은 그렇게 이뤄졌다.

나는 펜스 부통령 부부와 가족들을 인터뷰하기 위해 백악관에 인터뷰를 요청했고 대답을 기다리는 동안 하나님께 이 책을 출간할 수 있도록 문을 열어 달라고 기도했다.

내 제안에 대해 백악관에서 어떤 결정이 내려지고 있는지 나는 알 수가 없었다. 그런데 이미 백악관은 인터뷰를 거절한 상황이었다. 이런 사실을 모른 채 나는 계속 믿음으로 기도하며 다른 사람들에게도 기도를 부탁했다. 정말 하나님께서 이 책을 쓰길 원하신다면, 책 출판에 관한 모든 필요한 문들을 열어 주실 것이라고 믿었다.

어느 날 오후, 자신을 "펜스 부통령의 믿음의 동역자이자 절친"이라고 소개하는 스테거(Jay C. Steger)로부터 예상치 못한 전화를 받았다. 그는 내 관심 밖의 사람이었기에 인터뷰 목록에도 없었다. 그는 "부통령이 처음에는 책 출간과 관련된 일들을 모두 거절했지만, 최근 마음을 바꿨다"라고 말했다.

여러 사람들을 인터뷰하면서 하나님께서는 다른 사람들도

인터뷰할 수 있도록 만나게 하셨고, 말하기 꺼려 하는 사람들의 마음을 열어주셨으며, 펜스 부통령과 주변 사람들이 이 책의 출간에 최대한 참여하도록 인도하셨다.

책 출간에 부정적인 사람들도 있었다. 특히 부통령과 그의 가족, 그리고 측근들은 그들의 발언이 언론에 의해 심하게 왜곡되는 일을 수없이 경험했고 심지어 무기처럼 악용되기도 했기에 부정적인 마음을 갖는 것이 무리는 아니었다. 나는 힘든 상황에 놓였다. 하지만 기도의 힘을 믿으며 끝까지 나아갔고, 하나님께 닫힌 문을 열어 주실 것을 간구했다.

어느 날 오후, 펜스 부통령의 친한 친구인 렉스 엘사스와 특별한 만남을 가졌다. 그와 나는 신앙적으로 깊은 공감을 나눴고, 하나님은 이 프로젝트에 대한 나의 마음을 그에게 보여주었다.

나는 렉스에게 "이 책을 통해 부통령의 모든 것을 들추어내 헐뜯으려는 의도가 아니라, 남자로서, 남편으로서, 아버지로서, 정치인으로서, 그리고 크리스천으로서 마이크 펜스가 누구인지를 알리고 싶다"라고 명확히 전달했다.

렉스는 나와 펜스 부부의 만남을 여러 차례 주선했다. 그럼에도 백악관에서는 답이 없었다. 나와 렉스 그리고 그의 보좌관인 R.J. 리치먼드는 하나님께서 백악관의 문을 열어 주실 것을 믿음으로 기도했고, 결국 하나님께서는 그 일을 하셨다.

이 책은 정치적 목적으로 쓴 책이 아니라 마이크 펜스의 믿음과 그것이 그의 삶에 어떤 영향을 주었는지를 보여준다. 그가 "나는 크리스천이고, 보수주의자이며, 공화당이다"라는 순서대로 말하는 것을 좋아하는 것처럼 말이다.

그리고 나는 펜스 부통령을 영적 영웅으로 세우기 위해 이책을 쓴 것이 아니다. 단지 펜스의 진실함을 보여주고 싶다. 이런 마음으로, 그의 이야기에 최대한 귀 기울였고, 그의 가족, 친구, 동료들로부터 전해들은 이야기들을 잘 엮어 전달자의 역할을 감당했다.

이 책이 독자들에게 영감과 용기를 주고, 도전하게 하기를 기도한다.

모든 영광을 하나님께!

– 레슬리 몽고메리

목차

1
축복

"… 다윗을 왕으로 세우시고 증거하여 가라사대
내가 이새의 아들 다윗을 만나니 내 마음에 합한 사람이라
내 뜻을 다 이루게 하리라 하시더니"

－ 사도행전 13:22 －

스테인드 글라스로 둘러싸인 200년 된 세인트 존스 교회 단상 앞, 마이크 펜스(Mike R.Pence)는 친구들, 가족들과 함께 친밀한 기도모임을 갖고 있었다.

「Focus on the Family」의 설립자이자 「제임스 돕슨의 가족 이야기」의 저자인 제임스 돕슨(James Dobson) 박사는 펜스의 부통령 당선 축하를 위해 특별히 작성한 기도문을 들고 옆에 서 있었다.

취임식을 불과 몇 시간 남겨둔 오전 8시 30분,

펜스가 부통령으로서 새로운 역할을 감당하기 전에 돕슨 박사는 개인적으로 축복의 말을 전하고자 했다. 펜스는 중서

부 지역 출신답게 정중한 태도로 두 손을 앞으로 모으고 고개를 숙였다.

"이 역사적인 날을 기념하기 위해, 역대하 1장 7절부터 12절의 말씀을 소개합니다. 다윗의 아들 솔로몬이 이스라엘의 왕으로 선택되었을 때입니다. 우리 다 함께 봉독합시다."

"이 밤에 하나님이 솔로몬에게 나타나사 이르시되 내가 네게 무엇을 줄꼬 너는 구하라

솔로몬이 하나님께 여짜오되 주께서 전에 큰 은혜를 나의 아비 다윗에게 베푸시고 나로 대신하여 왕이 되게 하셨사오니 여호와 하나님이여 원컨대 주는 내 아비 다윗에게 허하신 것을 이제 굳게 하옵소서

주께서 나로 땅의 티끌 같이 많은 백성의 왕을 삼으셨사오니 주는 이제 내게 지혜와 지식을 주사 이 백성 앞에서 출입하게 하옵소서

이렇게 많은 주의 백성을 누가 능히 재판하리이까

하나님이 솔로몬에게 이르시되 이런 마음이 네게 있어서 부나 재물이나 존영이나 원수의 생명 멸하기를 구하지 아니하며 장수도 구하지 아니하고 오직 내가 너로 치리하게 한 내 백성을 재판하기 위하여 지혜와 지식을 구하였으니 그러므로 내가 네게 지혜와 지식을 주고 부와 재물과 존영도 주리니 너의 전의 왕들이 이 같음이 없었거니와 너의 후에도 이 같음이 없으리라"(역대하 1:7-12)

말씀 봉독을 마친 돕슨은 다음과 같이 말했다.

"우리가 잘 알다시피 솔로몬은 세상에서 가장 지혜로운 사람이었습니다. 성경은 우리가 지혜를 통해 하나님의 관점으로 바라볼 수 있음을 가르쳐 주고 있습니다. 리더가 받을 수 있는 최고의 축복은 영원한 진리를 사모하고 그것을 활용할 줄 아는 능력입니다. 결국 진정한 능력은 창조주 하나님으로부터 나옵니다.

펜스는 자신의 가치관이 올바른 방향으로 가고 있음을 그동안 입증했습니다.

저는 25년 동안 그를 알아왔고, 정부에서 그의 역할이 커가는 모습을 지켜보았습니다. 그의 인생은 겸손과 성실함으로 가득했습니다. 작년에 그가 국민들 앞에서 자신을 소개했을 때, 「나는 크리스천입니다」라고 전혀 부끄러워하지 않고 당당히 선언하는 것을 보았습니다. 기도로 이 역사적인 순간을 마무리하겠습니다.

하늘에 계신 아버지,
마이크 펜스와 도널드 트럼프(Donald J. Trump) 대통령을 주님의 손으로 붙잡아 주시사 국가의 리더로서 짊어지는 무거운 짐을 잘 이겨낼 수 있게 도와주옵소서.
견디기 어려운 시련이 다가올 때, 하나님의 존재를 더 알게 하옵소서.

이 나라를 정의로 이끌게 하시고, 그들을 어렵게 하는 것으로부터 보호하시고, 국제적인 혼란 가운데서 지켜주옵소서. 솔로몬에게 주셨던 것처럼 지혜와 명철을 허락하여 주옵소서.

모든 국정 업무를 마치고 다시 평범한 삶을 살아갈 때, 「충성된 종아, 잘하였다」라고 칭찬받게 하옵소서.

예수님의 이름으로 기도하옵나이다. 아멘."[1]

2

아일랜드계 미국인

"여호와께서 아브람에게 이르시되
너는 너의 본토 친척 아비 집을 떠나
내가 네게 지시할 땅으로 가라"

– 창세기 12:1 –

1923년 3월 14일, 펜스의 외할아버지인 리처드 마이클 코울리(Richard Michael Cawley)는 영국 리버풀 항구에서 뉴욕으로 향하는 안다니아호(The S.S. Andania)에 몸을 실었다. 약관 20세의 나이였다.

그날은 유독 춥고 비가 많이 왔다. 코울리의 수중에는 미화 23달러(오늘날 약 335달러) 정도가 있었다. 새로운 땅에서 삶을 시작하기에는 충분하지 않은 돈이었다. 회색 눈의 아일랜드 청년은 29일 동안 3등 칸에서 머무르며 미국에서 반드시 성공해 일가를 이루겠다는 야망을 품고 있었다.

「아일랜드 자유진영 군대」(The Irish Free State's Army)에서 복무

했던 코울리는 아일랜드 내전으로 창궐한 빈곤에서 벗어나고 싶었다. 태어난 고향을 떠나지 않으면 평화와 경제적 안정을 꿈꾸기 힘들 정도로 당시 아일랜드의 상황은 매우 나빴다. 코울리의 어머니는 꿈을 품고 자유와 기회의 땅으로 향하는 아들을 위해 어렵게 편도 티켓을 장만해 주었다.

이 이야기는 펜스의 가문에 대대로 전승되어 내려오는 전설과도 같은 이야기이다. 펜스의 증조할머니는 집 넘어 보이는 옥스산(Ox Mountain)의 서쪽을 바라보며 "미래가 있는 미국으로 반드시 떠나야 한다"라고 아들에게 말하곤 했다.[1]

아일랜드 슬라이고(County Sligo, Ireland) 지역의 시골 마을인 투버커리(Tubbercurry)에서 재단사의 아들로 코울리는 1903년 2월 7일 8남매 중 셋째로 태어났다. 그는 줄곧 방 두 칸짜리 집에서 살았으며 어느 정도 성장한 뒤에는 농장에서 일하며 학교를 다녔다. 8학년 때는 가족을 부양하기 위해 학교를 그만두고 탄광에서 일하는 광부가 되었다. 그러다가 증조할머니가 그들에게 말했던 것처럼 코울리는 형 제임스(James) 그리고 삼촌과 함께 미국으로 떠났다.

1923년 4월 11일, 29일간의 기나긴 항해를 마치고 마침내 안다니아호가 뉴욕 항에 도착했다. 까마득히 솟아오른 자유의 여신상이 힘든 항해를 마친 코울리와 다른 이민자들을 환영하는 듯 했다. 배에서 내려 미국 땅에 첫발을 내디딘 그들은 앞으로 이 땅에서 그들의 삶과 자녀, 손자로까지 이어지는 가문 대대로 하나님께서 놀라운 축복을 부어주실 것이라는 사실을 상상조차 하지 못했다.

엘리스섬(Ellis Island)에서의 입국 절차는 꽤나 까다로워 많은 시간이 소요되었다. 코울리는 뉴욕에서 얼마간의 시간을 보내다가 형과 함께 시카고로 향했다.

시카고에서 이런저런 잡일을 하던 코울리는 1927년 「시카고 서피스 라인」(Chicago Surface Lines)의 전차 운전사 자리를 얻었다. 버스 기사가 된 코울리는 40년 동안 한 회사에서 근속했다.

코울리는 고향에서 남쪽으로 225마일 떨어진 둔백 카운티 클래어(Doonbeg, County Clare)에서 태어난 메리 엘리자베스 말로니(Mary Elizabeth Maloney)와 결혼했다.

학교 선생님이었던 그녀는 1세대 미국 이민자였다. 이 부부는 시카고 남부에 있는 작은 아파트에서 3년에 걸쳐 메리 엘렌(Mary Ellen)과 앤 제인(Anne Jane), 두 딸을 낳았다. 앤 제인은 '낸시'(Nancy)라고도 불렸던 펜스의 어머니다.

낸시가 태어난 후, 코울리는 늙은 어머니를 돌보기 위해 아내와 두 딸을 남긴 채 아일랜드로 떠났다. 두 딸과 어머니는 아버지가 너무 오래 떠나 있어서 혹시 돌아오지 않으면 어쩌나 하는 걱정을 하곤 했다.[2]

아일랜드 땅에 뿌리를 둔 미국인

우려와는 달리 다시 미국으로 돌아온 코울리는 1941년에 정식으로 미국 시민이 되었다. 하지만 그는 자신의 뿌리가 아일랜드에 있음을 잊지 않았다.

코울리는 매주 토요일 밤 성 패트릭 데이(St. Patrick's Day) 퍼레이드에서 행진을 했고, 피아노를 치고, 아내 그리고 두 딸과 함께 아일랜드 민요를 부르며 아일랜드인으로서의 정체성을 결코 잊지 않기 위해 노력했다.

펜스의 친할아버지인 에드워드 조셉 펜스 시니어(Edward Joseph Pence Sr.)는 1902년 노동자 계층이 주로 모여 사는 시카고의 한 동네에서 태어났다. 독일과 아일랜드계 혈통이 섞인 가톨릭 가문이었다. 그는 고등학교 1학년을 끝으로 학교를 그만두고 가축 사육사와 돼지 판매원으로 일했다. 그 후 에드워드는, 아일랜드와 프로이센(Prussian) 이민자인 메리 안나(Mary Anna)와 필립 블레이즈 쿤(Philip Blaze Kuhn)의 딸인 제랄딘 캐슬린 쿤(Geraldine Kathleen Kuhn)과 결혼했다.

에드워드와 제랄딘은 유서 깊은 유니언 스톡 야드 게이트(Union Stock Yard Gate) 근처에 살았고 슬하에 두 아들과 딸을 두었다. 그중 맏이가 1929년에 태어난 펜스의 아버지 에드워드 펜스 주니어(Edward Pence Jr.)이다.

펜스의 할아버지는 매우 엄한 분이었다.

그는 장남인 에드워드가 고등학교를 졸업했을 때에도 재정적 지원을 조금도 해주지 않았다. ⁽³⁾ 펜스의 할아버지는 '아이들이 꿈을 이루기 위해서는 근면 성실의 가치를 배워야 한다'고 믿었다.

엄한 아버지로부터 근면 성실의 가치를 배운 에드워드는 당시 힘들기로 유명하던 「시카고 증권 거래소」(Chicago Stock Exchange)에서 일을 시작했다.

펜스의 아버지 에드워드는 인생에서 가장 중요한 세 가지 덕목은 '노동과 신앙 그리고 가족'이라고 배웠다. 그리고 자신의 삶에서 이 세 가지 덕목을 성공적으로 일구어냈다.

에드워드는 고모로부터 학자금을 빌려 시카고에 있는 가톨릭 계열의 명문 「로욜라 대학교」(Jesuit Loyola University)에서 법학을 공부했다. 하지만 대학을 졸업하기까지는 생각보다 더 많은 돈이 필요하다는 것을 깨닫고는 학업을 중단했다.

1950년, 에드워드는 미 육군에 입대해 당시 벌어지고 있던 한국전쟁에 참전했다. 최전선에 배치되어 올드 발디 (Old Baldy) 전투로 유명세를 떨치던 제45보병 사단에서 복무하던 에

펜스의 아버지가 한국전쟁 중 청동 훈장 받음

드워드는 전쟁 중에 중위로 진급했다. 전역 후에는 소대를 이끌고 지뢰밭을 넘어 전장의 선발대로 활약한 공을 인정받아 1953년 청동 훈장(Bronze Star)을 받았다.

인디애나주 바르샤바(Warsaw)에서 펜스와 가족같이 자란 제이 C. 스테거(Jay C. Steger)는 펜스의 아버지 에드워드에 대해 이렇게 말했다.

"에드워드는 의사소통과 리더십에 탁월한 재능이 있던 친구였어요. 누구에게나 친절했고 밝은 성격의 소유자였습니다."

군 복무를 마친 에드워드는 정유회사에 입사해 평생을 그곳에서 일했다. 펜스의 어머니인 '낸시' 제인 코울리는 가족과 친구들에게 솔직하고, 재치 있고, 매력적인 사람으로 친구를 쉽게 사귀었고, 학업 성적도 뛰어났다.

고등학교 졸업 후 비서 학교에 진학한 그녀는 친구들과 시카고 시내로 외출을 나갔다가 선술집에서 회사 유니폼을 입고 있던 에드워드를 만났다. 두 사람은 그곳에서 대화를 나눴고, 에드워드는 수정같이 파란 눈동자를 가진 활기찬 모습의 낸시에게 빠져들었다.

두 사람은 만난 지 몇 달 만에 약혼했고, 1956년 초 결혼했다.

낸시는 결혼한 해 11월 14일에 첫 아들 그레고리를 낳았다. 그리고 둘째 에드워드 필립(Edward Phillip)도 뒤를 이어 태어났다. 에드워드가 「퓨어 오일」(Pure Oil) 정유회사와 「마라톤」 (Marathon) 정유회사에서 일하는 동안, 4명의 가족은 별다른 일 없이 평범하게 살았다.

낸시가 셋째를 임신했을 즈음, 에드워드는 시카고 남쪽 227 마일 지점에 있는 인디애나주 콜럼버스(Columbus)의 「킬 브라더스」(Kiel Brothers) 정유회사의 중역직을 수락했다. 그렇게 식구가 늘어난 에드워드의 가족은 인구 3백만이 넘는 윈디 시티 (Windy City)를 떠나, 인구 2만 명이 채 되지 않는 소도시 콜럼버스로 이사를 했다.

그들 가족의 새로운 집은 한적한 북쪽 교외에 위치한 에버로드 파크 웨스트(Everroad Park West)의 방이 세 개 딸린 벽돌집이었다. 그 당시 새 집의 평균 시세는 12만 400달러였고 평균 연봉은 5천 10달러, 그리고 휘발유 가격은 1갤런에 25센트였다.

낸시가 집에서 아이들을 양육하는 동안 에드워드는 킬 브라더스에서 열심히 일을 해 회사를 눈부시게 성장시켰다. 중서부 지역인 인디애나, 켄터키(Kentucky), 그리고 일리노이 (Illinois) 전역에 걸쳐 200개 이상의 주유소를 운영할 정도로 회사는 눈부신 성장을 했고 그 보상으로 그는 회사의 지분을 소유하게 됐다.

제이 C. 스테거는 당시를 회상하며 이렇게 말했다.

"시간을 돌아보면 그때는 동네의 모든 골목마다 주유소가 있었어요. 그렇지만 지금처럼 주유소에서 우유나 음식 등을 살 생각은 꿈도 못 꿨죠. 당시 주유소에는 자동차 정비소가 같이 있어서 주유소에 가면 주유를 하고, 차를 정비하고, 담배를 살 수 있었어요."

그 당시는 흑인 인권운동이 활발하던 시기였다.
흑인들은 피부색 때문에 매우 부당한 대우를 받고 있었다. 어떤 집주인들은 흑인들에게는 절대로 집을 팔지도 않고 렌트를 해주지도 않았다. 개신교와 가톨릭의 사이도 좋지 않았다.

외할아버지의 이름을 물려 받다

1959년 6월 7일 따스한 일요일 오후, 가족이 콜럼버스로 이주한 지 채 6개월도 지나지 않아 외할아버지의 이름을 딴 마이클 리처드 펜스(Michael Richard Pence)가 태어났다. 펜스는 태어난 지 몇 개월 만에 세례를 받았고, 그의 부모님은 하나님과 교회의 뜻에 따라 아들을 양육하겠다고 다짐했다.

3살 때까지 거의 말을 하지 못할 정도로 펜스는 매우 말이 늦었지만 그밖에 별다른 문제는 없었다. 그때쯤 할아버지는 손자에게 게일어(Gaelic, 도서켈트어군에 속한 대표적인 아일랜드어)를

펜스의 3형제

가르쳤는데 펜스는 '험티 덤티'(Humpty Dumpty)라는 어린이 노래를 배운 후 말이 굉장히 많아졌다. 당시 펜스의 집안이 정치적으로 편향된 건 아니었지만 그때는 공공연히 민주당을 지지했고, 온 가족이 존 F. 케네디(John F. Kennedy) 대통령을 존경했다.

어린 시절에 대한 펜스의 첫 기억은 4살 때 TV에서 방송된 케네디 대통령의 장례식을 봤던 장면이다.

"저는 거실의 바닥에 앉아 흑백 텔레비전을 통해 군인들의 호위 차량들을 바라보고 있어요. 또한 말굽 소리가 많이 들렸던 것이 생각납니다."

또한 펜스의 가족들은 비폭력 저항운동으로 미국 전역을 돌며 인종적 편견을 없애려고 노력한 흑인 인권 지도자 마틴 루터 킹(Martin Luther King Jr.) 목사를 존경했다. 케네디 대통령이 암살된 해, 킹 목사는 미국 사회의 인종평등에 공헌한 업적으로 최연소 노벨평화상 수상자가 되었다.

펜스가 여섯 살이 되었을 때, 그의 가족은 성 바르돌로뮤(St. Bartholomew) 교회의 자매 교구인 성 콜럼버스(St. Columbus) 교회에 다니기 시작했는데, 펜스 가족이 사는 마을에 신자들이 늘어나며 생긴 교회였다.

그다음 해 8월, 펜스는 성 콜럼버스 교회 근처에 있는 유치원에 다니기 시작했다. 유치원에서 8학년까지의 교과과정이 있었던 이 학교는 영적, 도덕적으로 올바른 삶을 사는 것을 강조하는 곳으로 교리문답을 바탕으로 영적인 헌신, 가정과 교회에 대한 헌신, 자선 사업, 인간의 존엄성에 대한 존중을 가르쳤다.

독서를 좋아했던 펜스는 이 학교에 다니는 동안 C.S. 루이스(C.S. Lewis)가 쓴 크리스천 판타지 시리즈 「나니아 연대기」 (The Chronicles of Narnia)에 푹 빠져들었다. 펜스는 이 책들을 몇 번이고 반복해서 읽었다.

학교에서는 학생들에 대한 높은 교육의 기대감을 갖고 예수님의 성품을 따라 살도록 엄격하게 가르쳤다.

펜스가 아는 최고의 남자, 아버지

펜스는 자신의 인생 중 만난 모든 사람 중에 아버지가 가장 큰 영향을 끼쳤다고 말했다. 그만큼 펜스는 아버지를 존경했다. 펜스의 아버지는 한국전 참전 용사로, 성공한 중소기업인으로, 그리고 그의 가족과 교회에 헌신한 남자로 자녀들에게 모범을 보였다.

"아버지는 내가 아는 가장 훌륭한 남자였고 훌륭한 아버지였고 훌륭한 남편이었습니다."[4]

에드워드는 늘 자녀들에게 자신의 신념이 담긴 리더십을 가르쳤다.

에드워드는 자녀들에게 남에게 인정을 받기 위해서 경쟁하는 사람이 되지 말고 자신을 위해 최선을 다할 것을 강조했다.

"너희 스스로 산에 올라야 한다."

이 한 구절이 에드워드가 자녀들에게 늘 강조한 부분이었다. 에드워드는 자녀들에게 스스로의 삶을 개척해야 한다고 가르쳤다.[5]

펜스의 형제들은 아버지로부터 누가복음 12장 48절의 말씀을 들으며 교육 받았다.

"알지 못하고 맞을 일을 행한 종은 적게 맞으리라 무릇 많이 받은 자에게는 많이 찾을 것이요 많이 맡은 자에게는 많이 달라 할 것이니라."

그들은 학교에서는 열심히 공부했고 교회에서는 열심히 봉사했다. [6]

펜스와 형제들은 신앙이 중심인 가정에서 자랐다.

주일에는 늘 교회에 갔고, 식사할 때는 늘 기도했다. [7]

펜스와 형제들은 일주일에 6일 교회에 들러 봉사를 했고 만약 토요일까지 교회를 가야 하는 일이 생기면 일주일 내내 교회에서 봉사를 했다. 펜스는 봉사하는 사람은 성령의 인도하심을 따르는 사람이라고 말했다.

"성령님은 우리의 은사를 타인과 사회를 위해 사용하고 유익하게 할 수 있도록 우리를 인도하십니다. 성령님의 인도하심을 따를 때 우리가 남들을 섬길 수 있게 된다고 생각합니다."

존경하던 존 F. 케네디 대통령 서거 이후, 펜스는 섬김이 자신의 삶에 지속적인 영감을 주는 원천이라는 것을 발견했다. 그는 케네디 대통령의 사진, 그에 대한 현수막, 관련 뉴스 기사들을 그의 침실 벽장 상자에 보관했다. 수업 과제로 타임캡슐을 만들었을 때도 그는 케네디 대통령의 사진과 신문 스크랩을 넣었다.

펜스의 또 다른 영웅 마틴 루터 킹 목사는 펜스가 아홉 번째 생일을 맞기 두 달 전에 테네시(Tennessee)주 멤피스(Memphis)에서 암살당했다. 킹 목사는 "폭력과 살인으로는 흑인들의 평등권을 위한 투쟁을 멈출수 없다"라고 미국인들에게 가르쳤다. 펜스는 그 말들을 마음에 새겼고, 그 가르침을 앞으로의 삶의 지표로 삼았다.

어린 펜스는 1968년에 일어난 격동의 시간들- 4월에 마틴 루터 킹의 암살과 두 달 후 발생한 존 F. 케네디의 형제인 로버트 케네디(Robert F. Kennedy)의 암살-을 겪었지만 펜스 가정은 여전히 옳은 신념과 사랑으로 가득한 더 나은 것들을 소망하며 살았다.

에드워드는 킬 브라더스 회사에서 승진을 했고, 공동 소유주이자 회사의 부사장 자리에 올랐다. 펜스 가족은 점점 더 늘어나는 가족들과 살 집을 구하기 위해 마을의 중상위층 지역인 파크사이드(Parkside)에 위치한 더 큰 집으로 이사를 했다.
펜스와 그의 형제들은 근처 운동장에서 축구를 하고, 자전거를 타고 마을로 가서 과자를 사고, 모형 비행기를 만들고, 동네 개울에서 놀곤 했다. 겨울에는 마당에서 눈으로 요새를 만들기도 했다.

11살 때 가고 싶은 대학을 결정하다

11살이 된 어느 여름, 펜스는 콜럼버스 남동쪽에 위치한 「하노버 컬리지」(Hanover College)에서 주최한 농구 캠프에 참가했다. 하노버 컬리지의 기숙사에서 잠을 자고 구내 식당에서 식사를 하던 펜스는 아주 깊은 감명을 받았다. 농구 캠프가 끝나자 펜스는 11살의 어린 나이에도 불구하고 고등학교를 졸업하면 하노버 컬리지에 진학하겠다고 진지하게 결심했다.

인디애나주 비치 그로브(Beech Grove)에 있는 그레이스 수녀원(Our Lady of Grace Monastery) 출신인 샤론 비어만 수녀(Sister Sharon Bierman)는 펜스가 7, 8학년 때, 그에게 수학, 과학, 그리고 종교를 가르쳤다.

비어만 수녀는 "펜스는 이민노동자 가족의 학생들이 다른 학생들이 학교에 잘 적응할 수 있도록 도왔고 항상 열려 있는 마음과 너그러운 성품을 가진 학생이었다"라고 기억했다.

펜스는 또한 사람을 있는 모습 그대로를 바라보려고 노력했다.[8] 사람을 포용하고 이해할 줄 알고, 학교에서도 열심히 일하는 모습이 비어만 수녀가 기억하는 어린 시절 펜스의 모습이다.

"펜스는 항상 모든 과제를 아주 철저히 했어요. 신앙적인 부분뿐 아니라 여러 면에서도 뛰어났죠. 펜스는 공손하고, 부지런하고, 외향적이고, 매우 영리했어요."[9]

펜스는 '7가지 덕목'으로 알려진 믿음의 원리를 늘 암기했다.

'세례, 화해, 성체, 확신, 결혼, 아픈 사람을 위한 기도, 성령을 따르는 삶.'

이 덕목들은 성직자나 그에 비견할 정도로 신실한 삶을 살아가고자 하는 사람들이 만든 강령이었다. 펜스는 이런 덕목들에 관심이 많았으며 때때로 각 항목에 대해 깊이 공부했다. 그리고 펜스는 크리스천으로서 자신의 이름을 '크리스토퍼' (Christopher)로 선택했는데 이는 '그리스도를 전하는 자'라는 뜻이다.

정치에 깊은 관심을 가지다

8학년 졸업식 때, 펜스의 반 친구들은 펜스가 장차 미국의 대통령이 될 것이라고 생각했다.

펜스의 아버지가 자녀들에게 어려서부터 리더십을 집중적으로 가르쳤기 때문에 또래의 다른 아이들이 보기에는 펜스의 리더십이 더더욱 대단해 보였을 것이다.

펜스의 아버지는 일상에서 리더십을 가르쳤다.

집을 수리할 일이 생겼을 때 아버지는 네 명의 아들들을 앞에 불러놓고 일부러 서투른 모습을 보였다. 이 모습을 본 아이들은 누가 먼저일 것 없이 자기가 대신 고치겠다고 나섰다. 아버지는 아이들이 수리하는 모습을 지켜보며 잘하면 칭찬했고 못하면 조금씩 도와주며 가르쳤다. 아버지는 자녀들이 문제

를 스스로 해결하는 법을 사소한 집안일을 통해서도 배우기
를 바랐다.

펜스는 어릴 때부터 재치 있고 흉내를 잘 내는 것으로 유명
했다. 그는 친구, 선생님, 친척들을 흉내 내기 위해 몇 시간을
연습했는데, 특히 할아버지의 아일랜드 사투리를 흉내 낼 때
면 가족들은 웃음을 참지 못했다. 그의 어머니는 펜스의 이런
유머감각이 아일랜드 혈통에서 나왔다고 말했다. 아일랜드인
들은 유머 감각이 있는 유쾌한 사람들이었지만 또한 책임감
도 뛰어났다.

스테거는 펜스가 아버지 에드워드를 많이 닮았다고 말한다.
"펜스는 착한 사람이고 펜스의 아버지 또한 그랬어요. 집이
나 어느 방에서 가장 큰 웃음소리가 들리면 그곳에 펜스가
있었어요. 그의 아버지 에드워드 펜스도 그랬죠. 여러 사람들
과 잘 어울리는 분이었어요. 펜스는 아버지를 존경했고, 일상
적인 문제들에 대해 적극적이며 끊임없이 아버지에게 조언을
구했어요."

펜스에게 가장 소중한 추억 중 하나는 때때로 금요일 밤이
면 아버지와 함께 차를 타고 소방차를 따라다니던 시간들이
었다. [10]

펜스의 아버지는 평소에는 과묵하고 엄격한 규율주의자
였다.

"만약 아버지에게 거짓말을 하면 집 위층으로 불려가 대화를 한 다음 벨트로 맞았어요"라고 그레고리는 말했다. [11]

에드워드는 아이들이 예의 바르게 행동하기를 기대했다.

어른이 방안에 들어오면 아이들은 일어서서 예의를 표하기를 기대했다. 또한 에드워드는 노동이 얼마나 힘들고 가치 있는 것인지를 아이들에게 강조했다.

펜스의 할아버지 코울리도 늘 "꿈은 한계가 없다"라고 강조했다. 코울리는 펜스에게 "열심히 일하고, 규칙을 지키고, 가족들을 돌보고, 이웃들을 돌보고, 또 계속 열심히 일하면 미국에서는 누구든지 성공할 수 있단다"라고 가르쳤다. [12]

펜스는 이런 충고를 요셉과 같이 마음에 새겼고, 그의 어린 시절의 영웅 케네디 대통령과 같이 자신도 언젠가 의회에서 일할 거라는 꿈을 꾸기 시작했다. 이 꿈은 꼭 그의 아버지가 바라던 것은 아니었다.

오히려 아버지는 어린 시절 종종 펜스에게 자신은 정치인이나 변호사가 싫다고 단호하게 얘기했다. [13] 당시 사회적으로 가족들끼리 정치 얘기를 나누는 분위기는 아니었지만 펜스의 집안은 저녁 식사 때마다 이런 주제로 다양한 토론과 논쟁을 벌였다. [14]

펜스는 17살이 되었을 때 바르톨로뮤 카운티 민주당사에 찾아가 청년 코디네이터를 자원했다. 그는 콜럼버스 거리를 걸으

면서 회원들을 모집하고, 초인종을 누르고, 전단지를 나누어
주었다.

타고난 웅변가

펜스는 말을 늦게 시작한 아이 치고는 연설을 매우 자연스
럽게 잘 했다. 적어도 그렇게 보였다. 사실 펜스는 말하는 연
습을 정말 열심히 했다. 그는 5학년 때 첫 웅변대회에 나갔고
6학년, 7학년, 8학년 모두 대회에 출전했는데 경쟁자들은 언
제나 펜스보다 상급생들이었다. 어머니 낸시는 이 사실이 그
렇게 놀랄 일은 아니라고 말했다.

스피치 대회에서 수상

"그게 그렇게 놀랄 일만은 아
니었어요. 펜스는 항상 무언가
를 말하고 있었거든요. 사실 내
가 놀란 것은 펜스가 많은 사람
들 앞에서 말을 잘하는 모습을
본 순간이에요. 펜스의 차례가
되자 그의 목소리가 방청석까지
울려 퍼졌죠. 그 순간 펜스는 그
곳의 모든 사람들을 사로잡았어
요. 강단에 서있는 소년이 내 아들 펜스일 거라고는 생각도 못
했어요." (15)

펜스는 학창 시절 내내 웅변대회에 나가는 것을 좋아했다. 그는 주의 깊게 듣고 깊이 탐구하고 지적인 질문을 하는 것을 배웠다.

휴가를 떠나지 않았던 어느 여름날, 펜스는 아버지가 운영하는 주유소 중 하나인 「레이즈 마라톤」(Ray's Marathon)에서 일하며 용돈을 벌고 있었다. 주인의 아들이라고 해서 다른 직원들에 비해 특별한 대우를 받지는 않았다. 그러나 펜스가 사장의 아들이라는 사실을 알자 직원들은 펜스에게 다가오려고 하지 않았다. 괜한 마찰을 일으키고 싶지 않아서였다. 펜스는 여러 번 친구를 사귀려고 시도했으나 계속 실패했고 결국 아버지에게 조언을 구했다.

펜스의 고민을 들은 아버지는 다음과 같이 말했다.

"그들보다 더 많이 일해라. 그것이 너를 그들 앞에서 증명할 수 있는 방법이야. 제일 열심히 하는 사람이 되어라."[16]

펜스는 그렇게 했고, 그로 인해 동료들의 존경은 물론 친구들도 얻을 수 있었다.

펜스는 탐 피켓(Tom Pickett) 음악 센터에서 눈여겨봤던 악기를 사기 위해 부지런히 월급을 모았다. 그가 눈여겨본 악기는 에피폰(Epiphone)이라는 기타였다. 마침내 충분한 돈을 모으자 그는 바로 악기점으로 달려가 그토록 바라던 기타를 산 후 기타 레슨을 신청했다.

펜스는 어린 시절부터 축구, 농구, 레슬링과 같은 스포츠를 꾸준히 했는데도 과도한 체중으로 고생했다. 그는 자신이 어린 시절 매우 뚱뚱했으며 "마치 피클 밭에 있는 호박 같았다"라고 말했다. [17]

십대였을 때에도 펜스는 여전히 과체중이었고 그로 인해 자존감이 매우 낮아졌고 특별활동에도 큰 지장을 주었다.

고등학교 1학년 때 펜스는 그의 두 형제를 따라 교구 부속 학교를 떠나 존중, 책임감, 인간관계를 중요시하는 콜럼버스 노스 하이 스쿨(Columbus North High School)에서 학업을 시작했다.

믿고 있던 신앙과 조금씩 멀어짐

펜스는 십대 때에는 가톨릭 신앙을 지켰지만 점점 자신이 믿고 있던 신앙에서 멀어지기 시작했고, 그의 신앙이 자기 자신의 것인지 아니면 자랄 때부터 타고난 양육의 결과인지 의문을 품었다.

"저는 훌륭한 신앙의 가정에서 자랐습니다. 하지만 고등학교 때 멀어졌죠. 나는 신앙에는 관심이 없었어요. 신앙은 다른 사람들 이야기였어요." [18]

펜스의 부모님은 그의 과도한 체중을 걱정해서 고등학교 2학년 때 엄격한 체중 감량 프로그램을 실시하는 의사에게 펜스를 맡겼다. 부지런히 자신의 목표에 집중하면서 펜스는 그해 여름 55파운드(25kg)를 감량했다. 그해 가을, 3학년이 되어 학교로 돌아왔을 때 친구들 중 몇몇은 그를 보고는 '새로 전학 온 학생'이라고 생각할 정도였다.

펜스는 다이어트에 성공했다는 사실에 큰 자부심을 가졌다. 그는 그 기세를 몰아 부반장에 출마했으나 아래 동네에 사는 친구에게 패하고 말았다. 그다음 해, 펜스는 굴하지 않고 반장 선거에 출마했고 마침내 당선되어 그의 재능을 보여줄 기회를 얻었다.

솔선수범하고 노력하는 모습을 보여주기 위해 펜스는 말하는 실력을 향상시키고 싶었다. 장기자랑 등에서 자신이 행사 사회를 보는 모습을 녹화한 후 되풀이해서 보고, 고등학교 웅변팀인 「황소의 혀」(Bull Tongues)와 다가오는 웅변대회를 위해 연습하느라 수많은 시간을 보냈다. 4학년을 보내는 동안, 그의 팀은 450개의 회원 학교 중 21위를 차지했고, 펜스는 시애틀에서 열린 「국립과학수사협회의 즉흥적 말하기 대회」(National Forensic League's boys' extemporaneous competition in Seattle)에서 2위를 차지했다. 팀의 모금 파티에서 데비 숄츠 감독은 펜스에게 '올해의 웅변가상'을 수여했다.

펜스의 섬김의 리더십의 바탕에는 그가 지역사회에서 다른 사람들을 섬길 방법을 찾아야 한다는 마음이 자리하고 있었다. 그는 형 그레고리의 발자취를 따라 섬김의 삶을 살 수 있는 법을 찾아갔다.

펜스는 콜럼버스 노스 하이스쿨을 우수한 성적으로 졸업했다. 그리고 1976년 가을, 농구 캠프에 참가했던 때부터 입학하기로 결심했던 하노버 대학(Hanover College)에 지원해 합격했다.

3

변화의 바람

"예수께서 대답하여 가라사대 진실로 진실로 네게 이르노니
사람이 거듭나지 아니하면 하나님 나라를 볼수 없느니라"

― 요한복음 3:3 ―

1977년, 노동절을 일주일 앞두고 펜스의 부모는 차로 하노버 대학의 크로 홀(Crowe Hall) 앞에 내려주고는 떠나버렸다. 집에서 90마일이나 떨어진 곳에 혼자 덩그러니 남겨진 펜스는 두려움에 자신감을 잃고 말았다.

2008년 5월 24일 모교에서 졸업식 축사를 하던 펜스는 당시를 이렇게 회상했다.

"저는 너무 두려웠어요. 집에서 90마일 떨어진 곳에서 온 어린 소년이었어요. 학교 로비에는 공중전화 한 대밖에 없었죠. 저녁을 먹을 때마다 집을 그리워했어요. 룸메이트를 만나고, 첫 수업을 듣고, 첫 남학생 동아리에 가게 되면서부터 학교에

적응하기 시작했어요. 그 후로는 과거를 돌아보지 않았습니다."[1]

펜스는 새로운 친구를 사귀려고 몇몇 동아리들을 찾아다녔다. 하노버에서는 크리스마스 방학 때까지 2학기 안에만 동아리 등록을 하면 됐기 때문에 여러 동아리들을 둘러볼 수 있는 충분한 시간이 있었다.

펜스는 「파이 감마 델타」(Phi Gamma Delta) 동아리에서 두 살 선배인 마이크 스티븐스(Mike Stevens)를 만났다. 둘은 금방 친해져 펜스는 동아리방에 자주 찾아갔다. 이 동아리에는 그리스 문자 사용을 제한하는 룰이 있어 '피지'(FIJI)라는 별명으로 불리곤 했다. 단순한 동아리 모임이었지만 장학금을 받기 위해 모든 동아리 회원들은 노력했고, 우정, 지식, 봉사, 도덕성 그리고 우수성을 동아리의 핵심 가치로 여겼다.

스티븐스는 펜스와의 만남을 다음과 같이 회상했다.

"펜스는 동아리방을 꽤 정기적으로 찾아왔어요. 그래서 저는 펜스가 크리스마스 전에 「파이 감마 델타」에 가입할 것이라고 확신했죠. 그는 동아리에 있는 많은 학생들과 금방 친해졌고 그때 「파이 감마 델타」 동아리에 가입한 몇몇 사람들이 더 있었죠."

또 다른 친구이자 사촌 형제인 머피(Daniel Murphy)는 동아리 옆집에서 3년 동안 펜스와 함께 살았다. 그들은 헛간에 쓰이는 나무들로 이어 만든 '나무방'이라고 불리는 곳에서 살았다. 꼭 해적선 선실 같은 느낌이었다.

친구들 사이에서 펜스는 재치가 많기로 유명했다.

하지만 그로 인해 종종 곤경에 빠지기도 했다. 동아리 내에서 형제같이 지내던 친구 앤드류 머레이(Andrew Murray)는 펜스의 넘치는 재치는 때때로 친구들을 괴롭게 했다고 말했다.

"펜스는 재치가 넘쳤고 때로는 그 재치 때문에 곤경에 빠지기도 했어요. 펜스는 말을 잘했기 때문에 친구들은 말로 그를 이길 수 없었어요. 그래서 펜스를 물리적으로 때려 제압하기도 했어요. 물론 장난으로 때리는 것이었지만 그는 재치 있는 달변가여서 사람들을 화나게 하곤 했어요. 그렇게 화가 난 사람들이 그를 쫓아다녔죠."

너그러운 성격을 가진 펜스는 친구들 잘 사귀었고, 이 사실이 곧 대학 내에도 알려졌다. 펜스는 교내 행사에서 통기타를 자주 연주했고, 남녀 구분없이 많은 친구들이 펜스의 연주를 들으려고 몰려왔다. 대학 시절 내내 펜스는 공부하고, 친구들과 어울리고, 그리고 교회를 다니며 바쁘게 지냈다.

펜스는 '피리 부는 사나이'처럼 사람들을 끌고 다니는 대학교의 멋진 리더였다.

예수님과의 만남

펜스는 매주 교회에 나가는 가정에서 자라난 것은 큰 축복이었다고 말했다. 그러나 대학 생활에 빠져 점점 신앙생활로부터 멀어지고 있었다. 어머니와 아버지는 어디에서든 신앙생활을 할 정도로 성숙한 믿음을 가지고 있었지만 아직 펜스는 그런 믿음이 없었다. 대학에서 이런저런 생활에 빠져 펜스는 점점 하나님을 잊어가고 있었다.

신앙생활의 중요성을 희미하게 잊어갈 즈음 펜스는 그동안 경험하지 못했던, 다른 종류의 신앙을 가진 젊은이들을 만났다. (2)

펜스는 당시를 이렇게 회상했다.

"예수 그리스도를 인격적으로 만나는 것에 대해 이야기하는 젊은 남녀들을 만나기 시작했어요. 그동안 받은 신앙 교육이 내 신앙에 기반이 된 것을 존중하지만 그것이 전부는 아니라는 사실을 알게 됐죠."

그렇게 조금씩 기독교 신앙을 알아가던 펜스는 기독교 운동선수들이 함께 모인 동아리에서 마침내 예수 그리스도를 구주로 인정하기 시작했다.

도전하는 신앙생활

펜스는 교회에서 예배를 드리는 이유가 어린 시절 경험했던 신앙의 영역에서 느끼지 못했던 더 큰 도전을 주기 때문이라고 말했다.

펜스의 진정한 신앙은 대학 시절 동아리의 다른 형제인 존 게이블(John Gable)이 「베스퍼스」(Vespers)라는 기독교 친교 모임에 초대하면서 시작됐다.

「하노버 기독인 모임」(The Hanover Christian Fellowship)이라 불리는 이 단체는 교내의 브라운 메모리얼 채플(Brown Memorial Chapel)에서 모였다. 학생들이 직접 모든 순서를 인도했으며 기도와 찬양을 하고 성경을 함께 읽었다. 펜스는 이 모임을 처음에는 호기심 때문에 참석했지만, 한 귀여운 여학생을 본 후에는 자발적으로 계속 참여했다.

"그녀를 본 순간부터 그곳에 나가면 그녀를 다시 볼 수 있다는 희망으로 계속 참석했어요. 하나님께서 저를 예수 그리스도께 다시 돌아올 수 있도록 동기를 마련해 주었다고 생각해요."[3]

「베스퍼스」는 요양원 견학, 성경 공부, 수련회 등 지역 사회 봉사와 그리스도 안에서 성장을 강조하는 다양한 활동을 후원했다. 펜스는 성령님께서 그를 인도하고 있음을 깨닫지 못했지만 그 모임을 통해 늘 힘을 얻었다.

모임에 나갈수록 펜스는 동료들에게 더 많은 질문을 했고, 성경도 조금씩 읽기 시작했다.

"저는 대학에 오기 전에는 성경을 그리 많이 읽지는 않았어요."

그는 성경을 점점 깊이 탐독하며 거의 파헤치기 시작했고, 더 현실적으로 다가가기 시작했다. 그가 자라면서 경험한 것과는 분명 다른 신앙이었다.

다른 동아리 형제들은 펜스의 구원을 위해 기도하기 시작했고, 그들은 펜스에게 그들의 신앙에 대해 많이 이야기했다.

동아리 형제들의 간증을 통해 펜스는 그들의 믿음의 진실성을 목격했고 그런 모습에 흥미를 가졌다.

게이블은 펜스와 함께 하나님에 대해 다양한 주제로 말씀을 나눴다.

대부분의 주제는 '하나님의 말씀, 예수님의 십자가 희생, 죄사함, 예수님과의 인격적인 만남' 등이었다.

어느 날 펜스는 게이블에게 자신이 이제는 크리스천이라고 말했지만 그 말이 의미하는 바가 무엇인지는 모르고 있었다. 그래서인지 펜스는 성경에 나온 예수님의 십자가보다 게이블의 목에 걸린 십자가 목걸이에 더 관심이 있었다.

"게이블은 십자가 목걸이를 하고 있었는데 요즘처럼 스마트폰으로 쉽게 주문할 수 있는 시절이 아니었어요. 저는 게이블에게 「어디서 그런 멋진 십자가를 구할 수 있니? 이제부터 나도 진정한 크리스천이 되고 싶어」라고 말했어요."[4]

게이블은 십자가가 액세서리 취급 받는 것이 싫어서 끝까지 구입한 곳을 알려주지 않았다. 펜스는 방학 때 동네 보석가게에서 게이블의 목걸이와 비슷한 디자인의 십자가 목걸이를 샀는데 이 목걸이를 본 게이블이 말했다.

"펜스, 너는 그것을 목에 걸기 전에 먼저 마음속에 걸어야 해."[5]

예수님을 인격적으로 만나고 먼저 마음으로 영접해야 한다는 조언이었다. 믿음과 구원에 대해서 제대로 알지 못했던 펜스는 십자가 목걸이를 하고 있으면 자신이 크리스천이 될 것이라는 그릇된 생각을 하고 있었다. 그는 자신이 아직 죄인이며, 예수님께서 십자가에서 우리의 죗값을 치르셨다는 것을 이해하지 못했다. 그리고 예수님께 그의 마음속으로 들어오셔서 그의 구주가 되어주시라고 간구해야 한다는 사실을 알지 못했다. 펜스는 그때를 이렇게 회상했다.

"큰 충격을 받았어요. 거의 10분간 멍하니 서있었던 것 같아요."[6]

게이블은 부드럽게 말했지만, 그 사건은 펜스에게 큰 충격이었다.

펜스는 스스로에게 말했다.

'목걸이를 목에 걸기 전에 먼저 그걸 가슴속에 걸어야 한다는 게 도대체 무슨 의미지?'

게이블은 '지금 펜스는 주님을 영접하기 위한 길목에 서 있다'는 것을 알았다. 게이블은 펜스에게 크리스천이 되려면 자신의 삶을 그리스도에게 바치기 위한 결정이 필요하다는 사실을 알려주었다.

익투스(ICHTHUS) 축제에서

몇 주 후, 스티븐스는 매년 4월 마지막 주 켄터키 윌모어(Wilmore)에서 열리는 「익투스 크리스천 찬양 축제」(ICHTHUS Christian Music Festival)에 펜스를 초청했다.

익투스는 「애즈배리 신학교」(Asbury Theological Seminary) 학생들이 주관하는 크리스천 학생들의 수련회였다. 스티븐스는 펜스에게 "익투스 크리스천 찬양 축제는 금요일 오후부터 일요일 오후까지 수련회처럼 모여 크리스천 음악과 설교를 듣는 행사"라고 말했다. 펜스는 기꺼이 가겠다고 초청에 응했다.

펜스와 스티븐스는 4~5대의 차량에 짐을 싣고가서 텐트를 설치했고 학교 측에서는 햄버거와 핫도그를 제공했다. 이 젊은 학생들은 축제에 도착하자마자 다양한 설교와 새로운 찬양들을 들으며 곧장 축제에 빠져들었다.

당시 인기 있는 크리스천 아티스트인 필 키기(Phil Keaggy), 드가르모 앤 키(DeGarmo & Key), 스위트 컴포트 밴드(Sweet Comfort

Band), 그리고 안드레 크라우치(Andrae Crouch)가 주말 동안 그곳에서 함께 찬양했다. 주 무대에서 연주하는 밴드 외에도 여러 차례의 세미나가 있었다. 나눠주는 전단지에는 어떤 강사가 어떤 주제로 강의를 하는지 나와있었다.

펜스는 당시 '예수님이 세상을 구원하기 위해 하셨던 것보다 나를 구원하기 위해 하셨던 일을 강조했던 한 목사님의 설교가 매우 인상 깊었다'라고 회상했다.[7]

그는 축제에서 다양하고 특별한 경험을 많이 했다.

"좋은 찬양과 설교들을 많이 들었어요. 그리고 토요일 밤, 비가 조금 내리는 가운데 마침내 제 마음속에 '예수님의 십자가 희생'에 대한 깊은 깨달음이 다가왔어요. 그리고 나의 삶을 드려 예수 그리스도를 나의 구세주로 믿기로 결단하고 영접했습니다."[8]

> "영접하는 자 곧 그 이름을 믿는 자들에게는
> 하나님의 자녀가 되는 권세를 주셨으니
> 이는 혈통으로나 육정으로나 사람의 뜻으로 나지 아니하고
> 오직 하나님께로서 난 자들이니라"(요한복음 1:12, 13)

친구 스티븐스는 펜스가 그 결정을 내린 이후의 순간을 다음과 같이 회상했다.

"그가 세미나에서 돌아온 후 참석한 동아리에서 있었던 일

이에요. 그리스도를 영접하는 사람을 축하하는 시간에 펜스는 자신도 예수님을 구주와 주님으로 영접했다고 말했죠. 우리는 그에게 달려가 함께 얼싸안고 기뻐했어요."

예수님이 자신을 사랑한다는 사실을 알고 난 이후, 펜스는 정의롭고 옳은 삶을 살아 타인에게 본이 되고 남을 위해 희생하는 삶을 살 것을 결심했다.

펜스의 인생에는 매우 큰 도약이자 중요한 순간이었다. 이 결심은 펜스의 생각과 앞으로의 삶의 방식에 큰 변화를 일으켰고 지치지 않는 열정을 공급했다.

주말이 지나고 학교로 돌아왔을 때, 펜스는 완전히 다른 사람이 되었다.

스티븐스는 이 모습을 다음과 같이 회상했다.

"그의 얼굴에는 평화가 보였어요. 그전까지는 농담을 잘하는 사람이었는데 주말이 지난 후에는 그에게서 뭔지 모를 진지함이 느껴졌죠."

펜스는 하나님의 사랑과 은혜, 특히 **"모든 지각에 뛰어난 하나님의 평강"**(빌립보서 4:7)을 느끼고 있었다.

그날부터 펜스는 매일 성경을 읽고 기도하기 시작했고 「베스퍼스」 모임에도 계속 참석하여 신앙을 함께 나누었다.

수업을 마치고 동아리방으로 돌아와 매일 밤 「베스퍼스」에서 들었던 신앙적 주제들을 놓고 이야기하는 것이 펜스의 일상이었다. 펜스는 친구들과 방에서 함께 기도했고, 묵상한 성경 말씀이 어떤 의미이고, 또 어떻게 우리의 삶에 적용할 수 있는지를 나누었다. 곧 펜스는 「베스퍼스」의 예배 팀에서 기타를 연주하기 시작했고, 그의 믿음은 더욱 성장했다.

함께 체험한 영적 경험

펜스는 신앙이 성장하면 할수록 삶에서 느낀 점을 다른 사람들과 나누기 시작했고, 성령 체험에 대한 경험들을 공유했다.

「익투스 기독교 찬양 축제」 이후 펜스는 어린 시절부터 함께 자란 스테거와 더 가까워졌다. 복음에 대한 확신이 있었던 펜스는 스테거의 정신적 멘토가 되었다.

펜스는 스테거에게 "예수님을 인격적으로 믿기로 결정했니?"라고 종종 물었다. 스테거가 "아직 결정하지 못했다"라고 대답하면 펜스는 다른 형제들에게 배운 것들을 다시 스테거에게 전했다. 한밤중에 질문을 들고 예수님을 찾아온 니고데모처럼 신앙을 제대로 이해하지 못하는 스테거에게 펜스는 인내심을 갖고 성경을 설명해 주었다.

스테거는 이때의 경험을 다음과 같이 말했다.

"그때부터 펜스와 저는 함께 하나님의 말씀을 알아가기 시작했어요. 우리는 밤을 새워 가며 이야기했죠. 동아리방에서 대부분의 학생들이 맥주를 마시고 있을 때 우리는 철학과 신학과 신앙에 대해 이야기했어요. 사람들이 보기에는 바보 같았을거예요. 그렇게 몇 개월간의 대화 끝에 저도 예수님을 인격적으로 영접하기로 결정했어요."

스테거는 물론 성령님께서 자신을 예수님과 만나도록 인도하신 것이라는 것을 알고 있지만, 그럼에도 자신이 크리스천이 된 것은 펜스의 역할이 컸다고 고백했다.

"제가 크리스천이 될 수 있었던 것은 끝까지 저를 포기하지 않았던 펜스의 열정과 인내, 그리고 그가 보여줬던 믿음에 대한 확신 때문입니다. 펜스는 솔직하게 친구로서 신앙의 길을 함께 걷길 원했다고 말했어요. 아주 섬세하고 부드럽게, 한편으론 열정적으로 저를 인도했죠. 제가 워낙 완고한 사람이기에 펜스가 이런 방식으로 접근하지 않았다면 실패했을지도 몰라요."

펜스가 스테거를 전도하고 2년 뒤 펜스는 다른 동아리 친구인 머레이를 익투스 축제에 초대했다. 펜스와 같은 경험을 한 머레이도 곧 예수님을 영접했다.

머레이는 당시에 대해 "펜스는 그의 믿음에 대해 솔직했어요. 예전에는 동아리 회원들을 비난하는 말도 했었는데 예수님 영접 후에는 그의 마음이 열렸고 신앙에 대해서도 자주 얘기했어요"라고 말했다.

부모의 벽

펜스가 이전에 믿었던 것을 버리고 진정한 크리스천이 되는 것을 모든 사람이 지지한 것은 아니다. 그의 가족, 특히 그의 어머니는 펜스의 이런 결정에 매우 실망했다. 펜스는 그의 어머니의 반대로 자신이 했던 결정에 회의를 느꼈었다고 말했다. 어려서부터 가톨릭 신앙의 가정에서 자라왔기 때문에 펜스 역시 완전히 자유로울 수는 없었다.

물론 펜스의 가족들은 여전히 그를 사랑했다. 하지만 펜스의 친구들은 "네가 크리스천이 되었다는 사실을 가족들이 받아들이는 데는 꽤 많은 인내의 시간이 필요할 거야"라고 말했다.

펜스의 신앙은 빠르게 성장하며 성숙해 갔고 친구들은 하나님이 그의 인생을 변화시키는 것을 목격했다. 스티븐스는 당시 펜스의 모습을 다음과 같이 묘사했다.

"펜스는 닥치는 대로 책을 읽는 사람이어서 성경책도 꽤 빨리 읽었어요. 그리고 성경 공부를 하면서 제게 많은 질문을 했어요. 우리는 매일 성경에서 가르치는 대로 살기 위해 서로를 격려했어요. 궁극적으로 세상과 타협하는 삶을 살지 않겠다는 다짐이었죠. 그리고 펜스는 성경적인 원리를 삶의 모든 면에 빨리 적용하기 시작했어요. 특히 펜스가 여성관에 대해 이야기했던 것을 기억해요. 그는 「나는 기독교인으로서 부끄럽지 않게 여성들을 대할거야」라고 이야기했어요."

펜스는 다른 사람들, 특히 그의 친구들과 동아리 회원들이 그가 그리스도 안에서 찾은 자유를 똑같이 경험하기를 원했다. 단순히 그들을 앉혀놓고 설교하는 것이 아니라 여러 명에게 영적 멘토로 다가가고 복음을 전함으로 그리스도의 제자로 삼았다. 이런 과정과 노력을 통해 펜스는 하나님을 위해 헌신하며 살아가는 크리스천의 삶이 어떤 것인지 많이 배울 수 있었다.

그리스도 안에서 대인관계를 형성하는 방법, 영적으로 성장하는 방법, 성경과 기도에 대한 연구와 이해, 하나님의 뜻대로 자신의 삶을 변화시키기, 다른 사람에게 복음을 전할 때 어떻게 해야 하는지… 등등 펜스는 이 모든 것을 이때에 배웠다.

4

성숙해진 신앙과 정치

"아이 사무엘이 점점 자라매
여호와와 사람들에게 은총을 더욱 받더라"

— 사무엘상 2:26 —

2학년이 회장이 되다

하노버 대학 2학년 시절 펜스는 자신의 미래를 위해 리더십 역량을 더욱 향상시키고자 하는 열망이 매우 강했다. 그래서 1978년 가을에 남학생들의 사교 클럽 「파이 감마 델타」 회장 선거에 출마해 당선됐다.

펜스의 친구인 스테거와 머피는 이 소식을 듣고 정말 놀랐다.

"2학년이 회장이 되다니 대박이야. 정말 흔치 않은 일이 벌어진 거야."

"절대로 있을 수 없는 일이지. 지금까지는 선배들이 회장을 맡았잖아."

펜스는 스테거에거 "리더십을 갖고 싶다"라고 자주 말하곤 했다. 스테거와 펜스의 관계를 아는 사람들은 종종 스테거에게 "펜스가 대학교 시절부터 정치에 입문할 생각을 가졌을까요?"라고 묻는데 이 질문에 스테거는 언제나 "물론입니다"라고 대답했다.

펜스는 자신에게 충분한 리더십이 있다는 사실을 대학 시절에 알았고 그 능력은 어떤 부처이든 상관없이 워싱턴에서도 통할 수 있다고 믿고 있었다.

회장에 당선되고 얼마 뒤 펜스의 리더십은 시험대에 올랐다. 「파이 감마 델타」의 존폐가 걸린 큰 문제가 일어났다.

몇몇 멤버들이 펜스에게 거짓말을 하고 불법적인 일을 하다가 경찰에게 발각됐다. 그로 인해 이 모임은 사회 보호 관찰 대상이 되었고, 그들이 「올해의 하이라이트」로 매년 봄마다 열었던 피지 파티도 취소해야 했다. 클럽의 멤버들은 크게 분노했다.

펜스는 자신에게 거짓말을 하고 다른 사람들에게 큰 피해를 입힌 이 사람들을 어떻게 처리해야 할지 고민했다. 경험이 없던 펜스는 아직 이런 사람들을 어떻게 처리해야 하는지에 대해서는 명확히 알지 못했다. 여름에 고향으로 돌아온 펜스는 가장 믿을만한 조언자인 아버지에게 고민을 털어놓았다.

"너의 사명이 무엇이냐?"

펜스는 회장으로서 실수를 저지른 사람들을 차마 쫓아내지 못했다. 그런데 이 모습을 보고 다른 멤버들이 오히려 펜스에게 화를 냈다. 펜스는 여름 내내 아버지와 이 문제를 놓고 토론을 벌였다.

"아버지라면 어떻게 하시겠어요? 제가 잘못한 게 뭐죠?"

펜스의 질문에 아버지가 대답했다.

"나도 너를 돕고 싶구나. 그러나 이 문제는 너 스스로 해결하는 것이 맞다. 네 사명이 무엇이니? 그 모임은 무엇을 하는 모임이니? 그런 것에 내가 관여하면 안 된다는 사실을 너도 알아야 한단다.

네가 거기서 무엇을 성취하고 싶은지 그것부터 알아내라. 안 그러면 그것 때문에 너만 힘들어질 거란다."

이 질문에 고민을 하던 펜스는 나름의 답을 찾아 아버지에게 말했다.

"우리는 공부하기 위해서 모였어요⋯, 그리고 또 이런 것도 좀 하고 저런 것도 좀 하려고요."

탐탁지 않은 아버지의 표정에 펜스는 실제로 하지도 않았고, 원하지도 않는 일들을 마치 풍선처럼 부풀리며 대답을 키워나갔다.

여름이 끝나갈 무렵 아버지는 다시 같은 말을 반복했다.

"넌 아직 네 사명이 뭔지 분명히 모르는 것 같구나."

가을 학기를 위해 하노버 대학으로 돌아갈 준비를 하는 날, 펜스는 마침내 답을 찾았다. 펜스는 아버지에게 달려가 다음과 같이 말했다.

"제 생각에 우리는 사회 조직이에요."

"그렇다면 네가 그 모임을 기가 막히게 좋은 사회 조직으로 만들면 되겠구나."

펜스는 새로운 각오, 그리고 열정과 이상을 갖고 하노버 대학으로 돌아와 모임을 이끌었다.

당시 아버지 덕분에 사명을 찾고 돌아온 펜스를 스테거는 다음과 같이 회상했다.

"여름이 지나자 펜스는 크게 성장해서 돌아왔어요. 큰 돌풍을 일으키며 모든 영역에서 상상 이상의 일을 해냈죠. 학업은 물론이고 학교 대항 스포츠 경기, 파티까지…. 뭐든지 하기만 하면 우리가 승리했고, 모든 것을 물리쳤어요. 그야말로 끝내주는 시간이었어요."

펜스와 스테거가 함께 커티스(Curtis) 교수의 강의를 들었는데 그가 이들의 멘토가 되어주었다. 커티스 교수를 만나면서 두 사람의 삶은 달라졌다.

사람들은 펜스의 정치 인생을 다음과 같이 표현하곤 했다.

"케네디 대통령을 바라보고 성장했고, 레이건 대통령을 바라보고 보수주의자가 됐다."

펜스도 이에 대해 인정한 적이 있는 것처럼 틀린 말은 아니지만 사실 펜스가 보수주의자가 된 것은 커티스 교수의 공이 더욱 컸다. 커티스 교수가 자유주의 사상과 보수주의 사상의 차이를 분명하게 설명해 준 시점부터 펜스는 보수주의 사상에 마음이 끌렸다.

펜스의 친구인 스테거는 정치학을 전공 중이었지만 보수주의 사상이 무엇인지는 명확히 모르고 있었다. 자유주의 사상이 대세가 되고 있었고 교수들 중에서도 보수주의에 대해 제대로 가르치는 사람이 많지 않았기 때문이다.

그러나 커티스 교수는 달랐다. 그는 두 사람의 재능을 알아보고 알을 품는 어미 새처럼 자신의 모든 것을 가르치려고 노력했다. 커티스 교수의 노력 덕분에 펜스와 스테거의 정치와 세상을 바라보는 시야는 한층 더 넓어졌다.

커티스 교수는 펜스가 대학을 졸업한 후에도 그를 다양한 학회에 가입시켜 주며 끝까지 멘토가 되어주었다.[1]

보수주의자들의 신념은 일반적으로 다음과 같다.

'개인의 자유, 시민의 권리, 시민의 삶에서 최소한으로 개입

하는 작은 정부, 낮은 세금, 연방 정부 수준의 권력 분립, 지방 분산형 권력 이동.'

펜스는 커티스 교수의 지도를 통해 보수주의 사상을 지켜 가면서 어떻게 미국을 이끌어야 할지 방법을 모색했다.

스테거는 펜스가 매우 사려 깊고 종합적인 사상가라고 말한다.

"좀 더 자세히 설명하면, 펜스는 드러난 사실들만 아주 잘 분석하는 것이 아니라 숨겨진 세부 사항들도 전체 시스템 가운데 어떤 역할을 하고 있는지를 명확하게 이해하려고 열심히 노력해요. 펜스는 학술적으로도 탄탄해 보수주의가 사회에서 어떻게 작용하고 있는지 이론적으로도 잘 이해하고 있어요."

커티스 교수 역시 펜스를 특출한 학생으로 기억한다.

"펜스는 천성이 외향적인 사람이었어요. 그런데 특출나게 경청도 잘했죠."[2]

공화 당원이 된 펜스

펜스는 대통령 선거운동을 보면서 로널드 레이건을 존경하기 시작했다.

"상식이 통하는 로널드 레이건의 보수주의 방식에 나를 동일시하기 시작했어요. 그의 이상에 영감을 받은 저는 젊은 시절 몸담았던 당을 떠나 그가 속한 공화당으로 당적을 옮겼습니다. 그가 명백한 아일랜드인이었는지, 아니면 중서부 출신인지는 중요하지 않았어요. 분명한 것은 그는 저에게 영감을 주었다는 사실이에요."[3]

대학을 졸업할 즈음이 되자 펜스는 법률과 정치 쪽으로 가야 할지, 목회자가 되어야 할지를 놓고 고민했다.

당시 펜스는 '어떤 직업을 선택해야 성공할 수 있을까?'를 고민하는 사람이 아니라 '어떤 직업을 선택해야 사람들에게 더 유익을 끼칠 수가 있을까?'를 놓고 고민하는 것 같았다.

젊은 시절 목회자가 되어 복음을 전하는 것도 물론 좋은 일이었다. 그러나 하나님이 주신 재능과 은사로 남을 섬길 수 있는 가장 좋은 방법이 목회자가 되는 것인지에 대해서는 확신이 없었다. 새파랗게 젊은 청년이었던 펜스는 이 두 가지를 놓고 머리를 싸매고 심각하게 고민했다.

대학 졸업이 다가오자 커티스 교수는 펜스의 졸업 논문을 지도했다. 펜스는 「에이브러햄 링컨의 종교 사상」(The Religious Expressions of Abraham Lincoln)이라는 제목의 깊이 있고, 학술적인 연구로 졸업 논문을 제출했다.

이 논문에서 펜스는 16대 대통령 링컨의 신앙을 단계별로 추적했다. 신앙을 하찮게 여기던 시절, 심지어 기독교 신앙에 반대하며 크리스천들과 논쟁하기 위해 쓴 수필을 쓴 청년 시절부터 성경도 읽고, 기도도 하며, 자기를 위해 기도하는 사람들에게 감사하는 것도 잊지 않는 반듯한 신앙인이 될 때까지 링컨에게 일어난 일이 이 논문의 내용이었다.

펜스의 논문에는 링컨에 관한 사려 깊은 통찰이 담겨 있었다. 예를 들어, 그는 링컨이 1864년 9월 친구인 퀘이커 교도 목사 엘리자 P. 거니(Eliza P. Gurney)에게 보낸 편지도 인용했다. "전능한 분의 목적은 완전하니, 비록 우리같이 죽을 수밖에 없는 인생이 사전에 그 목적을 정확하게 인식하지 못한다 해도 결국은 잘될 수밖에 없다."[4] 1864년 의회에서 한 국정 연설에서 링컨은 "다시 한번 건강과 풍성한 추수의 큰 복을 주신 전능하신 하나님께 가장 큰 감사를 드립니다"라고 말했다.[5]

1981년 5월 24일, 펜스는 평점 3.4점의 성적으로 역사학 학사 학위를 받았고 학생들의 투표로 졸업식에서 졸업 연설을 할 대표로 선발되었다.

인디애나 횡단 여행

펜스는 그 후 인디애나 대학교 로스쿨에 지원했으나 로스쿨 입학시험(LSAT)에서 점수 미달로 입학을 거절당하는 고배를 마셨다. 그가 미래에 대해 고민하고 있을 때 하노버 대학에서 입학 상담사로 일해 줄 것을 제안했다. 펜스는 공부를 더 하려던 마음을 접고 인디애나주 전체를 종횡하며 고등학교들을 방문해 모교를 홍보했다. 그리고 이 여행은 펜스의 미래의 행보에 큰 도움이 되었다.

그때 많은 졸업생 친구들과 동아리에서 만난 형제들이 캠퍼스 주변에서 지내고 있었기 때문에 펜스는 이들을 집으로 초청해 성경공부를 시작했다. 많은 사람들 중 펜스의 집에 모인 이유는 펜스에게 이미 영적 리더십이 있었고 다른 사람들에게 선한 영향력을 끼치고 있었기 때문이다. 펜스는 그중 한 친구를 아예 자기 집에 들어와서 살게 하면서 두 사람이 주도적으로 사람들을 모아 정기적으로 경건한 시간, 곧 성경 공부를 시작했다.

펜스의 작은 거실에서 시작한 「말씀」(The Word, Bible) 모임에는 꽤 많은 사람들이 모였다. 말 그대로 사람들이 흘러넘쳤다. 그의 집에서는 동창회를 열기도 했지만 이는 겉보기에만 동창회였고 실상은 성경 공부를 위한 모임이었다.

스테거는 당시 상황을 이렇게 설명했다.

"우리는 성경 공부를 성경 공부라고 부르지 않았어요. 실제로 모여서도 성경을 읽기만 했죠. 대학에서 학위를 취득하려고 속성 강의를 수강한 적이 있었는데 아무도 무언가를 가르쳐주는 사람이 없었어요. 그때 우리는 그저 전공 책을 읽기만 했죠. 성경도 마찬가지였어요. 그러나 그렇게 읽기만 했는데도 점점 성경에 대해서 아는 것이 많아졌어요."

종종 이들은 서로에게 성경을 읽다 느낀 궁금한 내용들을 조금씩 묻기 시작했다.

매주 수요일 저녁 7시에 모여서 성경 공부를 하고 있었지만 펜스의 집에서 자발적으로 열린 이 모임은 더욱 길게 유지됐다. 그들은 단지 하나님의 말씀을 공부할 뿐만 아니라 하나님의 말씀대로 살아가고자 노력했기 때문이었다.

펜스는 2년 동안 입학 상담사로 일한 후 인디애나 대학교의 로스쿨 Robert H. McKinney School of Law에 다시 지원했다. 이번에는 LSAT에서 충분한 점수를 받아 무난히 합격했다. 펜스는 짐을 꾸려 북쪽으로 거의 160km 떨어진 인디애나폴리스로 이사를 했다.

친구가 된 경쟁자

로스쿨에 다니는 동안 펜스는 초교파적인 모임인 「크리스천 법률학회」(Christian Legal Society)에 참석했다. 이 모임은 법을 전공하는 학생들 중 신앙 문제를 겪는 학생들을 도우며 학생들이 신앙과 법률 공부를 잘 통합할 수 있도록 조력하는 모임이었다.

펜스는 그 클럽에서 마크 베일리(Mark Bailey)라는 경쟁상대를 만났다. 그들은 과목이 달라 수업 시간에는 만나지 못했지만 로스쿨 학생들이 참여하는 모의재판에서 마주쳤다.

펜스와 베일리는 서로 다른 파트너와 준결승에서 만났다. 우승 후보였던 두 팀은 맹렬하게 서로를 공격했다. 치열한 공방전이었지만 오히려 재판이 끝나고 금세 친구가 됐고 서로 많은 시간을 함께 보내게 됐다.

베일리는 펜스와의 첫 만남을 다음과 같이 회상했다.

"펜스는 뛰어난 연설가이자 자기 자신을 잘 표현하는 정말 영리한 친구예요. 펜스를 만날 때는 경연과는 상관없는 대화를 했는데 항상 진심이 묻어나는 친구였고, 사람에 대한 관심이 많은 친구였어요.

법대생이라고 해서 모두 펜스와 같지는 않아요. 그는 참 편하게 이야기할 수 있는 친구였어요. 펜스와 저는 법에 대한 관심 말고도 신앙적인 면에서도 통하는 점이 많았어요. 특히 펜스는 거듭난 그리스도인으로서 제게 용기도 주었고 또한 도전할 수 있는 동기도 많이 부여해 줬습니다."

특히 베일리는 그때 펜스가 자신에게 해준 말 중 지금도 생생히 떠오르는 말이 있다고 했다.

"펜스는 자신의 믿음, 그리고 성삼위 하나님이 자기 삶에 어떤 의미인지 매우 충성스럽게 이야기했어요. 펜스의 이 말을 들은 크리스천들은 누구나 그의 모습에서 일종의 도전 정신을 느낄 거예요.

펜스가 저에게 「믿음은 안전할 때만 갖는 것이 아니야. 진짜 믿음은 삶 전체의 분신과 같은 것이라서 때론 비난을 받거나 조롱을 당할 때도 가지고 있어야 해」라고 했던 말인데 지금도 생생히 생각이 나요."

펜스는 비는 시간이나 긴장을 풀고 싶을 때는 「격언」이란 뜻의 학생 신문 「딕텀」(Dictum)에 '로스쿨 데이즈'(Law School Daze)라는 만화를 연재했다. 그것은 펜스가 직접 기획해 만들고 이름까지 붙인 만화로 로스쿨에 관한 정보는 물론 어떤 때는 세태를 꼬집는 아이디어를 공유하기도 했다.

5
사랑과 율법

"아내를 얻는 자는 복을 얻고 여호와께 은총을 받는 자니라"
− 잠언 18:22 −

친구 스테거가 커티스 교수의 딸 애니(Annie)와 약혼한다는 소식을 들은 펜스는 매우 기뻐하며 자기도 인생을 함께할 동반자를 만나고 싶어 했다. 당시 로스쿨에 다니던 펜스는 가끔 데이트를 하기는 했지만 누구도 결혼 상대라고 느끼지 못했다.

펜스가 원하는 아내상은 말이 잘 통하고, 도전정신을 일깨워주고, 자기처럼 생각이 깨어있는 여성이었다. 신앙생활 또한 매우 열심히 해야 했다. 펜스의 이성관은 또래와는 달리 매우 성숙했다.

캐런과의 만남

펜스는 원래 초교파 크리스천 교회에 출석하고 있었다.

1983년 10월, 어느 주일 펜스는 집에서 가장 가까운 세인트 토마스 아퀴나스 교회(St. Thomas Aquinas church)에 갔다. 교회에 들어가자마자 예배 중에 기타를 치면서 노래를 부르는 검은 머리와 갈색 눈의 젊은 여성이 눈에 '확' 들어왔다. 놀랄 만큼 아름다운 그녀의 모습에 매료된 펜스는 예배를 마친 후 교회 주차장까지 따라갔다.

"잠시 얘기를 나눌 수 있을까요? 저도 기타를 칠 줄 아는데 예배시간에 함께 기타를 치고 싶어서요."

그녀는 찬양인도자에게 말해보라며 쌀쌀맞게 쏘아붙였지만 펜스는 무작정 자기소개를 했다. 이 짧은 대화를 통해서, 펜스는 그녀의 이름이 캐런(Karen)이고 그녀의 여동생 셰릴(Sheryl)이 자기와 같은 맥키니 로스쿨(McKinney Law School)에 다닌다는 사실을 알게 됐다.

짧은 대화를 마친 두 사람은 각자 갈 길을 갔다.

캐런에게 한눈에 반한 펜스는 좌절하고 말았다. 전화번호를 묻지도 못했고 그녀가 들고 있던 기타에 왼손이 가려져 손가락에 반지가 있는지 없는지 즉, 미혼인지 기혼인지 알아보지도 못했기 때문이다.

펜스는 완전히 그녀에게 푹 빠졌다.

말 그대로 사랑에 빠졌다. 캐런과의 대화를 마친 펜스는 곧장 근처에 있는 스테거의 사무실을 찾아가 2시간이 넘게 캐런에 대한 이야기를 쏟아냈다. 이후 올 때마다 캐런에 대한 이야기를 끝도 없이 늘어놔서 스테거는 종종 할 일이 있다며 펜스를 쫓아내야 할 때도 있었다.

펜스는 자기 마음을 사로잡은 아름다운 갈색 눈의 여인을 도저히 잊을 수가 없었다. 최소한 그녀가 기혼인지 미혼인지라도 알아내야 했다. 펜스는 캐런이 미술 교사로 있는 초등학교에 전화를 걸었다. "교회 주소록을 작성하는 중인데 캐런의 이름 앞에 '미스'(Miss)라고 써야 할지, '미시즈'(Mrs.)라고 써야 할지 알고 싶다"라고 묻자 "미스"라는 대답이 돌아왔다.

이제 전화번호를 어떻게든 알아내야 했다. 펜스는 인디애나 대학교 교무 직원에게 캐런의 여동생인 셰릴의 전화번호를 알려줄 수 있는지 물었다.

"학교 규정상 학생의 개인 정보는 알려줄 수 없습니다."

규정은 규정이었다. 펜스는 큰 실망감을 안고 집으로 돌아가려다가 갑자기 다시 직원을 찾아가 자신이 왜 전화번호가 필요한지 상세히 설명했다. 사랑에 빠진 펜스의 솔직한 고백에 직원은 마음이 움직였고, 종이에 전화번호를 적어 몰래 건네며 농담조로 "나도 결혼식에 초대해 줄 거죠?"라고 말했다.

집으로 돌아온 펜스는 좀 늦은 시간이었지만 용기를 내어

셰릴에게 전화를 해 캐런의 번호를 물었다. 번호를 받은 펜스는 다시 캐런에게 전화를 걸었다. 수화기 넘어 그녀의 목소리가 들렸다. 그토록 바라던 그녀와의 통화였지만 마음이 너무 떨렸던 펜스는 그녀의 목소리를 듣자마자 전화를 끊고 말았다. 옆에서 이 장면을 지켜보던 친구들의 격려에 펜스는 용기를 내서 다시 전화를 걸었다.

캐런은 여동생 부부가 외지에 가있는 일주일 동안 조카들을 돌봐주고 있었고 다행히도 교회에서 만났던 펜스를 기억하고 있었다. 그리고 "함께 샐러드를 먹자"라며 펜스를 저녁 식사에 초대했다.

며칠 뒤 캐런은 펜스에게 아이들과 함께 스케이트를 타러 가자고 말했다. 1983년 11월 6일 잊을 수 없는 그날 그들은 첫 데이트를 했고 캐런의 10살 난 조카는 펜스가 자기 이모와 결혼할 것이라는 데에 1달러를 걸었다.

펜스와의 만남에 대해 캐런은 이렇게 말했다.

"펜스를 처음 만난 날, 나도 첫눈에 반했어요. 첫 번째 데이트를 한 날 우리는 잠시 스케이트를 탔죠. 어느 순간 그가 쏜살같이 다가오더니 내 손을 낚아채 잡는 거예요. 내가 넘어질 것 같아 재빨리 달려와서 내 손을 잡은 거였어요. 펜스의 성품에 대해 잘 알 수 있는 상황이었죠. 그는 항상 종의 마음으로 사람들을 섬겼고, 다른 사람을 먼저 생각했어요."[1]

공군 기지에서 태어난 캐런

캐런 수 배튼(Karen Sue Batten)은 1957년 1월 1일에 릴리안(Lillian Hacker)과 존 마셜 배튼(John Marshall Batten) 사이에서 태어났다.

그녀가 태어난 곳은 공군 기지였다.

인디애나폴리스에서 살던 캐런의 부모는 캐런이 4살 때 이혼했다. 캐런과 그의 어머니는 인디애나폴리스의 중산층들이 주로 사는 지역인 브로드 리플(Broad Ripple)로 이사했다.

캐런은 책에서 위안을 찾았고 열렬한 독서가가 되었다.

그녀가 가장 좋아한 책은 루이스 피츠허그(Louise Fitzhugh)의 작품인 「탐정 해리엇」(Harriet the Spy)이었다. 캐런은 "2학년 때 선생님인 레일라 하맨(Laila Harman) 덕분에 독서와 낭독을 더욱더 좋아하게 되었어요"라고 말했다.

1967년, 캐런이 10살이 되었을 때 그녀의 어머니는 캐런이 다니는 초등학교인 파크 스쿨(Park School)의 교사 버나드 바시오(Bernard Barcio)와 재혼했다. 바시오의 교육에 대한 사랑과 즐거움은 캐런에게 큰 영향을 주어 '언젠가는 선생님이 될 거야'라는 꿈을 갖게 했다.

캐런은 6학년을 마친 후, 중학교 진학을 위해 세인트 누가 가톨릭 학교(St. Luke Catholic School)로 전학했다. 그녀는 줄곧 우등생이었다. 14살이 되자, 그녀는 가톨릭 남녀 공학 예비 학교인 비숍 차타드 고등학교(Bishop Chatard High School)에 입학했다.

학교에서 인기가 많았던 캐런은 「스피치 클럽」(Speech Club) 회장을 맡았으며 「프렌치 클럽」(French Club), 「치어 블록」(Cheer Block), 「학생회」(Student Council) 및 「나라 사랑회」(National Honor Society)의 회원이었다. 캐런은 학교의 과외 활동에도 매우 적극적이었고, 수석을 할 만큼 성적도 우수해 졸업식에서 졸업생 대표로 고별 연설을 했다.

1975년 고등학교를 졸업한 캐런은 집에서 5km도 떨어지지 않은 버틀러 대학교(Butler University)에 입학했다. 덕분에 그녀는 어머니와 자주 연락을 주고받았다. 그녀의 전공은 초등 교육학과였고 부전공은 미술이었다.

공군 기지에서 태어난 사람답게 캐런은 비행기와 비행을 사랑했다. 조종사 면허증도 가지고 있었다.

"비용도 많이 들고 위험하기도 해서 면허를 계속 유지하지는 않았어요. 공군 부대에서 태어난 것 외에도 아버지는 유나이티드 항공에서 근무했고, 저는 비행기 주변에서 자란 데다, 지인이 자기 비행기를 소유하고 있어서 십대 시절부터 지인과 함께 비행을 즐겼어요. 마치 몸속에 조종사의 피가 흐르고 있는 거 같았어요."[2]

캐런은 초등 교육학 학사와 석사 학위를 받아 졸업하자마자 교사 경력을 쌓아나갔다. 그녀는 여러 초등학교에서 학생들을 가르쳤고, 펜스와 교제할 때는 「오차드 컨트리 데이 스쿨」(Orchard Country Day School)에서 학생들을 가르치고 있었다.

펜스와 캐런은 서로가 '신앙, 가족, 교육' 부분에서 공통된 신념을 가지고 있다는 것을 확인했다. 첫 데이트에 이어 그들은 계속 만나게 되었고 신앙이 교제를 시작하게 된 계기가 되었으며 캐런이 예수님을 구주로 영접하도록 인도했다. 펜스는 사람들을 연합시킬 수 있는 지도자가 되기 위해 열심히 일했고 시간이 흐를수록 두 사람의 관계는 점점 더 견고해졌다.

하나님이 최우선

두 사람이 데이트를 하던 중 캐런은 펜스에게 이렇게 말했다.

"나에게 최우선(Number One)은 당신이에요."

그러자 펜스는 잠시 자리에 멈춰 서더니 진지하게 말했다,

"당신의 삶에서 나를 최우선으로 놓으면 십중팔구 실망할 겁니다!"

하나님을 최우선으로 삼으라는 뜻이자 예수님을 삶의 으뜸으로 삼으라는 말이었다. 자기가 캐런의 인생에서 첫 번째든, 두 번째든 펜스는 신경도 쓰지 않았다.

"캐런, 이 사실을 명심하세요. 나는 그냥 인간이고 그래서 얼마든지 당신을 실망하게 할 수 있어요."[3]

캐런을 만난지 얼마 되지 않아 펜스는 캐런과의 결혼을 생각했다.

그러나 먼저 캐런이 가지고 있는 미래상이 무엇인지 알고 싶었다. 펜스는 이 문제를 친한 친구인 스테거에게 털어놨다. 당시 펜스의 고민에 대해 스테거는 이렇게 말했다.

"캐런을 처음 만났을 때, 펜스는 국민을 위해 봉사하는 일에 어떤 식으로든 헌신하고 싶은 마음이 있었어요. 그녀에게 프러포즈를 하기 전에 자기는 일생 동안 국민을 위해 봉사하는 일을 하려 한다는 소신을 매우 분명하게 밝혔죠. 펜스 역시 이런 생각을 가진 사람이 좋은 배우자감이 아니라는 건 알았어요. 펜스는 캐런에게 '하나님이 인도하시는 대로 국가에 봉사할 생각이며, 이 일에 파트너로서 모든 것을 자기와 함께 할 아내를 원한다'고 분명하게 말했어요."

이 말은 들은 캐런은 다음과 같이 말했다.

"결혼하기 전에 펜스가 「50대 즈음에는 연방 의회에서 일하고 싶어」라고 말했고 저는 괜찮다고 했어요. 왜냐면 정치에 대해서는 아는 게 별로 없었거든요."[4]

캐런에게 소신을 밝힌 후 펜스는 그녀가 자신을 위한 단 한 사람임을 확신했다.

스테거는 "캐런은 지혜롭고 우수하고 재능이 많은 여자였어요. 거기다 수석 졸업생이고 조종사였죠. 캐런은 펜스와 둘이서 설계한 인생이라는 여행길을 같은 짐을 메고 갈 수 있는 잘 준비된 여자였어요"라고 말했다.

9개월 뒤의 청혼

9개월 동안 데이트를 하면서 종종 두 사람은 인디애나폴리스의 운하를 따라 걸으며 오리에게 먹이를 주곤 했다.

8월 6일, 캐런에게 청혼하기로 마음을 먹은 펜스는 빵 두 덩어리를 가져왔다.

한 개의 빵 안에는 작은 샴페인 병이 숨겨져 있었고 다른 빵에는 캐런이 오리에게 주기 위해 빵 조각을 떼어 내다가 찾을 수 있도록 약혼반지를 넣어뒀다. 마침내 그녀가 반지를 발견했을 때, 펜스는 한쪽 무릎을 꿇고 청혼했다.

이미 프러포즈를 예상하고 있던 캐런은 "예스"라는 글자가 새겨진 금 십자가를 가져갔다. 그래서 펜스가 프러포즈를 하자 지갑에서 십자가를 꺼내 그에게 선물했다.

10개월 뒤 펜스와 캐런은 인디애나 스피드웨이에 있는 「성 크리스토퍼 교회」(St. Christopher's Roman Catholic Church)에서 결혼식을 올렸다. 캐런의 여동생 전화번호를 건네주었던 교무 직원도 결혼식에 초대를 받아 참석했다. 직원의 농담은 정말로 현실이 됐다.

「미드웨이 모토 산장」(Midway Motor Lodge)에서 열린 결혼 축하 연회를 마친 후, 두 사람은 바하마 제도(Bahamas)의 수도 나소(Nassau)로 신혼여행을 떠났다. 열대 기후와 자연의 아름다움에 흠뻑 취한 두 사람은 부부로서 서로를 알아가는 시간을

펜스와 캐런의 결혼 사진

가졌다.

여행에서 돌아온 펜스 부부는 인디애나폴리스 브로드 리플(Broad Ripple) 지역의 작은 단독 주택에서 살림을 차렸다. 캐런은 액튼 초등학교에서 2학년을 맡아 가르쳤고, 펜스는 「다튼과 오버먼」(Dutton and Overman) 로펌에서 법률 사무원으로 근무하며 로스쿨 마지막 해를 보냈다.

1986년 펜스는 평균 B 학점으로 법학 전공 학위를 받았다.

펜스는 "내가 아는 사람 중에 로스쿨을 좋아하는 사람은 없었어요. 그래서 많이 힘들었죠"[5]라고 말했다.

펜스는 다양한 로펌에 이력서를 보내면서 매리언 지역(Marion County)의 공화당 정치에도 적극적으로 참여했다. 펜스는 부동산, 비즈니스, 그리고 상법 전문인 인디애나폴리스의 「스타크 도닝거 메르니츠 앤 스미스」(Stark Doninger Mernitz &Smith)에서 일하기 시작한 지 얼마 되지 않았을 때 마크 베일리를 만났다. 베일리도 일한 지 한 달 정도 되었을 때였다. 베일리는 펜스와의 만남을 다음과 같이 회상했다.

"펜스가 실제로 우리 로펌에 합류했을 때는 1986년 6월이었어요. 펜스와 저는 함께 몇 년 동안 신임 변호사로 일했고, 사무실 출입문도 함께 사용하면서 변호사가 되는 법을 배웠죠. 말 그대로 온갖 모험을 공유했어요. 그가 로펌에 합류했을 당시 저는 그와 함께 부속실에서 근무했는데, 아침마다 우리 사무실 한쪽이나 다른 사무실에서 기도로 하루를 시작했고, 성경을 읽기도 했어요.

우리는 가끔 점심 먹는 것도 잊은 채 함께 5~6km를 뛰었어요. 펜스는 자신의 믿음이 다양한 문제에서 자신에게 어떤 영향을 미쳤는지 여러 차례 말했어요. 그는 캐런과의 삶을 자기인생의 '대박'이라고 표현했어요."

복음주의 교회에 끌리다

「스타크 도닝거 메르니츠 앤 스미스」에서 일한지 얼마 지나지 않아 펜스는 캐런과 함께 복음주의 교회에 나가기 시작했고 인디애나폴리스 남쪽으로 이사를 했다.

베일리 부인은 당시를 이렇게 회상한다.

"크리스마스 파티였던가… 로펌 행사였던가…. 여하튼 펜스와 함께 온 캐런을 처음 만났어요. 그런데 첫 만남인데도 마치제가 그녀를 아주 옛날부터 알고 있었던 것 같았어요.

캐런은 마치 단단하고 깊게 땅에 자리한 바위 같았어요. 기대고 싶은 힘이 느껴졌는데 그렇다고 무섭거나 두렵지는 않았어요. 그녀는 좌뇌와 우뇌가 완벽하게 결합된 통찰력이 날카로운 여성이기도 했죠. 그러면서도 전혀 꾸밈이 없었고 배려심이 많았어요."

펜스는 평소에도 아내에 대한 칭찬을 아끼지 않았고, 그녀를 결혼 생활의 든든한 영적 보루로 믿었다. 캐런은 펜스의 신앙 여정에 큰 역할을 맡고 있었다. 펜스는 누구를 만나든 친해지고 나서는 아내에 대해 매우 오래, 자주, 다양한 주제로 이야기했다. 펜스는 종종 캐런을 '우리 집안의 기도 전사'라고 표현했다.

펜스는 대안이 없는 한 직장을 그만두면 안 된다는 생각을 하고 있었기에 정치에 대해서는 마음을 닫고 있었다. 스테거는 당시 펜스가 정치에는 큰 뜻이 없었다고 말했다.

"그 시절의 펜스는 정치에 큰 뜻이 없었어요. 「연방 의회에 출마할 생각이었으면 내가 변호사가 되려 했겠어?」라고 말하기도 했어요. 그의 인생 계획 어디에도 정치에 대한 생각은 보이지 않았어요. 공화당 지역 의장인 존 윌리엄 스위지(John William Sweezy)에게 「정치를 하려면 어떻게 해야 합니까?」라고 물어본 일이 다였어요."

존 윌리엄 스위지는 28년 이상 매리언 지역 공화당 의장으로 재직했고, 인디애나 전역에서 공화당이 승리할 수 있도록 도운 것으로 유명했다.

대표가 되기보다, 의원이 되고 싶어하다

펜스는 스위지에게 "만일 50대에 연방 의회에 출마하려면 지금 무엇을 해야 합니까?"라고 물었고 스위지는 "그렇다면 지금 출마하는 것이 중요합니다"라고 답했다.

펜스는 이 말에 큰 충격을 받았다.

스위지가 자신에 대해 어떤 생각을 가지고 있는지는 몰랐지만, 자기가 나고 자란 지역에서 공화당 대표로 출마한 사람이 없다는 사실은 알았다. 이것을 스위지 역시 알고 있었다.

집으로 돌아온 펜스는 캐런에게 하원 의원에 출마할 뜻을 비쳤다. 캐런은 이 말을 듣자마자 남편의 큰 뜻과 가능성에 힘을 보탰다. 캐런은 자기가 그랬던 것처럼 다른 사람들도 펜스의 뛰어난 재능과 진가를 인정할 것이라고 확신했다.

"나는 당신이 대단하다고 생각해요. 당신은 승리만 생각하잖아요."[6]

당시 펜스는 29세의 젊은 나이었고 아이디어는 많았지만 선거운동은 어떻게 해야 할지 모르는 상태였다. 일단 중요한 발표를 위해서 자기 집으로 대학과 로스쿨 친구들 십여 명을 초대했다. 캐런이 거실에 모인 사람들을 위해 간식을 내놓자마자 펜스는 그들을 부른 이유를 설명했다.

"너희들에게는 빼놓지 않고 전부 다 말할게.

나는 의회에 출마하기로 했어."

20분간 자초지종을 듣던 스테거는 갑자기 놀라서 펜스에게 물었다.

"펜스, 너 지금 워싱턴 의회에 나가겠다고 말하는 거야?

인디애나주 하원 의원이 아니라?"

공직에 나가 본 경험이 아예 없는 펜스가 처음부터 미국 하원 선거를 노린다는 사실은 그야말로 충격이었다. 그럼에도 친구들은 펜스를 적극 지지했다.

1988년 2월 23일, 펜스는 미국 하원 의원 출마를 선언했다.

로펌에서 일하던 펜스는 동시에 인디애나의 두 번째 하원 의원 선거구에 자리를 얻기 위해 출마했다. 스테거는 재정담당을 맡았다. 펜스의 집에서 처음으로 모임을 했던 친구들도 협조하겠다고 서명했다.

아내 캐런, 친구들, 그리고 스위지도 펜스를 지지했지만 펜스의 아버지인 에드워드는 아들이 정치인이 되는 것을 반대했다.

에드워드는 그 점에 대해서만큼은 소신이 뚜렷했다.

그는 입버릇처럼 변호사와 정치인을 싫어한다고 말했다.

그런데 펜스가 먼저 변호사가 되더니 이제 정치인이 되려고 출마한다는 말을 듣고 아버지는 정말 단단히 화가 났다. 게다가 아버지는 펜스가 당선될 확률이 전혀 없다고 생각해 형 에드워드에게 제발 동생을 좀 말려보라고 부탁까지 했다. 아버지의 전화를 받은 형은 이렇게 말했다.

"지금 둘 다 잘못 생각하시는 거예요. 아버지도, 펜스도 이 문제에 대해서는 기도하면서 결정해야 해요."[7]

후원자가 된 아버지

펜스가 정치인이 되는 것을 그토록 반대했던 아버지는 아마도 자신의 철학 때문인지 결국 마음을 바꾸었다. 펜스의 형에드워드는 아버지의 이런 결정을 다음과 같이 생각했다.

"아버지는 우리에게 자주 「너희 스스로 산에 올라가야 한다」라고 말씀하셨어요. [8] 펜스가 올라갈 산을 결정했다는 걸깨달은 아버지가 결국 마음을 돌린 거죠. 그 후에는 제일 큰후원자가 되셨어요 펜스가 선거 기금 마련을 하는데 아버지의 지도가 굉장히 큰 도움이 됐죠. 펜스와 함께 지역 전체를다니면서 아버지가 사업상 알고 지낸 모든 사람들을 소개해주셨으니까요." [9]

후원자가 된 펜스의 아버지는 모금 활동 이상으로 선거운동을 도왔다. 예비 선거가 한 달도 남지 않은 시점에서 아버지는 트렁크에 펜스의 선거운동 전단지를 싣고 큰아들 에드워드의 집으로 갔다.

아버지는 큰아들에게 지역구를 돌아다니며 이 전단지를 도배하자고 했다. 당시 아버지는 펜스를 위해서라면 무엇이라도할 수 있을 정도로 감정이 고양된 상태였다. [10]

이에 더해 펜스에게 출마를 권유했던 스위지의 후원으로펜스는 인디애나의 두 번째 하원 의원 선거구에서 11명의 공화당 지역 의장 중 10명의 지지를 얻는데 성공했다. 그들의 지원 덕분에 관대한 공화당 기부자들이 펜스를 지원하려고 선거판에 뛰어들었다. 그는 지명권이 자기에게 오리라는 것을 확신했다.

펜스가 출마를 선언한 지 두 달이 안 된 4월 13일, 예상치 못한 사건이 발생했다. 펜스의 아버지가 「해리슨 레이크 컨트리클럽」(Harrison Lake Country Club)에서 골프 라운딩 중 갑자기 쓰러졌다는 비보였다. 아버지는 곧바로 「바솔로뮤 지역 병원」(Bartholomew County Hospital)으로 후송됐지만 이미 숨이 멎은 뒤였다. 58세라는 이른 나이에 펜스의 아버지는 먼저 세상을 떠났다.

이 사건은 펜스의 마음에 치명적인 타격을 입힐 만했다. 펜스는 마치 하늘이 무너져 내린 것 같았다.

사무실에서 나온 펜스는 곧바로 어머니 곁으로 갔다. 한 순간에 가장을 잃은 펜스 일가는 망연자실했다. 펜스는 가족들이 아버지의 장례식을 준비하는 동안 선거운동을 보류했다.

장례식 이틀 후, 펜스와 스테거는 지역 패밀리 레스토랑에서 점심을 함께 했다, 펜스는 접시에 뭐가 있는지도 모른 채 음식을 휘젓고만 있었다. 이는 아버지를 잃은 상실감 때문이기도 했지만 또한 선거에서 패색이 짙어지고 있어서이기도 했다.

"아버지는 나를 겁쟁이로 키우지 않았어"

스테거는 당시 펜스와 나누었던 이야기에 대해 다음과 같이 말했다.

"어쨌든 우리는 어렸고 처음으로 시도한 일인데다 그는 아버지도 잃었던 거예요. 게다가 펜스의 상대는 당시 현직 의원이었죠. 의기소침한 펜스에게 「이제 선거 캠프 문을 닫을까? 이 말이 듣고 싶어?」라고 물었어요. 펜스는 천천히 고개를 들어 저를 뚫어지게 응시하더니 턱을 괴며 「아버지는 나를 겁쟁이로 키우지 않았어」라고 대답했어요.

그리고 펜스는 굉장히 이성적으로 말했어요.

"아버지의 장례를 치른 지 며칠 지나지 않았지만 난 이 상황을 돌파할 거야. 그리고 앞을 향해 기필코 전진할 거야. 우리는 넋을 놓고 있지 않을 거야."

부친상에 여러 악재가 겹친 펜스가 첫 경선을 끝까지 이어나갈 수 있을까가 많은 사람들의 관심사였다.

스테거와 점심을 먹은 다음 날, 일정에 맞춰 사무실로 돌아온 펜스는 잠재적인 기부자들에게 전화를 걸며 다시 안정된 표를 확보하기 위해 질주했다.

펜스는 반바지, 티셔츠, 운동화 차림으로 자전거를 타고 다니며 선거운동에 박차를 가했다. 캐런도 옆에서 자전거를 타고 함께 했다. '펜스를 의회로!'라는 선거용 문구로 장식한 승합차가 그들의 뒤를 따랐다.

펜스와 캐런은 그 무더운 여름에 자전거로 인디애나 동·중부의 두 번째 하원 의원 선거구를 가로질렀다. 하루에 32~40km씩, 도합 420km를 달렸다.

이런 펜스의 모습은 선거구 지역과 주 전체 사람들의 큰 관심을 받았다.

그는 앞마당에서 마주친 사람, 들판에서 일하는 사람, 작업장의 인부들까지 누구든지 눈이 마주치기만 하면 잠깐이라도 멈춰 서서 이야기를 건넸다. 펜스의 개성 있는 태도, 동료, 인디애나주의 주민과 소통하는 능력, 의회에 대한 비전과 가치 제시는 인디애나 전역에 걸쳐 고른 지지를 얻어내기에 충분했다.

당시의 선거 유세에 대해 펜스는 이렇게 말했다.

"제가 자전거를 타고 길을 따라다녀서 그런지 사람들은 대체로 좋은 반응을 보여줬어요. 또 한 사람과의 관계가 얼마나 중요한지를 깨달았죠. 제가 만난 한 사람이 또 다른 사람들을 만나잖아요. 그래서 이보다 더 효과적인 선거 유세는 없다고 생각했어요. 말 그대로 파급 효과인 거죠. 내가 만날 수 있는 사람은 소수이지만, 그분들이 몇 사람을 더 만나고⋯ 그분들이 또 몇 사람을 더 만나고⋯."[11]

공화 당원인 머피는 인디애나 하원 의원이 되겠다는 정치적

포부를 가진 젊은 시절의 펜스와의 만남을 다음과 같이 회상했다.

"펜스는 호감 가는 인물이었어요. 세련되고 상냥하며 동시에 성실하기까지 했죠. 그는 스스로를 낮추고 믿음으로 살아가는 진지한 친구라서인지 항상 내게 도전이 되었어요. 그는 상투적인 정치인이 아니에요. 그가 하는 말은 그대로 믿을 수 있었죠."

또한 머피는 펜스의 믿음에도 큰 감명을 받았다.

"펜스를 이해하려면 그의 참된 신앙을 보면 됩니다. 정치인 대다수가 자신의 종교를 수단으로 이용하면서 광대가 되어가죠. 하지만 펜스는 하나님과 동행하는 사람입니다. 저는 그의 모습을 보고 저의 믿음을 돌아보게 되었어요. 믿음과 정치를 아우를 수 있는 사람이 있다는 사실만으로도 격려가 되었죠. 믿음이 충만한 사람을 위한 자리는 언제나 있게 마련이니까요."

5월 3일, 공화당 예비 선거에서 펜스는 71%의 득표율로 승리했다.

견고한 결혼 생활

연방 의회에 첫발을 내디딘 펜스에게 그가 심히 존경하는 로널드 레이건(Ronald Reagan)을 워싱턴에서 만날 기회가 있었다. 그는 레이건을 만나 무슨 말을 해야 할지 몰라 아내에게 조언을 구했고, 캐런은 "그냥 당신 마음에 있는 걸 말해요"라고 격려했다. [12]

펜스는 레이건을 만났던 때를 회상하며 이렇게 말했다.

"나는 걸어 들어가서 악수를 했어요. 관광지로 유명한 러시모어산(Mount Rushmore)에 있는 위인 조각상과 이야기하는 기분이었어요. 저는 「우리 세대가 다시 조국을 믿을 수 있도록 영감을 주신 대통령의 모든 수고에 감사하고 싶습니다」라고 말했어요. 그러자 대통령의 낯빛이 벌겋게 달아오르더니 「글쎄요, 펜스, 어쩜 그렇게 좋은 말을 나에게 해주시나요」라고 말씀하셨어요. 저는 그 순간 레이건 대통령의 '진정으로 겸손한 모습'을 봤습니다. 이 순간은 지금까지도 '제 인생의 믿을 수 없는 순간'으로 기억됩니다." [13]

펜스의 상대는 현직 민주 당원이자 매우 인기가 많았던 필 샤프(Phil Sharp)였지만 충분히 승산이 있다는 생각이 들었다. 샤프는 이미 세 명의 상대를 쉽게 제쳤고 7선의 경험이 있는 사실상 당선이 확실시된다고 평가받는 후보였다. 그러나 펜스에게는 충분한 근거가 있었다.

주 정부 관리들은 펜스가 20만 달러를 모금할 수 있다면 충분히 경합을 해 볼만하다고 말했다. 그런데 펜스는 이보다 거의 60%가 더 많은 35만 달러를 모금했다. 펜스의 충만한 믿음과 개성있는 선거 유세가 이끌어낸 결과였다. 동료 공화 당원들은 펜스가 총선에서 패배할 것이라고는 상상도 하지 않았다. 그러나 펜스는 결국 낙선했다.

캐런은 당시를 이렇게 회상했다.

"살다 보면 질 수도 있지만 지는 것은 항상 괴로운 일이에요. 그래서 진다면…, 그렇다면 무엇을 해야 할지를 생각해야 해요. 저는 펜스가 결국에는 승리하는 사람이 될거라고 생각했어요."[14]

펜스와 캐런은 총선에서 고배를 마신 데다 아버지 에드와의 사별로 상한 마음과 감정을 아직 다 추스르지도 못한 상태였다. 이에 두 사람은 잠시 일에서 물러나 플로리다의 새니벨섬(Sanibel Island)에서 휴가를 보내기로 했다. 걸프 연안에 있는 이 섬은 평안하고 조용해 가족 여행지로 유명한 곳이다. 새

펜스 부부와 반려견

니벨섬은 펜스 부부가 쉬고, 회복하고 미래를 생각할 수 있는 완벽한 장소였다. 이날 이후 새니벨섬은 펜스 부부가 가장 좋아하는 휴양지가 되었다.

휴가를 마치고 돌아온 어느 날, 러시빌(Rushville)의 라디오 방송국 사장인 샤론 디싱어(Sharon Disinger)가 펜스에게 전화를 했다.

선거를 치르느라 수고가 많았다며 먼저 펜스를 격려한 디싱어는 라디오로 경력을 쌓은 레이건의 일화를 언급하면서 매주 30분짜리 라디오 방송에 출연해달라고 부탁했다.

거절할 이유가 없었다. 펜스는 토요일 아침 프로그램「펜스와 함께 하는 워싱턴 업데이트」(Washington Update with Mike Pence)를 맡아 새로운 경력을 시작했다.

디싱어는 펜스의 이름이 좀 더 알려지기를 원했다. 펜스는 친구들과 화롯가에서 이야기를 나누듯이 편하고 즐거운 방송을 만들어 나갔다. [15]

6

두 번째 라운드

"미쁘다 모든 사람이 받을만한 이 말이여
그리스도 예수께서 죄인을
구원하시려고 세상에 임하셨다 하였도다
죄인 중에 내가 괴수니라"

– 디모데전서 1:15 –

선거에서 패한 다음 날, 펜스와 캐런은 차를 몰고 두
번째 하원 의원 선거구를 다니며 그를 지지해 준 사람들에게
감사 인사를 했다. 사람들은 펜스에게 다음번에는 분명히 당
선될 테니 포기하지 말라고 응원했다. 펜스는 하나님의 뜻이
라면 한 번 더 도전하겠다고 말했다.

선거에서 패한지 6개월 만에 펜스는 마음을 다시 잡고 재
출마에 필요한 서류를 의회에 제출했다. 이번에는 로펌도 그
만두고 선거운동에 전념했다. 이전과 마찬가지로 펜스는 먼저
친구들을 초대해 출마를 선언했다. 그러나 이전과는 많은 것

들이 달라졌다.

모임 장소인 「콜롬비아 클럽」(Columbia Club)의 티룸(Tea Room)에 30분 일찍 도착한 스테거는 아무도 없자 당황했다.

"여기서 모이는 것 맞죠? 그런데 아무도 없어요."

"죄송합니다. 워싱턴에서 참석하기로 한 컨설턴트들이 비행기 연착으로 늦어져서 행사가 조금 연기됐습니다."

"컨설턴트? 이거 완전히 다른 캠페인이 되겠군요."

펜스는 선거에서 이기기를 원했고, 승리에서 이기는 법을 알려주는 선거 컨설턴트를 초청했다. 미국 연방 의회 의원이 된다는 목표를 위해 펜스는 자신의 모든 것을 쏟아부었다.

워싱턴의 내부자들

펜스는 선거에서 승리하는 데 너무 집중해 믿음도 뒷전으로 밀어뒀다.

펜스는 이번 선거에서 하나님의 '세미한 소리'(열왕기상 19:12)에 귀 기울이지 않았고 인도하심을 받으려 하지도 않았다. 대신에 워싱턴 사정에 정통한 내부자들의 말을 경청했다. 컨설턴트들의 조언은 한결같았다.

"이번에는 일대일로 사람들을 찾아다니지 말고 불필요한 선거운동을 모두 없애고 텔레비전과 라디오 광고에 집중하십시오. 특히 맞상대인 필립 샤프(Philip Schaff)만 열심히 공략하면

됩니다."

이 조언에 따르는 펜스는 완전히 다른 사람 같았다. 대중들이 알고, 또 매력을 느끼는 '성격 좋고, 붙임성 있고, 사람 사귀는 것을 좋아하는 미국 인디애나주의 주민'이라는 이미지는 곁길로 사라졌다.

선거 본부에서 고문을 맡았던 스테거는 컨설턴트들이 펜스의 가장 좋은 이미지를 활용하지 않는 것을 보고 펜스에게 말했다.

"컨설턴트들은 네 장점은 아예 쳐다보지도 않아. 너는 너여야 해. 사람들이 좋아하는 것은 바로 펜스, 너야. 너."

하지만 가장 가까운 친구의 조언에도 펜스의 마음은 움직이지 않았다.

어느 날 아침, 스테거는 펜스가 운동하는 체육관을 찾아가 그를 따라다니며 선거운동 전략을 재고하도록 설득했다. 45분이 지나서야 펜스는 반응했다. 스테거는 초심으로 돌아가 선거운동을 펼칠 수 있다고 생각해 새로운 전략을 준비했다.

그런데 컨설턴트들과 함께 회의를 할 때의 펜스는 또 다른 사람이었다. 스테거는 이전의 선거운동이 매우 효과적이었기 때문에 펜스의 매력을 살려서 다시 한번 도전해야 한다고 강력하게 주장했지만 그의 조언을 귀담아 듣는 사람은 아무도 없었다. 자신이 할 수 있는 일이 더 이상 없다는 것을 느낀 스테거는 선거운동에서 손을 뗐고 이후 펜스에게 몰아치는 폭풍우를 바라볼 수밖에 없었다.

먼저 펜스는 민주 당원들이 동등한 방송 시간을 요구하는 바람에 「마이크 펜스와 함께 하는 워싱턴 업데이트(Washington Update with Mike Pence)」를 포기해야 했다. 상대 정당의 이런 요구에 대해 방송국 운영자인 디싱어는 "항상 벌레 한 마리를 집어넣으려는 자가 있다"라고 말했다. [1]

1985년부터 1989년까지 바톨로뮤 지역 민주당(Bartholomew County Democratic) 의장을 지낸 고(故) 존 럼블(John Rumple)은 한때 펜스에게 연설 경연 대회를 지도할 만큼 경선에 상당한 관심을 보였다. 럼블은 두 번째 선거를 준비하는 펜스의 모습을 보고 다음과 같이 쓴소리를 했다.
"선거운동 참모들이 쓸데없이 승리에 도취해 있네요.
결국 당신은 쓴맛을 보게 될 겁니다." [2]

펜스와 샤프의 지지율은 박빙이었다. 경쟁이 치열해지자 펜스는 성경 말씀을 인용해 자신이 승리할 것이라고 말하고 다녔다.

"구하라 그러면 너희에게 주실 것이요 찾으라 그러면 찾을 것이요"

(마태복음 7:7)

그러나 선거일이 다가오자 선거운동은 더욱더 보기 흉해졌다. 먼저 샤프 진영에서 펜스를 공격하기 시작했다. 샤프는 선거 자금 보고서를 근거로 펜스가 기부금을 사적인 비용으로 유용했다고 공격했다. 사실과 상관없이 펜스의 지지율은 최저점으로 곤두박질쳤다. 이에 가만있을 수 없던 펜스 진영도 컨설턴트들의 조언을 따라 맞대응했다.

상대방의 약점을 공격하는 소위 '네거티브'는 선거운동에서 관행처럼 행해지던 방법이었다. 그러나 그 수위가 너무도 심해서 이 경선은 인디애나 역사상 가장 추잡한 선거로 지금도 기억되고 있다.

펜스를 아는 사람들은 샤프의 악의적인 공격에 놀라 말이 안 나올 정도였다. 선거운동에서 활동하고, 묘사되는 펜스는 그들이 지금까지 알던 건강하고, 경건한 사람의 모습이 아니었다. 이는 주민들이 보기에도 마찬가지였다.

결국 펜스의 이미지는 크게 손상되었고 그의 선거운동은 큰 위기에 봉착했다. 펜스는 샤프에게 19%나 뒤처지기 시작했다.

인디애나의 전직 국무장관이며 펜스의 친구인 에드 심콕스 (Ed Simcox)는 당시의 선거운동에 대해 이렇게 말했다.

"당시 저는 펜스와 알고 지내는 사이가 아니었어요. 하지만 당에 깊이 연관되어 있어서 직급상 그의 선거운동을 훤히 들여다볼 수 있었죠. 당시 펜스는 매우 실망했었어요. 그리고 왜 이런 일이 벌어졌는지도 알았죠. 그는 선거운동을 제대로 통제하지 못하는 것처럼 보였어요.

선거를 펜스 자신이 아닌 여기저기서 모인 컨설턴트들이 쥐락펴락하게 두면서 선거는 파국으로 치달았죠. 이런 일들을 보면서 제가 이해하기 어려웠던 것은 펜스가 '믿음의 사람'이라는 사실이에요. 펜스는 크리스천 공동체와 정치에 관심 있는 사람들에게 활력을 불어넣고 많은 지지를 이끌어낸 사람이었어요. 그런데 도대체 어쩌다 일이 이 지경까지 오게 됐는지 저는 알 수가 없었죠."

투표가 종료된 후 펜스 부부는 스테거와 함께 결과를 지켜봤고 결국 다시 한번 낙선했다는 사실을 받아들여야 했다.
큰 밴(승합차)에 타고 있던 세 사람은 집에 가는 내내 아무 말이 없었다. 집에 도착하자 펜스는 스테거를 안고 "사랑한다, 친구야"라고 한 마디를 했을 뿐이었다.

그로부터 며칠 뒤 밤에 잠자리에 들려던 스테거는 아내에게 펜스가 매우 걱정된다고 속마음을 털어놨다.
이 말을 들은 스테거의 아내는 깜짝 놀랄 소식을 전했다.
"물론 피해가 크긴 하겠지만 펜스는 괜찮을 거예요."
스테거의 아내는 선견지명이 있는 사람이었고 가끔씩 '예언'

에 가까운 말을 할 때도 있었다. 이 말을 들은 스테거는 안심이 됐는데 잠시 뒤 아내는 한 마디를 더했다.

"잘은 모르지만 캐런이 조만간 임신을 할 것 같아요."

진짜인지 알 수 없지만 정말 그랬으면 좋겠다고 스테거는 생각했다.

펜스는 선거가 끝나고 감정적으로, 영적으로 자신이 어둠 속에 빠져 있다는 것을 느끼고 있었다. 그건 한 번도 경험하지 못한 느낌이었다. 피의 숙청처럼 느껴지기도 했다.[3]

펜스는 선거운동에 대한 모든 책임을 졌고 선거운동이 잘못 흘러가는 줄 알면서도 아무 조치도 취하지 않았던 불찰을 뉘우쳤다. 펜스는 두 번째 선거가 끔찍한 도덕적 참사였다고 인정했다.

"선거에서도 졌고, 하나님을 영화롭게 하고 이웃을 네 몸과 같이 사랑하라는 사명 또한 망각했어요. 사실 그 사명을 거들떠보지도 않았죠."[4]

인생을 변화시킬 용기

펜스는 선거에서 자신이 했던 행동을 회피하지 않고 직시했다. 이는 매우 용기있는 행동이었다. 펜스는 이후 자신의 삶의 방식을 바꿨다. 펜스의 인생의 대전환점이었다.

'내가 되고 싶었던 지도자의 유형은 무엇이었나?'

'나는 대체 어떤 사람인가?'

펜스는 스스로에게 끊임없이 되물었다.

하나님은 펜스가 지난 선거에서 무엇을 잘못했는지 깨닫게 해주셨다. 사실 펜스도 어렴풋이 이에 대해 느끼고 있었다.

'나는 의원이 되고 싶은 나머지 나의 모든 영적인 면을 창밖으로 내다 버렸다.'

심판 날에 주님 앞에 설 생각을 하니 차마 면목이 없었다. 펜스는 지난 행동에 대해 양심의 가책을 느꼈고 두려움을 느꼈다. 자신의 행동을 돌아볼수록 훗날 주님께 어떤 책망을 받을지 통감하며 절망감을 느꼈다.

두 번째 선거운동 후 완전히 달라진 펜스에 대해 스테거는 다음과 같이 회상했다.

"그 기간 내내 그는 진정성 있게 아파했어요. 쓰라린 패배와 자신이 저지른 실수를 통해 펜스는 앞으로 어떤 인생을 살아야 하는지 자신의 영혼을 돌아보며 살폈습니다.

자기가 뭘 했는지, 대체 누구 말을 들었는지, 누구의 이야기에 귀를 기울였어야 했는지…. 펜스는 끊임없이 생각했고, 겸손해졌어요. 재능 있고, 말 잘하고, 열심히 일하고, 꽤 공격적인 젊은 사나이의 모습을 벗어버리고 겸손한 어른, 그러니까 겸손한 크리스천으로 바뀌었어요."

펜스는 하나님께 매일 기도했다.

'주님, 이 일에서 제가 무엇을 배워야 합니까?'

두 번째 선거 후 펜스는 꽤 오랫동안 반성과 숙고의 시간을 가졌다.

"일주일, 이주일, 삼주일… 그렇게 고민한다고 해서 알 수 있는 문제가 아니었어요. 당시 심정을 이야기하자면 '깜깜하다'가 적당할 것 같아요. 나는 정말로 길을 잃은 것 같았고 내가 누구인지도 모르겠고, 내가 진짜로 원하는 게 뭔지도 모르는 상태였어요. 너무도 혼란스러웠죠. 워싱턴에서 온 컨설턴트들이 승리를 위해 부정적인 방법을 쓰자고 했을 때「그런 짓은 워싱턴에 있는 거물들이 쓰는 방식인데, 나보고 왜 그런 방법을 쓰라는 거냐?」라며 제대로 말했어야 했어요. 그런데 나는 왜 그러지 못했을까요?"

두 번째 선거의 실패는 펜스의 인생에 큰 전환점이 되었다.

펜스는 자신이 선거운동을 통해 하나님뿐 아니라 선거의 상대였던 필 샤프에게도 죄를 지었다는 것을 알았다. 펜스는 하나님으로부터 분리됐다는 느낌을 받은 것은 죄를 지었기 때문이라고 생각하고 하나님께 용서를 구했다. 그리고 샤프에게도 용서를 빌어야겠다는 마음이 생겼다.

펜스는 친구 빌 스미스(Bill Smith)를 찾아가 도움을 청했고, 스미스는 펜스가 찾아가 사과할 수 있도록 도왔다.

스테거는 펜스가 직접 샤프를 찾아가 사과하는 모습을 보면서 무척 자랑스러워했다.

"내가 펜스를 좋아할 수밖에 없는 이유는 바로 그런 용기 있는 행동 때문입니다."

하지만 지난 선거의 부정적 여파는 여전히 퍼져나가고 있었다.

1990년 11월 10일 지역 신문 「인디애나폴리스 리코더」(Indianapolis Recorder)에 다음과 같은 논설이 실렸다.

"선거가 끝났으니 이제 대부분의 사람들은 안도의 한숨을 쉬어도 된다. 선거 과정에 만족하지 못해서가 아니다. 이제 매일 밤 매스컴을 통해 온 가족이 모인 거실 바닥으로 쏟아지는 온갖 인신공격들을 속상해하며 지켜보지 않아도 되기 때문이다. 주 역사상 올해의 선거운동은 가장 유치하고, 저급하고, 부도덕한 선전이 난무하는, 한마디로 최악의 선거였다. 불행하게도 극소수의 후보자만 오물 투척과 중상모략에서 초연할 수 있었다. 이런 선거운동으로 인해 진짜 중요한 문제는 드러나지 않았고, 좋은 후보를 찾고자 하는 유권자의 표심은 갉아먹혔다."[5]

신문의 정치 칼럼니스트들과 다른 정치인들은 펜스를 '정치적으로 미래가 없는 이미 끝난 사람'으로 바라봤고, 또 그렇게 취급했다. 그는 선거가 끝난 후 몇 주 동안 풀이 죽어있었다.

그는 집 주변을 배회하면서 자기가 흠모하는 하나님의 사람으로 되돌아가려면 어떻게 해야 하는지, 그 길을 찾기 위해 필사적으로 노력했다.

신문사 3개를 가지고 있는 에드 파이겐바움(Ed Feigenbaum)은 당시 펜스의 상태에 대해 "그는 몇 대 두들겨 맞아 피멍도 들고 상처도 나서 어느 한 곳도 성한 데가 없는 사람처럼 보였다"라고 말했다.

또 다른 실망

선거 패배를 수습하고 있는 동안 펜스와 캐런은 또 다른 문제를 만났다. 결혼한 지 6년이 됐지만 두 사람에게는 아직도 자녀가 없었다.

펜스는 "아이가 없어 힘들어하는 부부가 무척 많다고 알려졌는데 그 고통을 내색하는 사람은 별로 없는 것 같아요. 우리는 매달 가족이 생길 거라고 희망하고 희망했지만, 그때마다 매번 실망했어요"라고 말했다.

30대 초반의 캐런은 마음이 더 심란했다.

"만반의 준비를 했지만 아이가 생기지 않았어요. 친구들도, 친척들도 모두 임신했는데 저한테만 아이가 생기지 않았어요. 하루는 어린 조카가 저한테 「캐런 이모, 왜 아기가 없어요?」라

고 했는데 모르고 한 말이었지만 마음이 너무나 상했어요. 그 심정은 말로 다 할 수가 없어요.[6]

아이가 생기는데 특별히 좋은 때가 있는 건 아니잖아요. 결혼 후 6년이 지났는데도 아이가 생기지 않으니까 결국 제가 펜스에게 말했죠.「우리는 이미 많은 노력을 했어요. 아마도 당분간 계속해서 아기는 생기지 않을 것 같아요」라고요."[7]

펜스와 캐런은 하나님께 "제발 아이를 주세요"라고 기도하기 시작했다. 한편 주님이 왜 아직 자신들의 간구에 응답하지 않으시는지 의아했다. 캐런은 정말로 아기 갖기를 원했다.

"제가 전심으로 원했던 것은… 엄마가 되는 것이었어요. 명예, 재산, 큰 집, 화려한 경력, 좋은 차, 이런 것에는 관심이 없었어요. 저는 정말, 정말로 엄마가 되고 싶었어요. 제일 중요한 문제는 내 마음에 이런 소망을 주신 것이 하나님이신데 그럼에도 아이를 안 주시는 이유가 무언지 궁금했어요. 그래서 주님께 많이 물어봤어요. 그리고 '주님, 우리는 훌륭한 부모가 되겠습니다. 준비도 다 했습니다. 이제 주님께서 저희에게 아이를 주실 차례입니다'라고 기도했지요."[8]

아이를 갖지 못하는 것에 좌절감을 느낄 만큼 당시의 캐런은 힘들었다. 아이를 갖기 위해 안 해 본 일이 없을 정도였다. 비용도 많이 들었다. 검사를 해도 아무런 문제가 없었다. 주치의도 이해가 안 된다며 "왜 임신이 안 되는지 정말로 그 이유를 모르겠네요. 아기를 갖지 못할 상황이 절대 아니거든요"[9]라고 말할 정도였다.

두 사람은 아이를 입양할 생각으로 입양기관에 등록도 했지만 결국, 아이 문제를 하나님 손에 맡기기로 했다. 6년 간 모든 노력을 쏟은 탓에 힘들었던 펜스 부부는 모든 것을 내려놓고 주님이 주실 때까지 기다리기로 했다. 이후 캐런은 자신처럼 임신 문제로 어려움을 겪는 친구들에게도 이렇게 조언했다.

"우리는 그냥 버티면서 하나님만 믿으면 돼. 이미 알다시피 만일 임신이 될 것 같으면 임신이 되는 거야. 그리고 그것은 하나님의 시간표에 맞춰서 되는 거야. 너 몰라? 우리는 이미 진짜로 훌륭한 이모와 삼촌이 될 준비가 되어 있잖아. 하나님이 우리한테 「이모와 삼촌으로 불려도 좋냐?」라고 물으시면 「물론이죠」라고 대답하면 되는 거야."[10]

경력에 대한 조언을 구하다

펜스는 선거 패배로 입은 경제적 손실 때문에 큰 어려움을 겪고 있었다. 이에 더해 캐런과 함께 자녀가 생기는 복을 달라고 하나님께 간구했다. 또한 펜스는 다음 진로에 대해서도 깊이 생각하고 있었다. 다시 법조계로 돌아가고 싶은 마음은 없었다. 대신 국민, 정치, 그리고 정책을 다루는 일을 하고 싶었다. 그는 이에 대해 조언을 줄 수 있는 지인들을 만나기 시작했다. 그 가운데는 3개의 신문사의 대표인 파이겐바움도 있었다. 파이겐바움은 펜스와의 만남을 다음과 같이 기억했다.

"펜스가 전화를 걸어와 점심 식사를 같이하자고 하더군요. 우리는 마주 보고 앉아서 즐겁게 이야기했어요. 당시 나는 펜스에 대한 험담을 수많은 주류 언론과 민주 당원들에게 들었어요. 심지어 같은 공화 당원들도「펜스의 이도 저도 아닌 능력 때문에 민주당에 자리를 빼앗겼다」라고 말했어요. 제가 만난 펜스는 그들의 말처럼 사람을 잡아먹는 거인이나 악마가 아니더군요. 펜스는「나의 은사와 재능을 제대로 사용할 길을 찾고 싶습니다」라고 말했어요."

얼마 뒤 펜스는 인디애나 보수주의 사상의 우수성을 보여줄 IPR이라는 프로젝트에 함께 참여하고 있는 친구 척 퀴일핫(Chuck Quilhot)을 만났다.「인디애나 정책 연구 재단」(Indiana Policy Review Foundation, IPR)은 지난해에 설립되었으며, 이미 자유 시장 연구원들과 학자들의 논문을 기재하는 잡지「Indiana Policy Review」를 발행하고 있었다.

자유시장을 지지하는 사람들이 공통적으로 지향하는 목표는 같았다.

"사람들과 특히나 밀접한 관련이 있는 종교, 재산 및 언론은 자유를 누려야 한다."

이는 미국의 독립선언문에도 언급된 진리였다. [11]

퀴일핫은 지금이 자신들의 목표를 위해 확장을 도모해야하는 적당한 때라고 생각했다. 펜스의 정치적 견해가 재단의지향점과 일치했기에, 퀴일핫은 그에게 IPR의 초대 대표직을제안했다.

펜스는 초창기부터 IPR에 고문으로 참여했기에 재단의 주요 신념, 목적, 그리고 목표를 잘 알고 있었다. 펜스는 IPR의초대 대표직을 수락했다.

선거운동에 대한 참회록

잡지 「인디애나 폴리시 리뷰」 1991년 10월 호에서 펜스는 「부정적인 선거운동에 대한 참회록(Confessions of a Negative Campaigner)」이란 제목의 에세이를 게재했다. 겸손함, 투명성,반성하는 어조로 쓰인 이 글은 전국적으로 주목을 받았다. 펜스의 에세이는 성경 말씀으로 시작했다.

> "미쁘다 모든 사람이 받을만한 이 말이여
>
> 그리스도 예수께서 죄인을 구원하시려고 세상에 임하셨다 하였도다
>
> 죄인 중에 내가 괴수니라"(디모데전서 1:15)

펜스는 모든 것이 자신의 탓이라며 내용을 이어갔다.

"1990년 선거가 남긴 여운이 아직도 선명하다. 인디애나의

현대 의회 역사에서 가장 분열적이고 부정적인 선거 유세의 일면을 목격한 당사자인 나는 사도 바울이 기록한 말씀으로 참회의 글을 시작한다.

나는 내가 잘못했다는 것을 이제야 알았다.

다른 쪽보다 우리 쪽이 훨씬 더 유리하도록 불공정하게 행동했기 때문도 아니고, 전술적인 규정을 위반했기 때문도 아니다. 규칙을 어겨서가 아니라, 기회를 놓쳤기에 잘못했다는 것이다. 아주 간단히 말해서 입후보자의 돈으로 살 수 없는 역사적으로 귀한 순간, 곧 시민들 앞에서 시민들을 위한 중요한 문제들의 해결 방법을 제시할 수 있는 순간을 당파적 언쟁을 하느라 낭비했기에 잘못했다는 것이다.

선거 유세에서 승리는 가장 '마지막 조건'이 됐어야 했다,

첫째, 선거운동은 후보자의 기본적인 인간적 품위를 보여줘야 했다. 즉, 수정 헌법 제1조의 권리는 상대방의 의견에 반박을 한다 하더라도 그것은 상대방과 마주한 자리에서만 행사해야 했다.

둘째, 선거운동은 후보자의 성공이나 실패보다 훨씬 더 중요한 더 나은 공약에 관한 것이어야 했다.

좌파든 우파든 후보자는 후임자가 세울 수 있는 정책들에 도움이 되는, 그래서 논의의 바탕이 되는 유산을 남겼어야 했다."

펜스는 가까운 미래에 다시 공직에 출마할 계획은 없지만,

만일 출마하게 되더라도 부정적인 선거운동은 절대 하지 않
겠다고 약속했다.

아버지가 된 행복한 날

어느 날 IPR 업무를 위해 차로 다른 지역으로 이동하던 펜
스는 공중전화를 보고는 멈춰서 캐런에게 전화를 걸었다. 캐
런의 목소리를 듣고 싶어 건 전화였는데 수화기 너머에서 예
상치 못한 기쁜 소식이 들려왔다.
"여보, 아버지가 된 것을 축하해요!"
마침내 부모가 된다는 소식이었다.

펜스와 캐런은 임신 소식에 너무도 기뻤다.
하나님이 자기들의 기도에 응답해 주신 것이 분명했다.
몇 번이고 하나님께 감사의 기도를 드릴 수밖에 없었다.
캐런은 첫 아들 마이클 조셉 펜스(Michael Joseph Pence)를 출산
한 후 미술 공부를 더 하기 위해 수채화 수업을 수강했다.
캐런이 원하는 공부를 할 수 있도록 펜스도 집안일을 도
왔다.
캐런의 예술적 재능은 꽃을 피웠다. 시어머니 낸시(Nancy) 여
사는 그녀에게 호수에 있는 자기 집을 그려달라고 요청했고
캐런의 여동생 셰릴은 가족들의 초상화 제작을 부탁했다. 캐

런은 자신이 그린 수채화로 전시회를 열거나 위탁 판매를 하며 생활비를 보탤 수 있었다.

수채화는 마르는 속도가 빨라 육아 중인 캐런에게는 완벽한 작업이었다.

"식구들이 낮잠을 자는 중에도 그림을 그릴 수 있다"라고 할 정도였다.⁽¹²⁾

캐런은 1년에 35개의 그림을 그렸고, 종종 「브로드 리플」(Broad Ripple)과 「펜라드 아트」(Penrod Art) 미술관에서 자신의 작품들을 판매했다.

펜스 부부는 자녀를 위한 기도에 응답 받았다는 사실에 크게 만족했다. 자신들의 삶의 여정이 하나님의 은혜와 은총 안에 있다는 것을 두 사람 모두 느끼고 있었다.

이 이상 그들이 더 바랄 것은 없었다.

7

축복과도 같았던
방송인 생활

"주께서 율례를 내게 가르치시므로
내 입술이 찬송을 발할찌니이다
주의 모든 계명이 의로우므로
내 혀가 주의 말씀을 노래할찌니이다
내가 주의 법도를 택하였사오니
주의 손이 항상 나의 도움이 되게 하소서"

– 시편 119:171~173 –

펜스는 대표를 맡은 IPR을 대단히 성공적으로 이끌었다.
펜스는 기금 모금 활동을 세 배로 늘려 재단이 급성장하는
모습을 보고 국가가 관심을 가지게끔 유도했다. 인디애나의 정
책과 주 정부를 신뢰하는 목소리가 이로 인해 더 커졌다. IPR
은 펜스가 1990년 선거에서 낙선하며 생긴 자신감 부족과 낙
담한 마음을 극복할 수 있는 피난처였다.

펜스는 IPR에서 일하면서 명석한 두뇌를 지닌 유력 정치인
들을 자주 만날 수 있었다. 이들과의 만남을 통해 다른 공화
당원들의 아이디어와 정책에 대한 폭 넓은 지식을 배울 수 있
었다.

또한 향후 몇 년 동안 펜스를 지지해 줄 재정적 후원자들을 모아 정치생활의 강력한 기반도 구축했다. 후원자들의 중심에는 「허블러 오토모티브 그룹」(Hubler Automotive Group)의 하워드 허블러(Howard Hubler)도 있었다. 그는 인디애나 전역에 여러 개의 대리점을 갖고 있었다.

허블러는 당시 펜스의 활동에 대해 이렇게 말했다,

"IPR의 대표로서 펜스는 두 가지 일을 주로 했습니다. 하나는 계획대로 일을 착수할 수 있게 모금활동을 진행하는 일이고 다른 하나는 그들이 원하는 정책이 무엇인지 알아보기 위해 전화를 거는 일이었죠."

펜스는 허블러에게 자신이 인디애나주에서 정책이나 여론에 미칠 수 있는 방법도 두 가지라고 말했다.

첫 번째는 공직에 출마하는 것이고,

두 번째는 사설을 써서 올리거나, 모임을 주재하거나, 유명인들을 불러 모으거나, 행사를 여는 것이었다.

펜스가 마음에 들었던 허블러는 재정적으로 지원해 주었고, 펜스의 세미나에도 자주 참석했다. 둘은 사적으로도 종종 만나 식사를 함께 했다.

펜스는 더 복음주의적인 신앙생활을 하고 있었고 또한 '전통적인 의미의 가족'에 대한 원리와 원칙을 장려했다. 펜스는 자신을 '복음주의적으로 거듭난 크리스천'이라고 분명하게 밝히고 다녔다.

당시 펜스는 「볼 주립 대학교」(Ball State University)의 경제학 교수인 세실 보해논(Cecil Bohanon)과도 종종 만남을 가졌다.

보해논 교수는 펜스의 선거 이력 때문에 처음에는 만남을 꺼려했다. 그러나 펜스를 한 번 만난 뒤에는 오히려 그를 존경하며 더 자주 만남을 가졌다.

"저는 보수주의자보다는 자유주의자에 가까운 사람입니다. 펜스가 두 번씩이나 죽기 살기로 의회 선거운동을 했다는 사실도 알고 있어서 만나고 싶지 않았어요. 저의가 의심스러웠다고나 할까요. 그런데 펜스의 정책에 대한 논평과 대화 중에 나눴던 새로운 정책들에 대해 듣고는 우리가 매우 공통점이 많다는 걸 알게 됐죠. 시간이 지날수록 펜스가 매우 훌륭한 사람이라는 걸 알게 됐고 그를 존경하게 됐어요. 막상 만나고 보니 생각보다 매우 친근한 사람이라는 생각이 들었어요."

보해논 교수는 특히 펜스에 대해 기업가 정신을 가졌으며, IPR과 같은 조직의 선구자라고 말했다.

"대중들의 집단 지성으로 필요한 정책을 연구하는 개념이 주 정부 차원에서 겨우 생겨났을 때였어요. 인디애나폴리스에는 주 정부 차원의 공공정책을 위한 집단지성을 연구하는 사람들이 모이는 전국 단위의 회의가 있었습니다. 펜스는 이 모임을 성사시키는데 매우 중요한 역할을 했죠. 이 모임이 지금의 「국가 정책 네트워크」(State Policy Network)입니다. 이 단체는 보수적이고, 자유주의적인 진영에서 매우 중요한 역할을 담당하고 있어요. 펜스는 이런 시스템의 아버지고 창시자라고 불릴만한 사람입니다."

한편, 펜스와 캐런은 1993년 6월에 둘째 자녀 샬롯 로즈 펜스(Charlotte Rose Pence)를 낳았다.

캐런은 모든 것을 하나님께 맡겼을 때 주님이 자녀를 허락하셨다고 말했다.

"하나님이 우리에게 아이를 주실 때까지 모든 것을 주님께 맡기는 일이 가장 중요한 일이었어요. 그래야만 자녀를 저희에게 주셨으니까요."[1]

새롭게 시작한 라디오 쇼

IPR에서 활동이 순조롭게 진행되자 펜스는 훨씬 더 많은 사람들에게 다가가고 싶었다. 펜스는 매주 금요일 오후에는 플레인필드(Plainfield)에 있는 작은 크리스천 라디오 방송국에서 방송을 했고, 토요일 오전에는 인근의 AM 방송국에 출연해 사회 문제를 다뤘다. 라디오 방송을 통해 펜스는 더 많은 일들을 할 수 있을 거라고 생각했다.

펜스는 어떻게든 사람들에게 영향을 주고 싶어 했고, 자신의 영역을 넓히기를 바랐다. 그러기에 지금 하고 있는 두 방송으로는 성에 차지 않았다. 펜스는 새로운 라디오 프로그램을 기획 중이었는데 이를 두고 주변에서는 별의별 소리를 다 하는 사람들이 많았다. 라디오 진출은 의욕만으로는 이룰 수 없는 매우 어려운 일이었다.

그러나 펜스는 주변의 잡음에 귀를 기울이지 않았다.

아내 캐런과 친구 스테거는 펜스가 계획을 실천할 수 있도록 끊임없이 용기를 북돋아줬다.

어느 날 펜스는 스테거를 「아카풀코 조스」(Acapulco Joe's)라는 작은 멕시칸 식당으로 불러냈다.

인디애나주 의회 의사당으로 가는 길목에 최초로 생긴 멕시칸 식당이었다. 또한 정치인들이 수시로 드나드는 식당으로도 유명했다.

펜스는 스테거에게 「러쉬 림보(Rush Limbaugh) 라디오 쇼」라는 프로그램과 비슷한 개요를 말해줬다. 림보는 라디오 세계에서 매우 알려진 유명인이었다. 펜스와 스테거는 청취자들이 좋아할만한 아이디어들을 함께 나누었다.

펜스는 후원자인 허블러를 찾아가 라디오 프로그램에 대해 도움을 구했다.

허블러는 당시 펜스와의 만남을 다음과 같이 회상했다.

"어느 날 펜스가 찾아와서는 자기가 일을 하나 시작하려는

데 좀 도와줄 수 있냐고 물었어요. WIBC에서 펜스에게 함께 프로그램을 시작하고 싶다고 제안을 했다고 하더군요. 펜스만 원한다면 「마이크 펜스 쇼」(The Mike Pence Show)로 프로그램 이름도 정하고 싶다고요. 너무 멋진 이야기였습니다.

그 방송에서 무엇을 할 거냐고 묻자 매일 2시간 30분 동안 인디애나주의 정책을 검토하고 이야기하는 프로그램이라고 했습니다. 그것도 좋은 이야기였죠. 그런데 도저히 제가 도와줄 수 있는 부분이 없을 것 같았어요. 그래서 제가 무엇을 도와주면 되냐고 먼저 물었습니다."

펜스는 허블러에게 자기 프로그램에 출연해달라고 부탁했다. 성공한 사업가이자 함께 주님을 믿는 신실한 크리스천인 허블러는 펜스에게 인디애나주의 경제 상황과 산업에 대한 통찰력을 제공해 주는 사람이었다. 이 쇼에 허블러만큼 적임자는 많지 않았다.

허블러는 펜스의 요청으로 이 쇼에 여러 번 출연했고 마이크 펜스 쇼에 자신의 자동차 대리점 광고를 협찬함으로써 재정적으로도 지원했다.

펜스는 자신의 브랜드와 강점이 무엇인지, 자기 방송을 듣는 청취자들의 필요가 무엇인지를 정확하게 파악하고 있었다. 보수적인 가치관을 가진 은퇴한 노인과 주부들이 펜스 쇼의 주 청취층이었고 펜스는 그들이 필요를 충분히 채워줬다.

1993년 12월, 펜스는 IPR 대표직을 사임했다. 그러나 IPR에서 발행하는 평론 정책평론지 「인디애나 정책 리뷰」(Indiana Policy Review)에는 계속해서 글을 기고했다. IPR에서의 업무까지 도맡아 하기에는 펜스의 일정이 너무 벅찼다.[2]

IPR은 펜스에게 큰 도움을 준 곳이었지만 아무리 생각해도 그만두는 것이 모두에게 최선의 방법이었다.[3]

IPR을 그만둔 펜스는 라디오 방송에만 모든 것을 쏟았다. 당시 캐런은 가정에서 두 아기를 키우느라 일을 할 시간이 없어서 펜스 부부는 재정적으로 힘들었다. 그럼에도 펜스와 캐런은 서로를 위해 최선을 다하며 다른 문제를 일으키지 않으려고 노력했다. 펜스는 허리띠를 졸라매야 할 정도로 당시 상황이 힘들었다고 회상했다.

월간 「인디애나폴리스」(Indianapolis Monthly)의 기자인 크레이그 퍼먼(Craig Fehrman)은 펜스의 라디오 방송 경력들을 빼놓지 않고 취재했다.

그 내용은 다음과 같다.

「펜스는 자신의 라디오 쇼가 인디애나주 전역으로 범위를 넓혔으면 하는 바람으로 「네트워크 인디애나」(Network Indiana)와도 관계를 맺고 싶어 했다. 「네트워크 인디애나 유선 서비스」(Network Indiana Wire Service)의 창설자이자 뉴스, 운영 및 프로그램 편성 책임자인 스캇 우커(Scott Uecker)는 펜스에게 기회를 줬다.

우커는 펜스의 다재다능함과 친근감에 큰 점수를 줬다.

캐런과 친구들의 지지에 힘입어 펜스는 라디오 진행자라는 새로운 삶에 뛰어들었다.

1994년 4월 11일 월요일, 첫 마이크 펜스 쇼가 방송되었다.

방송은 매주 월요일부터 금요일, 오전 9시부터 정오까지 진행되었고, 이 방송은 인디애나의 대표적인 토크 라디오 방송국인 인디애나폴리스의 WIBC를 포함한 주 전역에 걸친 18개 방송국까지 전파를 탔다. 또한 펜스는 주말 정치 토크쇼도 계속 진행했다.

계속해서 새로운 포맷을 연구하던 다른 라디오 프로그램과는 달리 마이크 펜스 쇼는 전통적인 라디오 방송 포맷을 따랐다. 대표적인 지역 프로그램이었던 「인디애나폴리스 500」 (Indianapolis 500)과 같이 마이크 펜스 쇼도 '일간 뉴스, 청취자 연결, 초대 손님 인터뷰, 인디애나 비영리 단체 홍보, 펜스의 정치적 신념에 바탕을 둔 정치 중점 분석, 그리고 약간의 스포츠 뉴스'를 다뤘다. 펜스의 유머 감각이 곁들여져서 쇼는 매우 인기가 좋았다.」

인디애나 주민들과 통하다

펜스는 라디오 프로그램을 확실히 성공시키고 싶었다.

그래서 주당 70시간을 일했고 인디애나폴리스 남부에 있는 집에서 북쪽에 있는 네트워크 인디애나 방송실까지 매일 출퇴근했다.

펜스의 라디오 쇼는 인디애나 주민들과 잘 맞았다.

펜스 역시 라디오 방송과 잘 맞았다. 펜스는 언제나 "황금빛으로 물결치는 곡식의 평원을 가로질러 이제 막 도착했습니다. 안녕하세요"라는 감성적인 인사말로 방송을 시작했다.

인디애나주는 지역의 70%가 농장이다. 펜스의 이런 멘트는 농업이 매우 중요한 산업인 인디애나주의 특성을 잘 반영한 것으로 단 한 마디의 인사로 청취자들의 마음을 사로잡기에 충분했다.

펜스는 항상 종이와 펜을 들고 다니며 생각을 정리했고 미국 내 주류 정치계에서 일어나는 사건들도 놓치지 않았다.

펜스의 사무실에는 항상 「인디애나폴리스 스타」(Indianapolis Star)와 「더 월스트리트 저널」(The Wall Street Journal)이 놓여 있었고 사설이 실린 부분이 펼쳐져 있었다.

펜스와 자주 교류했던 보해논은 펜스의 라디오 쇼가 성공할 수 있었던 것은 펜스의 온화한 성품 때문이라고 생각했다.

"펜스는 매우 온건한 보수주의자이며 경건한 크리스천입니다. 또 자신과 다른 견해를 가진 사람들도 열린 마음으로 대하는 사람이에요. 펜스는 제가 사회 현안들을 매우 자유주의적인 관점으로 본다는 것을 잘 알고 있었어요. 펜스와는 정반대였기에 함께 열띤 토론을 하다 보면 부딪힐 수도 있었지만 펜스는 항상 저를 잘 받아줬습니다. 어떤 주제로 토론을 해도 부딪히지 않았어요. 펜스는 자신과 반대 의견을 가진 상대도 존중했고 한번 신뢰가 생기면 별 탈이 없는 한 끝까지 믿어줬어요. 예의범절 또한 깍듯했습니다."

펜스도 이와 비슷한 말로 자신의 삶을 설명했다.

"크리스천으로서 저의 첫 번째 의무는 '관점이 다른 사람이라도 존중하려고 노력하는 것'이에요. 만일 다른 사람의 의견을 존중하지 않고 타인에게 예의를 갖추지 않는다면 민주주의를 할 생각을 완전히 버려야죠."[4]

펜스는 라디오 쇼 진행자로서 초대 손님이 적대적일 때조차 비꼬거나 성을 내지 않았다. 펜스는 호감이 가는 유쾌한 성격의 사람이었기 때문에 그의 의견에 동의하지 않는 초대 손님조차도 펜스 쇼에 출연하는 것을 즐거워했다.

도움이 된 변호사 경력

펜스의 친구인 심콕스는 펜스가 법조인 경력을 통해 배운 통찰을 사람들과의 관계에도 잘 적용했다고 말했다.

"훌륭한 변호사는 어떤 문제도 컨트롤할 수 있다는 특징이 있습니다. 의뢰인을 대신해 상대측 변호사와 주먹을 휘두르지 않고도 정면으로 맞설 수 있어야 하니까요.

소송 중에는 어쩔 수 없이 서로 상대측 변호사와 공방을 벌였어도 소송이 끝나고 나면 변호사끼리는 소송 전보다 좀 더 친분이 쌓이죠. 좋은 변호사는 감정에 휘둘리지 않고 사건을 잘 파악할 수 있는 능력이 있어요. 조금도 누군가를 망치려고 하지 않죠. 원고든 피고든 변호사는 의뢰인을 변호하는 것이 우선이니까요."

스캇 우커는 사람을 대하는 펜스의 태도는 신앙심이 매우 중요한 역할을 했다고 말했다.

"우리 모두는 펜스가 크리스천이라는 사실을 알고 있었어요. 그는 신앙에서 엇나가는 행동을 하지 않을 뿐 아니라 성경 말씀을 악용해 누군가를 궁지에 몰아넣지도 않을 사람이에요. 그는 사람을 사람 자체로 존경하거나 존중했죠. 그는 믿음의 사람으로서 우리를 있는 모습 그대로 존중합니다.

그리고 펜스는 항상 크리스천답게 품위 있게 행동합니다.

펜스를 만난 사람이라면 그가 결코 믿음에서 변절할 사람이 아니라고 말할 겁니다. 저 역시도 믿음과 어울리지 않는 행동을 하는 펜스를 본 적이 없습니다. 다른 사람들이 제 의견에 동의하든 그렇지 않든, 저는 믿음대로 사는 것을 가장 중요한 삶의 가치로 여기는 펜스를 존경합니다."

우커는 펜스의 상사였지만 펜스의 크리스천다운 모습에 반해 펜스를 영적 멘토로 우러러본다고 말했다. 우커는 좋은 남편과 아버지로서 가정에 충실한 펜스의 모습도 매우 칭찬했다.

미국의 공화당계 정책 연구 기관인 「미국 기업 연구소」(American Enterprise Institute)의 국내 정책 연구 책임자인 라이안 스트리터(Ryan Streeter)는 펜스를 이렇게 표현했다.

"펜스는 자신의 원칙을 고수하면서도, 정치적으로 반대하는 사람들이나 자신의 의견에 동의하지 않는 사람들의 의견에도 귀를 기울입니다. 생각과 사상이 다른 사람들을 존중하는 펜스의 능력은 아무나 가질 수 없는 매우 특별한 능력이죠."[5]

펜스는 특히나 민감한 주제에 대해 토의할 때면 특유의 유머 감각을 발휘해 먼저 긴장을 완화시켰다.

1995년 9월의 어느 토요일 아침, 펜스는 인디애나폴리스의 WNDY-TV에 첫 출연했다. 이전보다 훨씬 더 넓은 시청자층을 확보할 기회였으며 자신의 보수적인 정치 견해와 신앙을 공유할 기회이기도 했다.

오하이오주 전 국무장관이자 「가족 연구 협회」(Family Research Council) 선임 연구원인 존 케니스 블랙웰(John Kenneth Blackwell)은 펜스가 마치 마태복음 5장 16절의 말씀 **"너희 빛이 사람 앞에 비치게 하여"**처럼 사람들에게 빛을 비추는 사람이라고 말했다.

"우리 모두 등잔을 가지고 있지만 대부분 등경 아래에 두고 어둠을 밝히지 않습니다. 펜스는 자기 빛을 결코 등경 아래 숨기지 않고 당당히 위로 들어 어둠을 밝히는 사람입니다."

'지극히 작은 소자' 돌보기

마이크 펜스 쇼는 정치적 현안 이상의 것을 다뤘다.

펜스는 '과부, 고아, 퇴역 군인과 노인'을 지원해야 한다는 자신의 주요 신념을 공유했고 이를 위해 투쟁했다. 보해논은 사회 보장에 대해 펜스와 나눴던 **'지극히 작은 자 하나'**(마태복음 25:40)에 대한 대화에 대해 다음과 같이 말했다.

"펜스는 사회 보장은 정부와 국민 사이의 신성한 계약이며 반드시 유지되어야 하는 중요한 것이라고 말했어요. 펜스는 그렇게 할 수 있는 재정이 충분히 확보되었는지 확인하고 싶어 했고, 실행 가능성도 알아보고 싶어 했어요. 궁극적으로는 이런 일들을 하면서도 재정이 파산에 이르지 않기를 바라고 있었습니다."

라디오 쇼의 지속적인 성공으로 주 전체에 걸쳐 펜스의 인지도가 크게 높아졌고 인기도 치솟았다. 더 많은 인디애나 주민들이 매일 마이크 펜스 쇼를 듣기 시작했다.

펜스는 그의 프로그램을 통해 보수적 성향의 사람들과 인맥을 쌓았다. 전국적 규모로 방송망이 넓어지면서 펜스를 '장기적으로 투자할 가치가 있다'고 평가한 부유한 공화당 지지자들이 그의 쇼에 광고를 붙이기 시작했다.

펜스는 자기 쇼에서도 거리끼지 않고 자유롭게 자신의 신앙을 드러내며 공유했다. 토론 중인 주제를 뒷받침하기 위해서는 종종 성경 구절을 인용했다. 또한 그는 자신이 지금 누리고 있는 하나님과의 관계 그리고 십계명에 대한 믿음에 대해 자주 이야기했다.

청취자들은 마이크 펜스 쇼를 좋아했지만 펜스의 정치적 성향에 대해서는 때때로 혼란스러워했다.

이에 대해 펜스는 이렇게 말한 적이 있다.

"가끔 청취자들이 전화해서 이렇게 말하더군요.

「당신의 정체를 잘 모르겠어요. 보수주의자인가요? 자유주의자인가요?」

그럴 때마다 이렇게 대답했습니다.

「순서대로 말하겠습니다. 나는 크리스천입니다. 그리고 보수 주의자이고 공화 당원입니다.」[6]

하나님의 '완전한 때'에 태어난 자녀들

펜스가 라디오 방송국에서 일하기 시작한지 얼마 되지 않 아 캐런은 셋째 오드리 앤(Audrey Ann)을 임신했다.

캐런은 당시 이렇게 생각했다.

"돌이켜 생각해 보니 우리가 원하던 시기에 임신하지 못했 던 것이 참 다행이었어요. 결국 주님이 우리에게 완전한 타이 밍에 세 명의 아이들을 안전하게 배달해 주셨잖아요?

이렇게 멋진 일이 세상에 또 있을까요.

정말 큰 특권이에요. 완벽한 시간에 맞춰 아이들이 생겼다 는 사실을 우리 부부는 분명히 알 수 있었어요. 우리 부부에 게는 더없이 완벽한 아이들이에요. 주님이 이런 특권을 우리 에게 주시다니…. 날마다 감사할 수밖에 없어요."[7]

스테거는 "펜스는 세 아이의 아빠가 되자 달라졌다"라고 말 했다. 펜스 부부가 자녀를 갖기 위해 얼마나 애썼는지를 옆에 서 지켜본 스테거는 세 자녀의 아버지가 된 펜스에게 매우 큰 변화가 있었다고 말했다.

"물론 펜스는 머리부터 발끝까지 온통 캐런 생각뿐이었지만 그래도 아이들이 생기자 많이 변했어요. 가장 중요한 것은… 그의 삶이 더 풍성해졌어요. 아마도 자기들은 자녀를 가질 수 없다고 포기했던 때에 아이들이 크리스마스 선물처럼 떡하니 나타났으니 그럴 수밖에요. 펜스는 아빠가 되었고 인생에서 그보다 즐거운 일은 없었어요. 더 안정감이 생겼다고 봐야죠. 펜스가 한 번은 저에게 이렇게 기쁨을 표현했어요.

「내게도 아이가 생겼어. 아들 하나에 딸이 둘이야. 난 복 받았어. 모두 건강해. 얼마나 재미있는 가족인지 몰라.」

자녀들이 생기자 펜스는 점점 돌아가신 아버지가 그리워졌다. 펜스는 가끔 아버지의 군 복무 시절을 떠올렸다. 아버지의 군 시절은 펜스에게 분명한 영향을 미쳤다.

펜스의 아버지는 용감하게 한국전쟁에서 싸운 공로로 청동 훈장을 받았다. 목숨을 걸고 싸운 대가였지만 아버지는 한 번도 자랑스럽게 내보이지 않았다. 심지어 훈장에 대한 언급도 못 하게 했다. 한국전쟁에서 귀국한 이후 아버지 에드 펜스(Ed Pence)는 그 상을 화장대 서랍에 넣어두고 절대 꺼내지 않았고 자녀들에게 보여주지도 않았다.

펜스는 시카고에서 살 때 아버지와 함께 자란 사촌을 만나 그 이유를 알게 됐다. 사촌은 펜스에게 한국전쟁이 아버지를 변하게 만들었다고 말했다.

"그 전쟁 참전 전의 네 아버지는 내가 만난 사람 중에 가장 행복하고 운 좋은 사나이였지. 그런데 전쟁에서 돌아오고 나서 완전히 달라졌어. 네 아버지가 집에 온 후 내내 죄책감에서 벗어나지 못하더구나."

펜스는 이 말을 절대로 잊지 못했다. 그동안 궁금했던 퍼즐들이 비로소 맞춰졌다. 비록 군인이고 어쩔 수 없는 전투였지만 전쟁은 이처럼 많은 사람들의 몸과 마음에 평생 벗어날 수 없는 큰 상흔을 남기는 끔찍한 일이었다.

뉴스에서 지구촌 어딘가에서 전쟁이 일어났다는 소식이 들릴 때마다 아버지의 얼굴이 떠올랐다. 만일 아버지가 전쟁에서 겪은 일들을 하나씩 말한다면… 함께 전투했던 전우들, 집으로 돌아가지 못한 친구들, 그들이 사랑한 여인들, 집안에서 철모르며 뛰노는 아이들, 그리고 그들이 꿈꾸었던 인생들과 훗날 자신의 자녀들이 낳을 아이들의 모습이 보였을 것 같았다.

이런 과정에서 펜스는 자유를 위해 치러야 하는 엄청난 대가와 수많은 참전 용사의 가슴에 멍울진 무거운 짐이 무엇인지 이해할 수 있었다.[8]

라디오 쇼 진행과 세 아이의 아버지로 바쁜 와중에도 펜스의 인기는 계속 올라갔다. 그러던 어느 날 펜스가 쌓은 정치 경험과 선거 유세 경험을 필요로 하는 사람이 나타났다.

레이건 행정부에서 법무장관의 특별 보좌관과 대통령의 내정 특별 보좌관을 지낸 데이비드 매킨토시(David M. McIntosh)가 펜스에게 전화를 걸었다. 매킨토시는 조지 부시(George W. Bush) 행정부에서 댄 퀘일(Dan Quayle) 부통령의 「경쟁력 위원회」(Council for Competitiveness) 사무총장도 역임했던 능력 있는 관료였다.

매킨토시는 펜스에게 연락한 이유를 다음과 같이 설명했다. "저는 연방 의회에 출마하기로 결정했습니다. 우리 집은 필 샤프의 지역구였죠. 펜스에게 전화를 걸어 「같이 점심 식사를 하면서 선거운동을 했던 경험과 조언을 듣고 싶어요」라고 요청했어요. 우리는 인디애나폴리스 시내에 있는 멕시칸 식당에서 만났고 몇 시간 동안 이야기를 나누었어요. 그때 펜스가 갑자기 이상한 질문을 던졌어요.

「당신이 믿고 있는 신앙이 뭐죠? 왜 연방 의회에 출마하려고 하는 거죠?」

나는 보수주의적 현안을 위해 투쟁하면서 레이건 대통령과 퀘일 부통령을 위해 했던 일을 그에게 얘기했습니다. 여기서도 그런 일을 하기 위해 출마하고 싶다고 말했죠."

이야기를 마칠 무렵 펜스는 매킨토시에게 다음과 같이 조언했다.

"솔직히 출마를 말리고 싶습니다. 현직 의원을 이기는 것은 너무 어려운 일이에요. 하지만 의회에 가서 방금 말한 대로 여러 문제들을 위해 투쟁할 의향이 있다면 승패에 상관없이 대의를 가지고 출마해야 합니다. 그리고 무엇보다 중요한 게 하나 더 있어요. 결국에는 하나님 앞에 나아가야 해요. 하나님이 당신에게 무엇을 하라고 부르셨는지 소명감을 느껴야 합니다."

펜스는 또한 자신의 경험을 살려 "선거운동 중에 절대로 네거티브를 하지 마세요"라고 조언했다. 펜스는 아픈 상처였던 두 번째 선거가 끝나고 자신이 쓴 「부정적인 선거운동의 참회록」(Confessions of a Negative Campaigner)을 매킨토시에게 건넸다.

펜스는 매킨토시에게 공약과 여러 쟁점에 대해서는 얼마든지 샤프와 맞서도 되지만 절대로 후보 개인의 신상이나 약점을 공격하는 네거티브 공격은 하지 말라고 몇 번이나 강조했다.

펜스 여동생의 도움

펜스는 함께 유세 운동을 했던 동생 애니(Annie)를 매킨토시에게 추천했다.

"선거에 도움을 줄 사람으로는 제 동생이 적격인 거 같아요. 저를 도와 유세 운동을 한 경험이 아주 많으니까요."

매킨토시는 흔쾌히 의견을 받아 애니를 선거운동원에 포함시키로 했다. 지역구를 소상히 알고 있는 애니는 선거운동에 있어서 매우 중요한 자산이었다.

매킨토시와 그의 아내 루시(Ruthie)는 인디애나 먼치(Muncie) 지역으로 이사를 마쳤다. 사람들을 만나기 위해 바쁘게 차를 몰고 다니기는 했지만 좀 더 이름을 알려야 했다. 매킨토시가 자신의 이름을 알리기 위해 열심히 활동을 하던 중에 모든 사람이 깜짝 놀랄 일이 벌어졌다. 현직 민주당 하원 의원 필 샤프가 재출마하지 않겠다고 선언하며 정치 은퇴를 발표한 것이다.

펜스에게도 기회가 찾아왔다.

공화당도 당 차원에서 이미 두 차례 선거를 통해 이름을 알린 펜스가 더 적격이라고 판단했다. 기부자 명단도 가지고 있었고 라디오 방송으로 지명도도 높아진 상태였다. 그러나 펜스는 제안을 거부하고 매킨토시를 후보로 밀었다. 라디오 쇼에 마음이 더 있었고, 데이비드 매킨토시가 훌륭한 후보자가 될 거라고 생각했기 때문이다. 이후에도 펜스는 지속적으로 매킨토시가 당선될 수 있게 조력했다.

필 샤프가 은퇴하자 그의 후임으로 이름이 꽤나 알려진 후보가 거론되었다. 매킨토시는 여전히 최선을 다해야 한다는 사실을 깨닫고 애니를 예비 선거운동의 매니저로 삼았다. 애니와 막 대학교를 졸업한 젊은 공화 당원 한 명, 그리고 그의 아내 이렇게 세 명이 선거운동을 시작했다.

펜스는 기부자 명단을 공유했고, 그 도움으로 예비 경선을 완주할 수 있는 충분한 자금을 모았다. 이들의 노력으로 매킨토시는 450표 차이로 예비 경선을 뚫고 정식으로 후보자 자격을 갖췄다.

펜스는 그의 라디오 쇼에 매킨토시를 초대해 인지도를 높이는데 큰 도움을 줬다. 펜스 쇼에 출연함으로 매킨토시는 자신의 정책과 비전도 청취자들과 공유할 수 있었다.

매킨토시는 이 과정에서 펜스와 가족들이 정말 큰 도움을 줬다고 말했다.

"펜스와 캐런이 우리 부부를 여러 차례 집으로 초대해서 마치 한 가족이 함께 유세하는 것처럼 느끼게 해줬어요. 당시 우리에게는 자녀가 없었는데 캐런이 루시에게 이렇게 말했죠.

「아직 아이들이 없으니까 낮에는 당신도 함께 참여해서 뛰세요. 밤에는 매킨토시와 함께 다니면서 사람들도 만나고요. 선거운동은 행사예요. 정말 즐거운 가족 행사요.」

그리고 선거운동을 어떻게 하는 지도 알려줘 큰 도움이 됐어요. 펜스 부부 덕분에 오히려 기분 좋게 즐기면서 선거운동을 할 수 있었어요."

하지만 펜스가 그토록 조언했던 "네거티브 공격을 하지 마세요'는 조언을 지키지 못할 위기의 순간이 찾아왔다. 매킨토시의 선거를 돕던 컨설턴트들이 상대 후보의 여러 가지 약점을 찾아서 알려줬기 때문이다. 그 중에는 인신공격에 가까운 내용들도 있었다.

매킨토시는 한참을 고민하다 결국 이 문제를 들고 펜스를 찾았다. "네거티브는 하고 싶지 않다'라는 매킨토시의 말에 듣고 펜스가 답했다.

불씨를 던지고 활활 태운 후 선거가 끝나면 후다닥 떠나 버리는 컨설턴트들을 조심하세요."

1994년 11월 매킨토시는 로비스트인 민주당 후보 조 하그셋(Joe Hogsett)과의 치열한 경쟁 끝에 미 하원 외원으로 선출되었다.

8
책임감

"철이 철을 날카롭게 하는 것 같이
사람이 그 친구의 얼굴을 빛나게 하느니라"

– 잠언 27:17 –

펜스 부부의 커리어는 날이 갈수록 쌓여갔다.

펜스의 라디오 방송은 점점 인기가 높아갔고 캐런도 아이들이 어느정도 자라면서 다시 그림을 그렸으며, 파트타임으로 교사일도 시작했다.

마침내 펜스 부부와 세 자녀는 꿈에 그리던 집을 얻을 수 있었다.

펜스가 「인디애나폴리스 스타」(Indianapolis Star)에 정치 만평을 그리던 게리 바벨(Gary Varvel)을 만난 것도 이 무렵이다.

바벨은 당시 편집부에서 만화를 그리며 막 이름을 알리기 시작했고 펜스는 라디오와 TV 쇼를 안정적으로 진행하고 있었다. 펜스가 진행하는 마이크 펜스 쇼의 초대손님으로 바벨이 섭외되면서 둘은 인연을 맺게 됐다.

펜스와 바벨은 첫 만남부터 죽이 잘 맞았다.

둘 다 아이가 셋이었고 나이도 비슷했으며 무엇보다 독실한 크리스천이었다. 세계 어디에서나 서로가 크리스천이라고 밝힐 때 느끼는 유대감을 펜스와 바벨도 느꼈다.

펜스와 바벨은 종종 점심 식사를 함께 했고 그럴 때마다 펜스는 자신의 가족과 아침에 묵상했던 성경 말씀에 대해 이야기했다. 가족과 말씀 묵상은 펜스에게 가장 중요한 일이었다.

종종 교류를 하던 두 사람은 어느덧 서로에게 비밀을 털어놓을 정도로 친해졌다. 펜스는 바벨에게 지난 국회의원 선거에서 느꼈던 자신에 대한 실망감을 털어놓았다.

"상대방을 공격하자는 컨설턴트들의 조언을 따른 건 정말 큰 실수였어요. 그건 예전의 내가 아니었어요. 그들의 조언에 마음이 불편했지만 결국 그렇게 하자고 동의한 건 나였죠. 결과는 최악이었어요. 나는 큰 실의에 빠질 수밖에 없었죠."

펜스는 바벨에게 자신의 정치 경력이 이미 끝난 것 같다며 아마도 외부의 다른 경로를 통해서 정치와 관련된 일을 하게 될 것 같다고 심경을 고백했다.

바벨은 주님 안의 같은 형제로서 펜스의 아픔을 위해 기도해 주었고, 각자의 삶에서 영적 여정을 올바로 걸어 나가도록 격려했다. 그들은 서로가 책임감 있는 크리스천이 되어 믿음을 지켜가기를 바랐다.

당시 펜스 부부는 초교파 공동체인 「은혜 교회」(Grace Tabernacle Church)에 매주 출석해 예배를 드리고 있었고, 펜스의 가장 큰 후원자인 허블러는 찰스 레이크(Charles Lake)가 담임목사인 「그린우드 커뮤니티 교회」(the Community Church of Greenwood)에 출석하고 있었다. 당시 그린우드 커뮤니티 교회의 성도는 1,000명 정도였다.

레이크 목사는 허블러에게 교인들을 대상으로 정치 현황에 대한 강의를 맡아 달라고 부탁했다. 허블러는 레이크의 제안을 수락했고 곧바로 펜스를 찾아가 이를 위한 특강을 진행해 달라고 부탁했다. 펜스는 일주일 뒤에 교회를 방문해 특강을 진행했다. 며칠 뒤 두 사람은 함께 아침을 먹으며 펜스가 먼저 교회에 대해 말을 꺼내며 재촉했다.

"우리가 그 교회에 다시 초대를 받는다면 우리 부부는 먼저 그곳이 우리가 예배를 드리고, 우리가 섬기고 싶은 곳인지를 살펴봐야 할 것 같아."

그다음 주에 펜스 부부는 예배에 한 번 더 참석했고, 허블러 부부가 다시 2~3번 정도 더 예배에 초청했다. 그리고 나서야 펜스 부부는 그린우드 커뮤니티 교회에 출석하기 시작했다.

그린우드 커뮤니티 교회의 부목사이자 행정가인 짐 도드슨(Jim Dodson)은 펜스 부부가 예배드리러 왔던 모습을 다음과 같이 기억한다.

"저는 친교 부서 담당자로서 새로 교회에 온 사람들을 먼저 찾아갔습니다. 펜스 부부를 만나기 전에 펜스에 대해 들어본 적은 없었어요. 펜스가 누구인지 이미 알던 한 성도가 저에게 그가 라디오 프로그램을 진행하고 있으며 이미 교회에 방문한 적이 있다고 알려줬죠."

담임 목사의 부탁을 받은 도드슨은 펜스에게 수차례 전화해 약속을 잡았지만 그 약속은 번번이 취소되었다. 펜스가 다섯 번을 거절하면 도드슨은 여섯 번을 연락했다. 포기하지 않았다. 펜스는 이런저런 핑계를 대며 계속해서 만남을 거절했지만 결국 도드슨의 끈기에 항복하고 말았다.

식당에서 만나기로 한 날 펜스는 먼저 도착해 기다리고 있었다. 펜스는 도드슨을 보자마자 이렇게 말했다.

"당신은 지금까지 제가 만난 사람 중에서 가장 끈질긴 사람입니다."

"저는 그냥 제 일을 열심히 할 뿐입니다."

큰 웃음과 함께 대화는 이어졌고 두 사람은 매우 잘 맞았다. 도드슨은 펜스가 선거에 떨어진 뒤 먹고살기 위해 어떤 일들을 했는지를 들었고, 펜스의 가족과 이전에 다니던 교회에 대한 이야기를 귀담아들었다.

「책임감 있는 크리스천 모임」을 만들다

어느 날, 도드슨이 펜스를 찾아가 말했다.

"저는 그리스도의 진정한 제자가 되고 싶어 하는 사람들의 모임을 만들고 싶습니다. 모임의 이름을 「책임감 있는 크리스천」이라고 지었습니다. 네 명 정도가 모여 매주 성경을 공부하고 대화를 나눌 생각인데 어떻습니까? 삶을 공유하는 겁니다. 기도 제목도 나누고, 말씀에 대한 통찰력을 공유하고, 식사도 하며 친목을 다지며 한 주를 시작하면 좋지 않을까요?"

도드슨은 이런 모임을 만들고 싶었다.

한 사람의 인생에서 나오는 경험, 지각, 견해는 다른 사람들의 믿음을 훨씬 더 단련시킬 수 있기 때문이다. 잠언 말씀처럼 철이 철을 제련하듯….

"철이 철을 날카롭게 하는 것 같이
사람이 그 친구의 얼굴을 빛나게 하느니라"(잠언 27:17)

도드슨은 가장 먼저 펜스를 찾아가 권유했지만 펜스는 꽤 오랜 시간 대답을 회피했다. 한참 뒤에 펜스는 "허블러도 함께 한다면 모임에 참석하겠습니다"라고 대답했다. 도드슨이 허블러에게 이와 같이 말하자 허블러도 흔쾌히 승낙했다. 도드슨은 이 모임에 사람이 더 필요하다고 생각해 교회에서 다른 성도들과 별다른 교류를 하지 않았고, 연고도 없는 개리 스미스 (Garry Smith)를 찾아가 권유했다.

"매주 성경을 배우고 교제도 나누는 「책임감 있는 크리스천 모임」을 만들 생각입니다. 네 명 정도로 모임을 계획하고 있는데 함께 하면 좋겠습니다. 혹시 나머지 두 명의 멤버로 추천하고 싶은 사람이 있나요?"

"오, 좋습니다. 다른 두 명은 마이크 펜스와 하워드 허블러로 하면 어떨까요?"

주님이 예비하신 모임이라 생각할 수밖에 없었다.

이 네 명은 매주 금요일 아침 7시 그린우드에 있는 「포시즌 패밀리 레스토랑」(Four Seasons Family Restaurant)에서 만났다.

매주 정해놓은 성경 말씀을 묵상한 뒤 함께 나눴는데 펜스는 언제나 남다른 통찰력을 보였다. 말씀과 우리의 삶과 어떤 연관성이 있는지 그리고 크리스천인 우리가 어떻게 살아야 하는지에 대해 펜스는 매주 나눌 준비가 되어 있었다.

이 교회의 담임인 레이크 목사 역시 이 모임에 큰 관심을 갖고 있었다.

"저는 펜스가 선거 전 날 부정행위로 고소까지 당했다는 소식을 이미 알고 있었습니다. 그래서 처음 그를 만났을 때 약간 회의적이었죠. 그러나 매주 그의 변화된 모습을 보면서 그런 생각은 완전히 사라져 버렸어요. 펜스의 이런 변화를 이끈 가장 큰 요인 중 하나는 정기적인 이들 네 사람의 모임이었습니다. 하나같이 '예수님의 제자'라는 책임감을 가진 크리스천이 되고 싶어 하는 이들이었습니다. 모임 멤버인 네 명 모두 같은 소망을 갖고 있었어요."

모임은 지속적으로 이루어졌고 만남이 이어질수록 이들의 믿음도 그리스도 안에서 성숙해갔다. 이들은 남들에게 하기 힘든 속마음도 털어놓으며 서로의 힘이 되어주었고 누군가 힘들 땐 지혜를 빌려주었다. 펜스는 언제나 '제자도'를 강조했고 어느새 이런 정신은 교회 전체를 이끄는 추진력으로 작용했다.

특히나 연고가 없던 스미스는 스스로의 믿음에 확신을 갖지 못하고 있었는데 이 모임을 통해 큰 도전을 받았다.

"펜스를 비롯한 다른 멤버들의 일상에서 영성을 추구하는 삶을 지켜보는 것만으로도 큰 도전이 됐어요. 그들이 나누는 신앙에 대한 이야기를 저는 경외심을 갖고 경청했죠. 당시 저는 주일에만 크리스천으로 살았고 다른 날은 완전히 세상 사람들과 다를 바 없는 삶을 살고 있었거든요."

네 사람은 특히 일상에서 마주칠 수 있는 신앙적인 문제를 놓고 서로 도전하며 격려했다. 이런 시간들을 통해 끈끈한 정신적, 감정적 유대감이 이들 가운데 형성됐다.

이 모임의 멤버들은 서로에게 '크리스천의 책임감'을 지킬 것을 권했다. 최소한 이 네 명은 서로에게 숨기는 것 없이 투명했으며, 자신이 현재 처한 상황을 가감 없이 솔직하게 밝혔고, 어려운 질문도 회피하지 않고 대답했다.[1]

이들은 일상 속에서 들리는 하나님의 음성뿐만 아니라 서로에게도 즉각적으로 반응하고자 했다. 이 모임은 단순한 성경 공부 모임이 아니었다. 서로가 진정한 크리스천이 되도록 이끄는 책임감 있는 제자들의 모임이자 그리스도의 군사를 만드는 훈련소였다. 서로 다른 삶을 살아가는 네 명이었지만 이 모임은 각자의 삶에 긍정적인 변화를 일으켰다. **"철이 철을 날카롭게 하는 것 같이"**라는 말씀대로 이들의 모임은 서로의 삶과 정신을 예수님의 제자답게 날카롭게 연단시켰다.

서로를 향한 진실한 사랑

펜스에게 있어서도 이 모임은 단순한 주간 조찬 모임 이상의 의미였다. 주님 안의 형제들과 나누는 진정한 유대감을 이 모임에서 느낄 수 있었다. 펜스는 다른 멤버들을 친형제처럼 깊게, 그리고 변함없이 사랑했다.

펜스는 사람들과 대화할 때 주의를 빼앗기지 않고 시선을 온전히 상대에게만 집중한다. 때문에 사람들은 펜스와 대화하는 순간만큼은 자신이 세상에서 깊은 관심을 받고 있는 사람이라고 느꼈다. 스미스는 이런 펜스의 모습에 유독 큰 감명을 받았다.

스미스는 펜스를 자신의 멘토이자 정신적인 지주로 여겼다.
"당시 제 눈에는 펜스가 그야말로 챔피언이었어요. 제가 어떤 사람이 되고 싶은지 펜스를 보면서 깨달았죠. 펜스는 성경에도 매우 해박했고 어떤 일에 '예스'와 '노'로 분명하게 대답할 줄 아는 사람이었어요. 펜스와 허블러는 성경 말씀을 바탕으로 자신들이 맡은 일을 운영하고 있었는데 저는 그게 정말로 멋지다고 생각했어요.

펜스는 말씀을 바탕으로 라디오 쇼를, 허블러는 자동차 사업을 운영하고 있었어요. 두 사람에게는 정말로 성경이 규칙이었어요. 이 두 사람을 만나기 전에는 이런 일이 가능하다는 사실을 몰랐죠."

펜스의 모습은 부목사인 도드슨에게도 큰 도전이 됐다.
"펜스는 진정성 있는 투명한 모습으로 신앙생활을 했어요.

저는 펜스가 하나님의 음성을 어떻게 분별하는지 지켜봤어요. 그는 물건을 사는 사람처럼 깊게 생각하며, 중요한 결정을 앞두고는 충동적으로 행동하지도 않으며 주님의 음성을 분별하고 경청하는 일에 충분한 시간을 투자했어요. 또한 펜스는 인내심이 매우 깊고 자만하지 않았으며 다른 사람들의 조언에도 귀를 기울였습니다."

스미스는 펜스를 '보이는 그대로 믿을 수 있는 투명한 사람'이라고 생각했고, 허블러는 펜스가 이 모임의 구성원들을 하나님께로 더 가까이 이끄는 리더 역할을 맡고 있다고 생각했다.

도드슨은 펜스의 아내 캐런도 간접적으로 이 모임의 다른 이들에게 매우 긍정적인 영향력을 끼쳤다고 말했다.

"막 모임을 시작했을 때였습니다. 저는 심장 수술을 받은 직후였기에 사실 좀 신경이 쓰였는데 캐런이 「저녁 식사를 가져다 줄게요」라고 연락을 했어요. 펜스와 캐런이 얼마나 바쁘게 사는지 제가 다 아는데….

그럼에도 캐런은 종종 찾아와 저녁을 갖다주었고, 때때로 오래 머물며 이런저런 일을 도와 제 아내를 섬겼습니다. 캐런과 펜스는 서로를 꼭 닮은 부부예요. 저는 캐런과는 아무런 접점이 없었고 단지 펜스만 아는 사이였지만 그럼에도 캐런은 저뿐 아니라 제 아내까지 돌봐주었어요."

펜스 부부는 단지 말씀을 올바로 믿는데서 그치지 않고 그 말씀을 삶에 적용하며 살았다. 같은 교회의 성도들뿐 아니라 교역자들도 이런 부분을 인상 깊게 여겼다.

이 모임에서 펜스가 보여준 진실한 사랑은 펜스가 가족에게 보여주는 진실한 사랑이었다. 담임인 레이크 목사 역시 펜스의 가정에 대한 사랑에 큰 감명을 받았다.

"펜스의 아내와 아이를 향한 사랑은 그를 보여주는 특징이라고 할 만큼 매우 인상적이었어요. 지금까지도 저는 펜스만큼 아내와 자녀 그리고 가족을 위해 헌신하는 사람을 본 적이 없습니다."

펜스는 이 모임에서 자신이 맡아야 할 역할이 무엇인지를 진지하게 고민했다. 펜스는 어려움을 겪는 남성들을 격려하고 그들을 바르게 이끌며 멘토링 하는 일을 자신이 도맡아야 한다고 생각했다.

불임으로 어려움을 겪고 있는 스미스 부부가 교회를 통해 입양할 기회를 얻자 펜스 부부는 함께 어려움을 감당하며 이 일을 위해 적극적으로 도우며 기도했다.

또한 펜스는 밖에서 종종 허블러를 만나 아내와의 관계에 도움을 주었다. 당시 허블러는 아내와의 이혼을 고려하고 있었다. 펜스는 허블러가 일하는 지점을 찾아가 함께 점심 식사를 하며 대화를 나눴다.

"자네가 이혼을 생각하고 있다는 사실은 알고 있지만 크리스천의 믿음을 바탕으로 조언을 해주고 싶은데."

펜스는 주로 성경 구절을 인용하며 격려했다. 허블러는 당시 펜스가 해주는 조언들이 큰 도움이 되었다고 밝혔다.

"펜스는 사실상 저에게 멘토링을 해줬어요. 그가 말하는 하나님의 말씀들은 정말로 큰 도움이 됐죠. 성경에 존재하는 말씀들이었고 지키며 살아가야 하는 계명들이었지만 많은 성도들이 무심코 놓치는 내용들이었어요.

펜스의 믿음은 저보다 세 발은 앞서 있는 것 같았죠. 저도 성경에는 조예가 깊었지만 펜스는 거의 성경을 외우고 있는 것 같았어요. 어떨 때는 「지금 내 앞에 목사님이 계신 게 아닌가」라는 생각이 들기도 했어요.

펜스가 저에게 권면한 주요 내용은 「이혼을 결정하기 전에 상황을 바꿀 수 있는 것이 있다면 전적으로 그 일에 헌신하라」라는 것이었어요. 이 말은 제게 매우 좋은 도전이 됐어요."

보수적인 단체들에게 큰 인기를 끌다

펜스의 라디오 쇼는 매년 인기를 더해 갔다.
어느덧 펜스는 유명 인사가 되어 보수적인 성향의 단체들이 진행하는 방송과 라디오에서도 끊임없이 러브콜을 받았다.

펜스는 '헤리티지 재단, 친 이스라엘, 낙태 반대 단체, 재산 그룹 단체…' 등이 주최한 프로그램에 초청되었고 더 이상 사람들은 이 단체들의 명칭만으로 이들을 부정적으로 바라보지 않았다. 일반인들이 보수주의자들을 상냥한 시선으로 바라보기 시작한 것이다. [2]

허블러와 펜스는 모임 밖에서도 종종 만남을 가졌는데 이런 가운데 하나님의 손이 드러나는 몇몇의 사건들을 경험했다.

어느 날 두 사람은 함께 아침 식사를 하고 있었다.

식사를 마치고 허블러는 수표를 건넸다.

"「마이크 펜스 탐사 위원회」를 위해 사용해 주게."

펜스는 의아했다.

"그래? 우리가 무엇을 찾고 있었나?

내가 모르는 뭔가가 있어?"

그러자 허블러가 답변했다.

"솔직히 우리는 자네가 공직에 출마해야 한다고 생각해."

허블러는 펜스가 반드시 공직에 진출해야 하며, 누구보다 이상적인 후보라고 생각했다.

그러나 펜스는 이미 꿈을 포기했고 자신감을 잃은 상태였다. 펜스는 자신이 왜 공직에 진출해야 하냐고 물었고 허블러는 '가장 이상적인 후보이기 때문'이라고 말하며 그 이유를 또

박또박 짚어주었다.

"펜스, 자네는 5년 넘게 주의 정책에 연구하는 IPA에 몸담고 있었잖아. 인디애나폴리스의 FM 라디오(WIBC) 프로그램도 하고 있고…. 자네만큼 정치에 깊게 관여하고 있는 사람은 많지 않아. 그리고 자네처럼 인디애나주 정책에 얽혀 있는 사람도 없지. 비록 정부 소속은 아니지만 주지사와 수백 명의 입법자들보다 더 깊이 관여되어 있을걸.

자네보다 우리 주에 대해서 더 잘 알고 있는 사람이 누가 있어? 주의 어떤 정책 현안에 대해서 발표하라고 하면 자네는 5분도 필요하지 않을걸? 단지 마음먹기에 따른 문제일 뿐이야. 자네는 아이처럼 우리 주에 대해 아무것도 모르는 사람들이 단지 국회의원이 되기 위해 출마하는 것을 막아야 해."

펜스는 허블러의 말을 인상 깊게 들었다.

그러나 어린 시절부터 품었던 국회의원의 꿈이 한 번 좌절된 뒤로는 다시는 이룰 수 없을 것이라 여겨 포기했기에 한편으로는 허블러의 제안이 오히려 당황스러웠다. 펜스는 지난 선거에서 패배한 후 한 기자와의 인터뷰에서 다음과 같이 소회를 밝혔었다.

"제 꿈은 이제 끝났습니다. 남아있는 꿈은 제 믿음, 그리고 아내와 아이들과만 관련이 있습니다. 다른 꿈들은 이제 완전히 사라졌습니다. 어려서부터 제 평생의 꿈이 국회의원이었기 때문에 진심으로 하는 말입니다."[3]

의원직을 받을 기회가 찾아오다

허블러가 펜스에게 이런 제안을 할 무렵 공화당은 주지사 선거에 매킨토시 의원을 출마시키려고 했다. 매킨토시는 주지사 출마 전, 힘들게 쟁취한 의원직을 물려줄 후임을 찾고 있었다. 매킨토시는 공화당의 주지사 출마 제안을 수락하기 전 펜스 부부를 찾아가 의원 출마를 권유했다.

"나는 주지사 출마를 긍정적으로 생각하고 있어요. 그러나 그전에 나를 대신할 좋은 국회의원이 있다는 사실을 주에 알리고 싶어요. 펜스, 당신이 그 자리를 맡아주면 정말로 좋겠는데…. 출마를 선언해 주시겠어요?"

펜스는 이 제안에 다음과 같이 대답했다.

"죄송합니다. 전 이미 정계를 떠났어요. 저는 미디어 분야에서 새로운 경력을 충분히 쌓고 있습니다."

펜스는 라디오 방송 일을 매우 좋아했다.

「마이크 펜스 쇼」는 매우 인기가 높았고 높은 수익을 내고 있었다. 겨우 쌓아올린 탑을 전부 포기하고 불확실한 세계로 들어갈 수는 없었다. 그러나 같은 크리스천인 매킨토시는 펜스의 마음을 돌릴 방법이 무엇인지 분명히 알고 있었다.

"나도 알고 있습니다. 그러나 이 문제를 놓고 함께 기도해 주시겠어요?"

매킨토시 의원으로부터 국회의원 출마 제안을 받은 펜스는 「인디애나 가족 포럼」(Indiana Family Forum)의 설립자이자 오랜 친구 빌 스미스와 국제 기독교 선교 단체인 「포커스 온 더 패밀리」(Focus on the Family)의 제임스 돕슨 박사를 만났다.

"자네들도 알다시피 나는 이미 정치생명이 끝났다고 생각하고 있었어. 그러나 지금 이런 상황이 찾아왔고 우리 부부는 이 문제를 놓고 함께 기도할 예정이네. 자네들도 우릴 위해 기도해 줘."

펜스 부부는 각자의 친구들에게도 동일한 기도를 부탁했다. 펜스는 「책임감 있는 크리스천 모임」에도 같은 기도를 부탁했다. 기도 부탁은 매번 있는 일이었지만 다른 사람들은 그날따라 펜스의 분위기가 다르다는 것을 느낄 수 있었다. 펜스가 '국회의원 출마를 놓고 고민 중'이라며 기도를 부탁하자 모임의 멤버들은 오히려 펜스가 이런 기도 제목을 부탁했다는 사실을 기뻐했다.

이미 멤버들은 펜스가 두 번의 하원 의원 선거에서 낙선했다는 것을 알고 있었다. 그 두 번의 도전에서 펜스가 너무나 큰 상처를 받아 다시는 그런 일을 경험하고 싶지 않다고 누차 얘기한 것도 기억하고 있었다. 펜스가 다시 선거에 도전한다며 기도를 부탁한 것은 이런 상처들을 마침내 극복해낸 것이라고 생각할만한 긍정적인 신호였다.

매사에 긍정적이었던 펜스는 선거에 있어서만큼은 극도로 부정적이었다. 특히 두 번째 선거에서 자신이 저지른 행동이 결코 크리스천답지 않았음을 고백했다. 그리고 만약 다시 선거에 출마한다면 이기든 지든 끝까지 크리스천다운 모습으로 완주할 것을 다짐했다. 펜스는 수년간의 노력으로 충분히 압박을 감당할 수 있는 겸손한 사람으로 준비되었음을 멤버들은 알고 있었다.

펜스는 지난 몇 년 동안 과거의 일을 충분히 회개했으며, 크리스천의 삶에서 정말로 중요한 것이 무엇인지 알고 있는, 믿음의 중심이 잡힌 사람으로 변화되었다.

펜스는 아내의 의견에도 귀를 기울였다.

캐런은 펜스의 도전을 전폭적으로 지지했지만 그보다도 이 일이 과연 하나님의 뜻인지를 더욱 중요하게 생각했다. 펜스도 마찬가지였기에 이들 부부는 무엇보다 이 도전이 하나님의 뜻인지를 확실하게 알고 싶어 했다. 펜스 부부, 모임의 멤버들, 그리고 기도를 부탁받은 모든 사람들은 펜스의 선거 출마를 놓고 열심히 기도하기 시작했다.

얼마 뒤 펜스는 "이번 주지사 선거에 매킨토시 의원이 출마할 것입니다. 기자회견이 예정되어 있는데 이때 당신도 국회의원 선거 출마를 함께 발표하면 좋겠습니다"라는 연락을 받았다.

결단의 시간이 코앞으로 다가왔다.

펜스 부부는 마음속에서 하나님이 주신 무언가가 꿈틀대고 있음을 분명히 느꼈다. 그러나 이것이 하나님의 뜻이라는 확신을 원했고, 자신들이 이 일을 감당할 수 있다는 하나님의 분명한 메시지를 원했다. 자신들에게는 무엇보다 하나님의 뜻을 아는 것이 가장 중요했다. 이에 대한 확신이 생기기 전에는 결코 국회의원 출마 발표를 할 수는 없었다.

중대한 결정을 위한 휴가

펜스 부부는 하나님의 뜻을 정확히 알기 위해 자녀들과 함께 콜로라도로 휴가를 떠났다. 펜스에게 쉴 수 있는 가장 좋은 장소는 말을 탈 수 있는 산속이었다. 충분한 시간과 돈, 그리고 가장 중요한 아내의 허락이 있을 때면 펜스는 말, 숲, 통나무 오두막이 있는 곳으로 가족과 함께 휴가를 떠나곤 했다.[4]

어느 날 말을 타고 산을 오르던 중 펜스 부부는 잠시 멈춰 서서 눈앞에 펼쳐진 넓고 푸른 평원을 바라보았다. 하늘에는 붉은 꼬리매 두 마리가 창공을 날고 있었다.

"캐런, 저 두 마리의 매가 마치 우리를 닮은 것 같지 않소?"

펜스의 말을 듣고 유심히 매를 관찰하던 캐런은 이 말에 동의했다. 펜스는 아무래도 결정을 내려야 할 순간이 찾아온 것 같다며 장난스레 말했다.

"우리 그냥 도망칠까?"

"정말, 우리 그냥 도망치는 게 나을 것 같아요. 하지만 이번에는 저 매처럼 하늘을 날아보는 것도 좋겠어요. 우리가 절벽에서 발을 뗄 때 하나님이 우리를 저 높은 하늘로 날아갈 수 있게 붙들어주실 것을 믿어봐요."

휴가가 끝난 후 펜스는 아내와의 대화 내용을 친구들과 나눴다.

"아내와 바라본 매는 스스로의 힘으로 퍼덕이며 날고 있지 않았어. 그들은 다만 기류에 몸을 맡겨 활강하고 있을 뿐이었지. 내 힘으로 하려고 하지 않는다면 이번 선거는 분명히 이길 수 있다는 확신이 생겼어."

펜스가 다시 출마 결정을 내리기까지는 매우 오랜 시간이 걸렸다. 펜스의 이런 모습은 오히려 주변의 크리스천들에게도 영감을 주었다. 특히 펜스의 결정을 오랫동안 기다린 매킨토시는 펜스 부부가 기도로 신중하게 결정하는 모습에 깊은 인상을 받았다.

"펜스 부부는 진심으로 기도하며 한 발짝씩 다가갔죠. 그들은 선거 출마 문제를 주님 앞에 내어놓고 물었습니다.

「이것이 정말 주님이 원하시는 일이 맞나요?」라고.

「지금까지 이룬 모든 것을 포기하고 다시 모든 것을 잃을지도 모르는 도전을 또 해야 하나요?」라고.

자기 힘으로 날려고 파닥거리는 매가 되지 않으려는 노력이었어요."

펜스 부부는 이사야 40장 31절 말씀을 통해 결정을 내렸다.

"오직 여호와를 앙망하는 자는
새 힘을 얻으리니
독수리의 날개치며 올라감 같을 것이요
달음박질하여도 곤비치 아니하겠고
걸어가도 피곤치 아니하리로다."

휴가를 마친 펜스는 가장 가까운 사람들에게 먼저 선거 출마 소식을 전했다. 매킨토시는 "펜스 덕분에 마음 편하게 주지사 출마 결심을 하게 됐어요"라며 반겼다. 매킨토시는 펜스에게 가장 최근까지의 후원자 명단을 건넸다. 아마도 6년 전 매킨토시가 국회의원에 출마할 때 펜스가 자신의 후원자 명단을 공유해 준 것에 대한 감사가 담겨 있는 호의였을 것이다.

또한 펜스는 오랜 친구인 바벨에게 전화를 걸어 출마 결심을 이야기했다. 바벨은 누구보다 놀라며 농담조로 말했다.

"그래? 다시 출마 선언을 하면 캐런이 자네를 죽인다고 하지 않았나?"

이에 펜스도 농담조로 답했다.

"주님이 다행히 캐런의 마음을 바꿔주셨어."

바벨은 이번 선거는 망치지 말라고 진심을 담아 조언했다. 그리고 바벨은 무엇보다 자신이 펜스에 대한 만평을 그리게 되지 않기를 바랐다. '정치 만평'에 등장한다는 것은 대부분의 정치인에게 좋은 소식이 아니기 때문이다. [5]

펜스는 공정하고 투명하게 선거 캠프를 운영했다.

만나는 모든 사람들을 진실로 대했고 성경 말씀을 따라 대접받고 싶은 대로 남을 먼저 대접했다. 모든 후보를 존중했고 인신공격을 비롯한 네거티브 공격도 하지 않았다.

오직 예의, 정직, 친절함을 바탕으로 선거운동을 치렀다.

9

하나님의 방법으로

"너의 행사를 여호와께 맡기라
그리하면 너의 경영하는 것이 이루리라"

– 잠언 16:3 –

1999년 2월 16일 인디애나주 먼시에 있는 호라이즌 컨벤션 센터(Horizon Convention Center)에서 펜스는 출마를 선언했다.

펜스와 아내는 그동안 영적으로 많이 성장했기 때문에 이번 선거는 시작부터 다를 것이라고 생각했다. 처음 두 번의 출마에서 펜스는 스스로의 힘으로 세상을 바꿀 수 있고, 스스로의 힘으로 워싱턴에 갈 수 있다고 믿었다. 그만큼 야망이 컸다. 그러나 이번은 달랐다. 영적으로 더 성숙해졌고, 무엇보다 소명에 이끌리고 있음을 느낄 수 있었다. 다가올 밀레니엄 시대에 맞추어 이제야 올바른 방법으로 시작할 수 있는 기회가

왔음이 느껴졌다. 펜스와 캐런은 이제 완전히 다른 사람이었다.[1]

가정에도 일대 변화가 일어났다.

펜스 부부는 아버지의 직업이 잠재적으로 변할 수 있다는 사실을 알리기 위해 세 아이들과 대화를 나눴다.

그런데 생각만큼 간단한 일이 아니었다.

만약 펜스가 선거에서 승리한다면 가족 모두가 워싱턴 D.C.로 이사를 해야 할지도 몰랐다. 하루아침에 삶의 터전을 옮기는 대변화이다. 아버지는 일 때문에 이동한다고 해도 아무 상관도 없는 아이들에게는 '내가 왜?'라는 의문이 생길 수도 있었다. 아이들이 겪을 혼란을 방지하기 위해 펜스 부부는 "이 일이 단순히 야망을 위한 것이 아니라 '영적인 동기'와 '하나님이 주신 목표'를 위한 것임"을 설명했다. 캐런은 태아들의 초음파 사진을 보여주며 "세상에서 낙태를 사라지게 만드는 것이 아버지가 출마하는 주요 목표 중 하나"라고 설명했다.

이 일을 감당하기 위해서는 함께할 동료도 매우 중요했다.

펜스는 선거 매니저로 도움을 주기로 한 빌 스미스에게 "내가 만약 당선된다면 비서실장으로 일해 주겠어?"라고 물었고 스미스는 곧바로 승낙했다. 스미스는 좋은 동료이자, 오랜 친구이자, 동역자였다. 스미스만큼 믿고 맡길 수 있는 신실한 친구는 흔치 않았다.

미디어 전략팀의 탄생

펜스는 출마 선언 후 곧바로 미디어 전략팀을 꾸렸다.

그리고 가장 먼저 정책 광고를 제작할 사람을 찾았다.

면접자 중 한 사람이었던 「스트러터지 그룹 회사」(The Strategy Group Company)의 설립자인 렉스 엘사스(Rex Elsass)는 펜스와의 첫 만남에서부터 깊은 인상을 받았다고 말했다.

"펜스는 이전의 선거 경험 때문인지 광고 제작 방식과 연기에 대해 깊이 이해하고 있었어요. 짧은 시간이었지만 '이 사람은 내가 존경할 만한 훌륭한 사람'이라는 사실을 단번에 알 수 있었죠. 그렇게 첫 만남부터 깊은 인상을 받았어요."

엘사스의 이력에 깊은 인상을 받은 것은 펜스도 마찬가지였기에 펜스는 엘사스와 그의 회사를 함께 고용했다.

첫 촬영이 있던 날, 엘사스는 펜스가 크리스천이라는 사실을 단번에 알아차렸다. 촬영을 할 때마다 펜스는 모든 팀원들을 모아놓고 간단한 하나님의 말씀을 나누고 기도를 한 뒤에야 촬영을 시작했다. 엘사스를 포함한 당시 팀원들은 펜스의 이런 방식이 '투명한 마음과 하나님이 주신 좋은 달란트를 옳은 방법으로 사용하기 위한 세팅 방법'이라고 생각했다. 이들은 이미 다수의 정치인과 일을 해본 경험자들이었다. 펜스의 진실한 믿음의 행보는 다른 정치인들과는 차별화된 독보적인 모습이었다,

또한 펜스는 첫 촬영 때도 인상적인 모습을 남겼다.

엘사스는 펜스와의 첫 촬영을 다음과 같이 기억했다.

"제가 그때까지 촬영한 정치인들, 아니 모든 사람들보다 펜스는 특별했습니다. 카메라에 불이 켜지자마자 저는 그 사실을 알 수 있었죠. 펜스는 자신의 역할을 누구보다 제대로 소화하는 모습을 보여줬어요. 정말 믿을 수 없을 정도였어요.

첫 촬영이 끝나자 펜스와 초면인 사람들을 포함해, 그 자리에 있던 모든 사람들은 마치 펜스와 예전부터 연결되어 있던 것 같은 느낌을 받았어요. 그는 어떻게 반응하고 어떻게 행동해야 하는지에 대해 천부적인 재능을 가진 사람 같았어요."

기존 정치인과 완전히 차별화된 펜스의 모습에 사람들은 점점 감화되었다. 엘사스 역시 자신이 만드는 정책 광고가 단순한 홍보를 넘어서 사람들에게 영향력을 미치기를 바랐다. 미디어 전략팀은 광고를 통해 펜스가 누구인지를 보여주려고 했으며 펜스의 낙관주의의 근원이 믿음이라는 것을 보여주길 원했다. 사실 펜스의 광고가 방영되는 시간은 인디애나 전역의 수십만 명에게 복음을 전하는 시간이나 다름없었다.

엘사스는 당시를 다음과 같이 회상했다.

"우리는 광고로 사람들에게 믿음의 겨자씨를 심고 있었어요. 광고에서 가장 중요한 것은 진실이에요. 펜스가 보여준 진실은 하나님과 함께하는 투명하고 올곧은 동기였어요. 펜스는 이 땅에서의 업적은 자신의 인생에 아무런 도움이 되지 않는다고 생각했어요. 세상을 초월하는 영원한 천국이 자신의 고향이라 믿었기 때문이죠. 이러한 삶의 자세 때문에 펜스에게서는 「진실성, 투명성, 낙천성」이 느껴졌어요."

펜스와 엘사스 그리고 스미스는 자신들의 궁극적인 목표는 선거에서의 승리가 아니라 천국임을 서로에게 각인시켰다. 크게 보면 인생은 아무것도 아니었고, 선거 역시 아무것도 아니었다. 낙선한다고 해도 인생에는 아무런 상관이 없었다. 펜스와 선거팀은 단지 하나님으로부터 맡겨진 소명을 다한다는 진실성이 유권자들에게 전달되기를 원했다. 그리고 이 과정에서 가정이 온전하게 지켜지기를 바랐다. 이 두 가지가 이들의 목표였고, 이 두 가지만 지켜진다면 비록 낙선을 한다해도 성공이라고 생각했다.

신문 VS 성경

펜스와 함께 「책임감 있는 크리스천 모임」의 멤버이자 펜스의 가장 큰 후원자 중 한 명이었던 허블러는 펜스의 선거자금 모금을 위해 최선을 다했다. 사업을 하며 인맥이 넓었던 허블러는 종종 자신의 집에서 후원 행사를 열었다. 펜스도 이 행사에 참석해 후원자들, 혹은 잠정적인 후원자들과 대화를 나눴다. 펜스는 이들을 만날 때마다 항상 다음과 같이 자신을 소개했다.

"저는 정치인이지만 또한 크리스천입니다. 매일 아침 일어날 때마다 제 눈앞에는 두 가지 책이 놓여 있습니다.

한 권은 「월스트리트 저널」(The Wall Street Journal)이고 한 권은 「성경」입니다. 이 두 책은 언제나 테이블 위에 놓여 있습니다.

저는 아침마다 월스트리트 저널을 꼼꼼히 읽습니다. 제가 일해야 할 내용이 무엇인지 그 책에 담겨 있기 때문에 내용을 속속들이 알아야 합니다. 제 일의 하루 주제가 이 저널에 담겨 있습니다. 그러나 더 중요한 책이 바로 옆에 있습니다. 그것은 성경입니다."

펜스는 유세 현장에서도 종종 이 내용을 주제로 연설했다.

펜스는 한 손에는 월스트리트 저널, 한 손에는 성경을 들고 나와 "성경은 메인 요리이고 월스트리트 저널은 디저트"라고 말하곤 했다.

"성경은 너무나 중요한 메인 요리입니다. 그렇기 때문에 마귀는 이 책을 우리에게서 떨어뜨리려고 시시때때로 유혹합니다. 심지어 성경을 보고 있을 때도 말입니다. 지금 이렇게 말하는 저도 매일 유혹을 받고 있습니다."

펜스의 진실한 믿음과 진정성 있는 투명한 고백에 많은 유권자들이 감동을 받았다.

어떤 날은 모금액이 4만3,000달러 이상인 적도 있었다.

무신론자들도 때때로 펜스의 연설에 감동을 받아 후원을 했다. 많은 무신론자들이 허블러를 찾아와 후원 약속을 했으며 펜스의 인간됨까지 칭찬했다. 하나님이 이끌어주시지 않으면 일어날 수 없는 일들이었다.

펜스는 가장 가까운 동역자들에게도 정직함을 지켰다.

당시 펜스는 유행이 한참 지난 허름한 양복을 입고 다니는 단벌 신사였다. 「책임감 있는 크리스천 모임」의 멤버들이 종종 펜스의 복장을 유머 소재로 삼을 정도였다. 멤버들은 펜스의 복장을 "마이크 펜스의 가장 중요한 문제"(the Mike Pence Standard Issue)라고 말하곤 했다.

펜스의 허름한 복장을 항상 마음에 두었던 허블러는 그를 데리고 양복점에 가서 멋진 양복 한 벌을 맞춰주었다. 새로운 양복을 입은 펜스는 너무나 근사했지만 선거법 위반이라는 이유로 친구의 호의를 정중히 거절했다. 펜스가 선거운동의 압박감에 너무 짓눌려 있을까 봐 허블러가 자신의 별장을 빌려준다고 했을 때도 같은 이유로 거절했다. 펜스는 언제나 칼같이 규칙을 지키려고 노력했고 조금의 예외도 두지 않았다.

「책임감 있는 크리스천 모임」의 도드슨 역시 선거운동 내내 함께 이동하며 그를 정신적으로 도왔다. 가장 가까이에서 펜스의 선거운동을 지켜본 도드슨은 펜스가 정말로 하나님으로부터 필요한 모든 것을 받았다고 증언했다.

"펜스는 한순간도 성경에서 떨어져 있지 않았어요. 펜스는 유권자가 어떤 사람이든 주저하지 않고 크리스천임을 밝혔습니다. 믿음이 자신의 삶의 큰 부분임을 인정하고, 그로 인해 하나님이 자신의 삶을 인도하시고, 옳은 결정을 내릴 수 있도록 도움을 주시기를 바라는 것이 펜스의 방식이었어요."

가을에 진행된 여론 조사에서 펜스는 압도적으로 선두를 기록했다. '낙태 반대, 자치성을 보장받는 더 작은 연방정부, 그 밖의 여러 보수적 가치를 수호하는 캠페인'을 통해 유권자들의 지지를 이끌어낸 펜스는 12% 차이로 당선됐다. 당선 직후 펜스는 "정말로 약속을 지킬 것임을 약속합니다"라며 지역 주민들에게 화답했다.

그날 밤 펜스와 펜스의 가족, 친구들, 그리고 지지자들은 앤더슨에 있는 미술관에 모여 승리를 자축했다.

환호하는 사람들 앞에서 펜스는 다음과 같이 선언했다.

"오늘의 승리는 10년 전 패배했던 선거와 아주 큰 차이가 있습니다. 나의 주님이신 그리스도를 향한 저의 믿음은 두 번째 기회를 선물로 주셨고, 청렴하게 캠프를 운영할 수 있도록 이끌어 주셨습니다. 그것도 모자라 은총과도 같은 승리까지 허락하셨습니다. 그러므로 먼저 하나님이신 주 예수 그리스도께 이 영광을 돌립니다."[2]

안타깝게도 펜스가 하원 의원이 될 수 있게 도왔던 매킨토시는 주지사 선거에서 낙선했다. 펜스는 승리의 기쁨을 감추고 자신을 깊이 배려했던 매킨토시를 영적으로 격려하고자 노력했다. 매킨토시 역시 크리스천이었지만 펜스만큼 말씀을 따라 살고 있지는 않았다. 펜스는 자신의 과거 경험을 이야기하며 그때 힘이 되어준 성경 묵상 방법을 매킨토시에게 전했다.

매킨토시는 당시를 회고하며 다음과 같이 말했다.

"낙선 후 저는 거의 1년 만에 성경을 꺼내 읽었습니다.

그때쯤 펜스가 찾아와 저를 위로했죠. 펜스는 성경을 필사한 노트를 보여주며 이런저런 조언을 해주었습니다. 저는 당시 「그래, 좋은 생각이네요」라고 말했지만 사실 성경을 거들떠보지도 않고 있었습니다.

그런데 펜스가 해준 조언과 정확히 똑같은 방식을 전혀 다른 두 사람에게 권유받았어요. 나를 향한 하나님의 뜻임을 인정할 수밖에 없었습니다. 그때까지는 가끔 성경을 꺼내 읽었는데 그 후에는 꾸준히 성경을 읽기 시작했어요. 그 후 제 신앙은 완전히 바뀌었죠. 비록 낙선했지만 제 믿음을 더욱 깊고 견고하게 다질 수 있었습니다."

10

워싱턴에서의 새로운 삶

"룻이 가로되 나로 어머니를 떠나며 어머니를 따르지 말고
돌아가라 강권하지 마옵소서 어머니께서 가시는 곳에 나도 가고
어머니께서 유숙하시는 곳에서 나도 유숙하겠나이다
어머니의 백성이 나의 백성이 되고
어머니의 하나님이 나의 하나님이 되시리니"

― 룻기 1:16 ―

선거가 끝나자 캐런은 펜스에게 집안의 오랜 전통이
담긴 액자를 선물했다.

액자에는 수천 년 동안 믿음의 사람들이 붙든 성경 말씀이
적혀 있었다.

펜스는 액자에 적힌 말씀을 볼 때마다 지금 전 세계 크리스
천들이 직면한 큰 도전들을 떠올렸다. 펜스는 자신뿐 아니라
모든 크리스천들이 이 말씀에 나와있는 하나님의 약속을 붙
잡아야 한다고 생각했다.[1]

액자에는 예레미야 29장 11절 말씀이 적혀 있었다.

"나 여호와가 말하노라

너희를 향한 나의 생각은 내가 아나니

재앙이 아니라 곧 평안이요

너희 장래에 소망을 주려하는 생각이라"

가족들은 당선 승리의 기쁨을 만끽했고 「책임감 있는 크리스천 모임」의 멤버 네 명은 펜스를 마지막으로 응원하고자 함께 휴가를 떠났다. 그들은 4년 동안이나 정기적으로 만났기 때문에 펜스 가족이 동부인 워싱턴으로 이사를 가면 서로의 삶이 급변할 것이라는 사실을 알고 있었다.

또한 이 모임에 펜스의 영적 지도력이 없다면 인디애나에 남아있는 세 사람도 지금처럼 계속 만날 수 없다는 사실도 알고 있었다.

워싱턴에 진출한 펜스는 생각할 수 없을 만큼 바빠져서 아무리 친한 친구라도 얼굴을 보기 힘들 수도 있었기에 네 사람은 마지막이 될 수도 있는 이번 여행을 함께 떠나기로 했다.

플로리다에 있는 허블러의 별장으로 떠난 네 사람은 요트를 타고 강변에 위치한 레스토랑에서 식사를 하며 멋진 시간을 보냈다. 즐거운 대화를 나누며 마음껏 쉬고 신나는 하루를 보냈지만 휴가지에서도 서로의 영성을 위한 시간을 잊지 않았다. 주님과 신앙을 주제로 한 대화가 종종 이어졌으며 서로를 위해 기도하고 말씀을 묵상하기도 했다.

이제 국회의원이라는 새로운 직무를 맡은 펜스는 여러 가지 도전들에 직면하고 있었다. 펜스는 지금 자신과 가족이 처한 상황에 대해 멤버들과 깊이 있는 대화를 나눴다. 멤버들은 "비록 예전처럼 만날 수 없겠지만 언제나 펜스를 위해 기도할 것"이라는 마음을 전했다.

댄 퀘일의 유용한 조언

앞으로의 여정을 위해 고려할 몇 가지 문제가 있다고 생각한 펜스 부부는 당시 부통령이었던 댄 퀘일(Dan Quayle) 부부를 만나 조언을 구했다. 퀘일은 1977년부터 1981년까지 하원 의원을 지냈고 1981년부터 1989년까지 인디애나주 상원 의원을 지냈다.

퀘일은 펜스 부부에게 "가족이 함께 이사하지 않고 펜스만 장거리 통근을 하는 주말부부가 된다면 가정의 평화가 사라질 것"이라고 경고했다. 퀘일은 시민들과 함께 하는 축구 모임에 나가고 있었는데 그곳에서 주말부부들과 나눈 이야기를 통해 이 사실을 잘 알고 있었다.

"주말부부는 아이들이 즐겁게 노는 모습도 볼 수 없고, 자녀와의 사이뿐 아니라 부부 관계도 소홀해지며 결혼생활에도 부정적인 영향을 미칠 것"이라고 퀘일은 지적했다.

당시 펜스 부부의 자녀는 겨우 여섯 살, 일곱 살, 아홉 살이었다. 펜스는 가능한 한 자녀들의 어린 시절과 함께 하길 원했다.

"저는 제 아이들에게 아빠와 함께 하는 좋은 시간이 필요하다는 것을 알고 있었어요."

펜스는 가족이 머물던 집은 그냥 두고 의회가 폐회할 때까지 워싱턴에서 집을 빌려 생활하기로 결정했다.

가족을 떠나 혼자 생활하는 남자들에겐 많은 유혹과 어려움이 찾아온다. 이게 어쩔 수 없는 현실이다. 주말부부로 살아가는 남편들은 대부분 결혼생활에 큰 문제를 안고 있었다. 펜스의 인생에서 가정은 매우 높은 순위였기 때문에 펜스는 어떻게 해서든 가정을 지키고 싶어했다.

"저는 그렇게 되고 싶지 않았어요. 제게 가장 중요한 것은 하나님이고 그다음은 가족입니다. 직업은 그다음이기 때문에 우선순위를 지키려고 했죠."

펜스는 워싱턴으로 이사하기 전에 오랜 친구인 바벨을 만나 함께 점심 식사를 했다. 펜스는 바벨에게 다음과 같은 기도를 부탁했다.

"내가 워싱턴에 가서 옳은 것을 「옳다」라고 말하고, 아닌 것을 「아니다」라고 말할 수 있게 기도해 줘."

펜스의 기도 제목을 들은 바벨은 마태복음 5장 37절에서 예수님이 하신 말씀을 전해줬다.

"오직 너희 말은 옳다 옳다, 아니라 아니라 하라

이에서 지나는 것은 악으로 좇아 나느니라"

펜스는 워싱턴에서 너무도 많은 의원들이 진실을 왜곡하는 장면을 목격했기 때문에 똑같은 사람이 되지 않으려고 이와 같은 기도를 부탁했다.

워싱턴에 입성한 후 펜스의 정계 활동은 점점 활발해졌다.

펜스 가족이 함께 붙들고 힘을 얻은 가문의 성경 말씀은 이 시기에 정해졌다.

"룻이 가로되 나로 어머니를 떠나며 어머니를 따르지 말고

돌아가라 강권하지 마옵소서

어머니께서 가시는 곳에 나도 가고 어머니께서 유숙하시는 곳에서

나도 유숙하겠나이다 어머니의 백성이 나의 백성이 되고

어머니의 하나님이 나의 하나님이 되시리니"(룻기 1:16)

펜스 가문이 종종 인용하는 이 구절은 크리스천이 어떤 삶을 살아야 하는지에 대한 진리를 담고 있다.

펜스의 딸인 샬롯은 "이 말씀이 펜스 가문의 표시였으며, 펜스 가문의 비전이었고, 펜스 가문을 이끄는 힘이자 올바른 투쟁으로 이끌어주는 나침반이었어요"라고 말했다. [2]

펜스 부부는 룻이 그랬던 것처럼 하나님을 믿었다. 미래에 어떤 일이 펼쳐질지 알지 못했지만 하나님이 모든 것을 바로

잡아 주실 것이라는 룻과 동일한 믿음을 품었다.

샬롯은 "어린 시절 아버지에 대해 가장 좋았던 기억은 유명한 국회의원 아빠라는 것이 아니라 함께 저녁을 먹기 위해 매일 저녁 집으로 돌아오는 아빠라는 사실이었어요"라고 말했다. 펜스 부부의 자녀들은 그들이 자녀들을 위해 많은 노력과 희생을 한다는 것을 직접 느끼면서 자랐다. [3]

2001년 1월 3일, 107대 의회가 소집되면서 펜스는 드디어 새로운 삶을 시작했다. 펜스는 가족과 가장 가까운 친구들이 지켜보는 가운데 다음과 같이 선서했다.

"나는 국내와 국외의 모든 적들로부터 미국의 헌법을 수호할 것이며, 미국의 헌법에 대한 진실한 믿음과 충성심을 마찬가지로 지킬 것이다."

부끄럽지 않은 믿음

펜스를 처음 만난 사람들은 누구나 하나님을 향한 믿음이 펜스의 삶에 큰 부분이라는 사실을 금세 알아차렸다. 연설문 작성과 언론과의 소통 업무로 펜스를 돕던 스테판 파이프그래스(Stephen Piepgrass) 역시 펜스를 만나고 금세 이 사실을 알아차렸다.

"펜스는 옷에다 '크리스천'이라고 써 붙이고 다니는 사람처럼 보였어요. 그리고 연설문을 작성할 때마다 「일부분이라도 좋으니 가능하면 성경 말씀을 사용해 주세요」라고 부탁했어요."

국회의원이라면 누구나 의회가 개회한 후 1분 정도 자유롭게 자신의 의견을 연설할 수 있다. 이때 펜스가 한 연설의 대부분은 성경과 관련된 내용이었다. 1분이라는 짧은 시간이지만 성경을 조금이라도 아는 사람이라면 충분히 알아차릴 수 있을 정도였다. 보좌관들이 적당한 성경 구절을 생각해 내지 못할 때에도 펜스는 즉석연설을 통해 말씀을 전했다. 펜스는 그 정도로 뛰어난 성경 지식을 가지고 있었다.

펜스는 동료 의원들에게도 틈만 나면 전도를 했다.
펜스는 언젠가 동료들에게 이렇게 말했다.
"나는 지금까지 알려진 우주와 지구, 그리고 그 안에 있는 모든 것을 하나님이 창조하셨다고 믿습니다. 그리고 오직 하나님이 모든 것을 창조하셨다는 명제가 우주 창조에 대한 가장 합리적인 설명이라는 사실을 모든 과학자들이 조금이라도 인정하게 될 날이 올 것이라고 믿습니다."[4]

몇 년 후 진행된 한 텔레비전 인터뷰에서 크리스 매튜스(Chris Matthews)라는 사람이 펜스에게 "진화를 믿느냐?"라고 물었다. 펜스는 인터뷰 중 두 번이나 확신에 찬 어조로 "나는 하나님이 하늘과 땅, 바다와 그 안의 모든 것들을 창조하셨다고 전심으로 믿습니다. 언젠가 하나님을 만나게 되면 도대체 어떻게 하신 것인지 꼭 물어보고 싶습니다"[5]라고 답했다. 이와 같은 일들을 지켜본 파이프그래스는 펜스가 영적으로도 존경할 만한 인물이라는 것을 깨달았다.

"의원님이 했던 모든 일과 정책은 그분의 신앙적인 관점과 모두 연결되어 있었어요. 의원님이 내리는 모든 결정은 자신이 누구인지를 나타내는 지표였죠. 크리스천으로서 자신이 믿는 믿음과 일치하지 않는 일은 결코 하지 않으려 하셨어요."

펜스는 예수님처럼 사람을 먼저 섬기려고 노력했기 때문에 파이프그래스를 비롯한 모든 직원들은 펜스가 자신들을 섬기고 있다는 사실을 느낄 수 있었다.

그로 인해 많은 직원들이 펜스를 '멘토'로 여겼다.

또한 많은 일을 도왔던 파이프그래스가 일을 그만두고 입학이 예정되었던 학교에 가기로 정했을 때 펜스는 붙잡기보다는 파이프그래스의 미래를 응원해줬다. 파이프그래스가 들어갈 학교에 대해 칭찬을 아끼지 않으며 "학교를 졸업한 후에는 더 많은 일들을 할 수 있을 것"이라고 기꺼이 응원해 주었다. 펜스의 이 같은 섬김의 자세는 많은 직원들에게 긍정적인 영향을 끼쳤다. 파이프그래스는 "펜스와 함께 일한 시간들이 마치 축복처럼 느껴졌다"라고까지 말했다.

펜스는 사람들에게 자신의 약점도 스스럼없이 고백했다.

파이프그래스가 쓴 「네거티브 운동가의 고백」이라는 기사는 펜스가 두 번째 선거운동 때 상대 후보의 약점을 공격하며 도덕적으로 무너졌던 경험을 전해 듣고 쓴 것이다. 펜스는 그 때의 실수를 믿음의 전환점으로 삼았다. 자신의 약점이 온 세상에 알려진 것이나 다름없었지만 개의치 않았다. 오히려 파이프그래스가 쓴 기사를 액자에 넣어 사무실에 걸어놓았다.

펜스는 실수를 숨기지 않았을 뿐 아니라 잊으려고도 하지 않았다. 자신의 믿음과 다른 길이라면 아무리 달콤한 유혹이라도 결코 따르지 않겠다는 자신과의 약속을 어떤 일이 있어도 지켜나가겠다고 다짐했다.

펜스 부부의 이사를 도왔던 도드슨은 펜스가 매우 겸손한 사람이라고 말했다. 펜스는 사람들이 당황할 정도로 남을 자주 돕고 감사를 표했다. 겸손하기 위해서는 교만과 끊임없는 싸움을 벌여야만 했지만 도드슨은 펜스가 이 싸움에서 지는 모습을 본 적이 없다고 말했다. 펜스의 겸손은 그리스도의 믿음에서 비롯된 것이기 때문이라는 게 도드슨의 설명이다.

"펜스는 자신은 단지 주님의 종일뿐이라고 입버릇처럼 말했어요. 하나님이 원하시는 일을 하고 하나님의 도구가 되어 쓰임 받는 것이 펜스의 유일한 관심사였죠. 그런 이유로 인해 저는 펜스에게 더 깊이 끌렸어요."

새로운 집을 구입한 펜스 가족은 버지니아 스프링필드

(Springfield, Virginia)에 있는 임마누엘 성경 교회(Immanuel Bible Church)를 다녔다. 펜스의 업무 일정과 상관없이 온 가족은 주일 예배를 지켰다. 여전히 펜스에게 있어 가족은 일보다 우선순위였다. 결혼생활을 유지하기 위한 열정도 사그라들지 않았다. 여전히 펜스의 우선순위는 하나님이 가장 높았고, 그다음이 가족, 그리고 일이었다.

펜스의 생활 방식은 한결같았다.

'옳은 일에 투표를 하고, 집에 가서 가족과 저녁을 먹는 것.'

많은 사람들의 멘토 역할을 하다

펜스를 돕던 대부분의 직원들은 펜스를 깊이 존경했다.

레거(Reger)라는 직원은 첫 만남 때부터 펜스의 믿음에 깊은 인상을 받았다. 펜스는 레거에게 최근 자신이 읽은 성경 말씀과 느낀 점을 나눠주었고 레거는 이 나눔을 통해 신앙에 큰 도움을 받았다. 좋은 말씀을 전해준 것뿐만 아니라 믿음대로 살아가는 펜스의 삶의 모습은 다른 무엇과도 비교할 수 없는 훌륭한 조언과도 같았다. 믿음이라는 가치 앞에서는 그 어떤 것도 우선시 될 수 없고 변명할 수도 없음을 펜스는 누누이 삶에서 행동으로 보여줬다.

특히 펜스는 가정생활의 중요성을 잘 알고 있었기 때문에 직원들에게 이에 대해서도 조언을 많이 했다. 모든 직원들은 펜스가 하나님과 성경을 굳게 믿는 사람이며 가족을 너무도 사랑하고, 그 가족처럼 자신들도 아꼈다는 사실을 알고 있었다.

펜스는 모든 직원들을 그리스도 안에서 형제이자 친구로 여겼다.

직원 회의는 언제나 기도로 시작했고 이어서 성경 말씀을 주제로 함께 나눴다. 평범한 대화에서도 펜스는 종종 성경을 인용했다. 일과는 상관없는 시간이었지만 한 사람도 불쾌함을 느끼지 않았는데 평소 펜스의 삶에 배어있는 겸손함과 세련된 매너 덕분이었다. 믿음을 드러내고 성경을 자주 인용하는 것이 오히려 펜스라는 사람의 자연스러운 삶의 모습처럼 보였다. 펜스는 많은 성경을 이곳저곳에 두고 다니며 수시로 묵상했기 때문에 펜스를 아는 사람들은 그가 읽던 성경을 사무실 어디에서나 쉽게 발견할 수 있었다.

인간 배아 연구를 반대하다

펜스는 당시 대통령이던 조지 부시와 정면으로 여러 번 충돌했었다. 특히 인간 배아 연구에 있어서는 두 사람의 의견이 첨예하게 대립했다.

펜스는 1년 차 의원일 때부터 인간 배아 연구에 대한 연방

자금 지원 철회를 대통령에게 요청했다. 두 사람은 이 정책을 놓고 열띤 토론을 벌였는데 이 모습은 마치 '과학의 진보'와 '신앙적 신념' 사이의 갈등으로 언론에 비치곤 했다. 펜스는 사람의 인생은 착상에서부터 시작된다고 믿었다.

2001년 7월에 열린 하원 연설에서 펜스는 다음과 같이 주장했다.

"성인 줄기세포 연구는 생명을 위한 일이지만 인간 배아 연구는 생명을 파괴하는 일입니다. 인간 배아의 줄기세포 연구로 개발된 치료법은 단 한 가지도 없습니다. 오늘날 이 분야에서 사용되는 모든 발전적인 기술은 성체 줄기세포 연구를 통해 이루어졌습니다. 대통령은 정의로운 일을 해야 합니다. 우리와 우리 자녀들이 살아갈 삶을 선택할 수 있게 옳은 법을 시행하십시오."

펜스의 노력에도 불구하고 펜스의 의견에 지지하는 사람은 거의 없었다. 때문에 펜스는 혼자서 이 법안을 통과시키기 위해 모두와 맞섰다. 신념을 위해 혼자서도 결코 물러서지 않는 펜스의 뚝심은 같은 크리스천인 부시 대통령의 마음을 움직였다.

부시 대통령은 지금 존재하는 인간 배아의 줄기세포까지만 연방정부의 자금을 지원하고 이후로는 철회하기로 결정했다. 이런 결정을 내린 배경을 부시 대통령은 다음과 같이 설명했다.

"저는 이 문제에 깊은 신념을 갖고 있습니다. 또한 과학과 기술은 생명을 구하고 질병을 낫게 할 뿐 아니라 더 나아가 질병을 정복할 수 있는 잠재력이 있다고 강력하게 믿습니다.

그러나 한편으로는 인간의 생명은 하나님이 주신 신성한 선물이라는 것도 믿습니다. 이에 생명을 경시하는 문화에 대해 깊이 우려할 수밖에 없으며 대통령으로서 미국과 전 세계에 생명에 대한 존중을 장려해야 할 중요한 의무가 있다고 느껴 이와 같이 결정합니다."

자주 의견 충돌을 해왔던 부시 대통령이지만 이 문제에 있어서만큼은 펜스의 든든한 편이 되어주었다. 하나님이 부시 대통령을 통해 펜스의 기도를 들어주셨다는 것은 의심할 필요도 없는 분명한 사실이었다.

펜스는 자신이 믿는 보수적 신념과 믿음에 대한 소망을 가족들과 함께하는 식사 시간에도 공유했다. 펜스의 보수적인 신념에 극렬히 반대하는 사람들이 많았기 때문에 자녀들이 어디서 괜한 소리를 듣고 부모를 오해하게 만들지 않기 위해서도 반드시 필요한 시간이었다. 자녀들은 아빠가 믿음을 지키며 살기 때문에 사람들에게 인기가 없다는 사실을 이해해 주었다.[6]

「서던 복음주의 신학교」(Southern Evangelical Seminary)의 총장 리처드 랜드(Richard Land)는 펜스와의 만남을 다음과 같이 회고했다.

"펜스는 항상 약속을 지켰고 흠잡을 데 없이 청렴했어요. 그는 24캐럿짜리 다이아몬드처럼 복음으로 똘똘 뭉친 원석이었죠. 처음부터 그 사실을 분명히 느낄 수 있었어요. 정치계에서 펜스와 같은 사람을 만나는 것은 매우 어려운 일이죠. 펜스는 매우 복음주의적이고, 성경을 믿는 크리스천이라면 당연히 가져야 할 시선으로 세계를 바라보려고 노력하는 사람이에요. 오랫동안 펜스를 지켜본 저는 성경에 나오는 사도 요한과 펜스가 매우 닮았다고 생각해요.

펜스는 매우 침착하며 양심에 민감하게 반응하죠. 또한 매우 안정적인 영향력을 가지고 있어요. 요한이라는 사람이 '사랑하는 제자'로 불린 데는 이유가 있지요. 펜스 역시 깨끗한 양심의 소유자이며, 확실한 증거가 나오기 전까지는 사람들의 장점만을 보려고 노력하는 사람이에요."

랜드는 펜스의 믿음이 정치적인 견해를 이루는 바탕이라고 설명했다. 펜스가 의회에서 활동을 시작한 첫해에는 모든 것이 잘 풀려가는 것처럼 보였다. 적어도 언론이 개입하기 전까지는 그랬다.

11

의원이 된 펜스

"너희 중에는 그렇지 아니하니
너희 중에 누구든지 크고자 하는 자는
너희를 섬기는 자가 되고
너희 중에 누구든지 으뜸이 되고자 하는 자는
너희 종이 되어야 하리라
인자가 온것은 섬김을 받으려 함이 아니라 도리어 섬기려 하고
자기 목숨을 많은 사람의 대속물로 주려 함이니라"

– 마태복음 20:26~28 –

의회에 입성한 펜스는 첫 몇 달 동안 '펜스 룰'(Pence Rule)이라고 불리는 행동 때문에 언론의 집중포화를 받았다.

이 룰은 사실 빌리 그레이엄(Billy Graham) 목사님이 젊은 시절에 성적인 타락을 방지하기 위해 세운 룰이었다. 사람들은 그 사실을 잘 몰랐고 펜스도 이를 똑같이 따랐기에 워싱턴에서는 '펜스 룰'이라는 이름으로 불렸다.

1948년 11월, 서른 살의 젊은 전도자였던 그레이엄 목사님은 동료들과 함께 복음 전파의 사명을 완수하지 못하고 다른 문제들로 도중에 넘어진 사역자들에 대해 토론을 하고 있었다. 그들은 한 시간이 넘도록 사역자들이 실수할 수 있는 문제

의 목록을 적어나갔고 그 일을 미연에 방지하기 위해서는 어떻게 해야 할지 심도 있게 토론했다.

사역자들이 문제라고 여기는 것들은 대부분 비슷했다. 그들은 이 문제들을 이겨내기 위한 해결 방법들을 함께 지키기로 했는데 강제성에서 비롯된 것이 아니라 복음주의자로서 청렴하고 순결하게 살아가겠다는 의지가 이끈 자발적인 참여였다. 그 자리에 참여한 모든 이들은 성경적인 기준을 지키기 위해 자신들이 할 수 있는 모든 것을 하고자 하는 복음의 열정이 넘치는 크리스천이었다.[1]

그분들이 꼽은 첫 번째 문제는 재정과 기부금에 대한 책임감 부족이었고 두 번째는 성적인 부도덕이었다. 그레이엄 목사님은 '펜스 룰'이라고 알려진 '빌리 그레이엄 룰'이 생겨난 당시 상황을 다음과 같이 설명했다.

"그 자리에 있던 우리 모두는 여행을 떠나거나, 가족과 오래 떨어져 있는 사이 성적으로 타락한 사역자들에 대해서 알고 있었습니다. 그래서 작은 틈이나 의혹의 기미조차 제거해야 한다는 사실에 모두가 동의했습니다. 그날부터 나는 아내가 아닌 다른 여성과는 단둘이 만나는 것을 금지했습니다. 여행은 물론이었고, 식사조차 하지 않았습니다. 사도 바울이 젊은 사역자 디모데에게 위임한 사역이 바로 우리가 맡고 있는 사역이라고 우리는 생각했습니다."[2]

같은 이유로 펜스도 아내가 아닌 다른 여성과는 만남을 갖지 않았고 식사조차 하지 않았다. 그러나 언론은 이런 펜스의 모습을 두고 "성차별을 조장한다"라고 비난했다. 펜스는 성적인 타락을 최대한 피하기 위해서 종종 남자 동료들끼리의 식사 자리나 간단한 칵테일 파티 초대도 거절했다.

이 모든 행동은 행복한 결혼생활을 유지하기 위한 조치였다. 펜스가 고향을 방문할 때마다 할머니들은 "무슨 일을 하든지 반드시 가족을 지켜야 한다"라고 당부했다. 워싱턴에서의 삶은 무심코 저지른 실수조차도 돌이킬 수 없는 잘못이 될 수 있었기에 펜스는 스스로를 철저히 관리했다.

쉽게 볼 수 있었던 불륜

펜스가 이토록 철저히 여성 관계를 조심했던 이유는 불륜이 워싱턴에서는 매우 쉽게 목격할 수 있는 현실이었기 때문이다. 펜스 부부는 상원 의원을 비롯한 많은 의원들이 불륜을 저지르거나 스캔들에 휘말리는 것을 눈앞에서 목격했다. 독실한 크리스천인 펜스 부부는 이런 일들을 바라보며 결단을 내릴 수밖에 없었다. 지금 펜스 부부가 처한 현실이 기독교적인 관점에서는 매우 위험한 환경이라는 것을 인정해야만 했다. 일 때문에 일주일에 5일 혹은 출장을 핑계로 2, 3주간 떨어져 있는 동안 무슨 일이 일어날지 아무도 몰랐다.

펜스는 사랑하는 아내를 존중하는 동시에 스스로가 그리스도의 제자임을 드러내는 방식으로 펜스 룰을 지켰다.

고린도전서 9장 27절에 나오는 사도 바울의 고백과도 같은 심정이었다.

"내가 내 몸을 쳐 복종하게 함은 내가 남에게 전파한 후에
자기가 도리어 버림이 될까 두려워함이로라"

텍사스의 「디슨 캐피털 서비스」(Deason Capital Services)의 사장이자 펜스의 오랜 친구인 덕 디슨(Doug Deason)은 '펜스 룰'은 오히려 모든 기혼자들이 따라야 하는 법칙이라고 말했다.

"첫째로 이 룰은 기혼자가 아내를 위해 할 수 있는 가장 기독교적인 일입니다. 둘째로 워싱턴에서는 엘리베이터에서 다른 여성과 단둘이 내리기만 해도 루머가 생깁니다. 조금의 오해라도 피하고 싶다면 이 룰을 지키는 일은 멍청한 일이 아니라 오히려 현명한 선택입니다. 펜스는 새로운 리더십으로 워싱턴에 신선한 바람을 일으켰습니다."

워싱턴에서의 삶을 아는 사람들 특히 크리스천들은 이와 같은 이유로 이 룰을 오히려 지지했다. 그러나 일반적인 평론가들은 남녀 평등을 방해하고 마치 모든 여자들이 남자들을 유혹해서 타락시키는 사람처럼 느끼게 한다는 이유로 펜스를 강하게 비판했다.

성적인 이슈는 사회적으로 큰 파장을 일으켰다.

이에 펜스는 "「**악은 모양이라도 버리라**」는 데살로니가전서 5장 22절 말씀을 따라 성경적 원리대로 살고 있을 뿐"이라고 신념을 밝혔다. 워싱턴에서는 기혼자가 아내가 아닌 여성과 단둘이 식사하는 모습만 보여도 불륜으로 의심받곤 했다. 실제로 많은 파파라치들이 이런 사진을 찍어 루머를 퍼트리는 방식으로 생계를 유지하곤 했다.[3]

여성과의 단순한 만남이 스스로를 죄의 늪에 빠트릴 수 있는 불씨가 될 수 있었고, 그로 인해 다시 믿음의 시련이 찾아올 수도 있었다. '펜스 룰'은 오히려 상대 여성과 올바른 관계를 설정하고 직업적으로 제대로 선을 그을 수 있는 방법이었다. 세상 사람들은 이 룰을 이상하게 볼지 모르지만 하나님의 말씀을 기준으로 볼 때는 절대적으로 옳은 결정이라고 펜스는 생각했다.

여성만이 아니었다

일반적으로 펜스는 여성과 단둘이 식사를 하지 않는다고 알려졌지만 사실 펜스는 어떤 사람과도 단둘이 저녁 식사를 하지 않는 편이었다.

'열심히 일하는 것, 올바른 법안에 투표하는 것, 집에 가서 저녁을 먹는 것.'

펜스의 워싱턴에서의 삶을 축약하면 이 세 가지 문장이 나왔다. 드라마나 영화의 한 장면처럼 호화로운 칵테일 파티에 참석하는 장면은 펜스가 계획한 삶이 아니었다. 펜스의 마음에는 사랑하는 아내, 자녀와 함께 하는 저녁 식사가 항상 자리 잡고 있었다.

사실 빌리 그레이엄 목사님의 룰을 철저히 적용하는 사람은 펜스뿐만이 아니었다. 「목적이 이끄는 삶」의 저자인 릭 워렌(Rick Warren) 목사와 「믿음과 자유 연합」(Faith & Freedom Coalition)의 설립자이자 정책 컨설턴트인 랄프 리드(Ralph Reed) 역시 이 법칙을 철저히 지켰다.

이들과 같은 유명인들뿐 아니라 복음을 철저히 지키고자 하는 수많은 사람들도 '펜스 룰'을 따랐다. 리드의 조사에 따르면 50년 동안 수백만 명이 넘는 사람들이 이 규칙을 따랐다고 한다. 여성을 오해하거나 무시해서가 아니라 단지 하나님의 말씀을 지키며 신앙적으로 넘어지지 않기 위해 이 규칙을 지킨 것이다.

펜스의 곁에서 오랫동안 고문으로 일한 캘리엔 콘웨이(Kellyanne Conway) 역시 '펜스 룰'을 전폭적으로 지지했다.

"이 룰로 인해 여성들이 차별을 받거나 해고된 적은 없어요. 오히려 대부분의 아내라면 남편이 이런 법칙을 지킨다는 사실에 감사하겠죠. 사람들은 이 법칙을 철저히 지키는 펜스를 갖가지 이유로 중상모략하려 하지만 펜스의 행복한 결혼생활을 생각해 본다면 이런 주장이 얼마나 편협한 것인지 알 수 있습니다."[4]

펜스의 딸 샬롯은 언론이 '펜스 룰'을 지킨다는 이유로 아버지를 맹비난하는 뉴스를 보고는 다음과 같이 고백했다.

"아빠, 평생 동안 엄마와만 저녁식사를 해줘서 고마워요."[5]

처음에는 많은 정치인들이 '펜스 룰'을 조롱했지만 이제는 많은 정치인들이 "펜스 룰을 지켰다면 지금보다는 훨씬 적은 스캔들을 겪었을 텐데…"라고 아쉬워하고 있다.

일련의 사태를 통해 펜스를 보는 사람들의 시각은 훨씬 더 여유로워졌다.

펜스는 60명의 의원들로 구성된 초당파 단체에 가입했다. 이들은 주로 중요한 투표를 앞두고 기도하는 기도회의 멤버들이었다. 펜스는 이들 중 절반 이상, 때로는 전원과 함께 성경 공부를 하는 모임을 만들었다. 매주 수요일 아침 8시부터 1시간 동안 의사당에 모인 의원들은 함께 성경을 공부했다.

펜스는 많은 의원들과 상담을 하며 하나님을 향한 믿음이 더 돈독해지도록 도왔다. 어려운 일이 있을 때는 말씀을 인용해 용기를 북돋았다. 벽에 부딪혔다고 느낄 때는 잠언 26장 17절 말씀을 인용해 **「철이 철을 날카롭게 할 것」**이니 포기하지 마세요"라고 격려했다. 그리고 고린도후서 7장 14절 말씀 "…우리가 **너희에게 이른 말이 다 참된 것 같이 디도 앞에서 우리의 자랑한 것도 참**

되게 **되었도다**"를 통해서는 "우리가 먼저 회개해야 하나님이 우리나라를 치유해 주실 것"이라고 설파했다.

낙태 반대 운동

펜스는 양손에 칼을 들고 휘두르는 사람처럼 맹렬하게 낙태를 반대했다. 펜스는 미국 수정헌법 제14조에 따라 '태어나고, 태어날 사람'에 대한 보호를 헌법적으로 제공하는 생명권법을 공동 발의했다. [6]

"서양 문명의 근본을 이루는 공리(公理)는 인간 생명의 신성함을 믿는 것에서 출발한다. 107대 의회는 우리 법에 이 중대한 원칙을 다시 주장하는 일에 관한 것이어야 한다."[7]

「로 대 웨이드 사건」(Roe v. Wade)이라 불리는 미국 대법원의 가장 중요한 판례를 놓고 펜스는 최전선에 뛰어들었다. 미국 대부분의 주는 여성의 생명이 위험한 경우가 아니고서는 낙태를 금지했다. 그런데 한 여성이 "임신 6개월까지는 낙태를 선택할 헌법상의 권리를 보장해야 한다"라고 소송을 걸었고 연방 법원은 이 여인의 손을 들어주었다. 이로 인해 미국 대부분의 주에서는 임신 6개월 이전에는 합법적으로 낙태할 수 있게 됐다. 펜스는 이 판결을 '역사의 잿더미'로 남게 하기 위해 의정 활동에 전념했다.

펜스가 「미국 가족계획 협회」(Planned Parenthood)라는 비영리 단체에 대한 연방정부의 지원을 막으려고 했을 때도 전국적으로 이슈가 되었다. 「미국 가족계획 협회」는 미국 전역에 700개의 진료소를 두고 피임이나 임신중절을 제공하는 단체다.

성경적인 가치를 지키며 꿋꿋하게 투쟁하는 펜스의 이런 모습들은 언론을 타고 전국으로 흘러갔고 많은 보수적인 크리스천들이 펜스를 주목하기 시작했다. 덕분에 펜스의 인지도는 매우 높아졌다.

시대착오적이라며 비판하는 사람들도 많았다. 펜스는 자신을 지지하는 사람, 반대하는 사람들의 시선에는 개의치 않고 오직 하나님의 말씀을 기준으로 자신이 믿는 바를 실천해 나갔다.

2009년 1월 민주당이 상하 양원에서 다수당을 차지하고 있을 때조차도 펜스는 「미국 가족계획 협회」를 철폐하려고 노력했다. 펜스는 63명의 의원들과 공동으로 「타이틀 X」(Title X)라는 「낙태 제공 금지법」을 발의해 재도입했다. [8] 「타이틀 10」이라고 불리며 비낙태를 지원하는 연방 세금의 최대 수혜자가 오히려 미국에서 가장 큰 낙태를 제공하는 단체라는 사실이 밝혀져 많은 사람들의 공분을 사기도 했다. 펜스의 노력 이전에는 대부분의 미국인들이 모르던 사실이었다.

펜스의 직원인 핍스(Phipps)는 "펜스는 의심할 여지없는 낙태 반대자"라고 말했다. 펜스는 '생명은 하나님이 창조하신 신성한 것인데 사람들이 이 둘을 나누어서 생각할 때 인류는 큰 위기를 맞게 된다'고 생각했다. 펜스는 성경을 공부하며 깨달은 도덕적 관점으로 생명을 바라봤기 때문에 두려움 없이 그 길을 걸어갔고 그것이 옳은 길임을 확신했다.

이스라엘의 강력한 지지자

펜스는 이스라엘을 지속적이고 강력하게 지지하는 의원 중 하나였다.

2001년 5월, 그는 다른 하원 의원들과 함께 이스라엘 주재 미국 대사관을 예루살렘으로 이전하겠다고 약속했다. 당시 언론에 보도된 펜스의 연설 내용은 다음과 같다.

"미 국무부는 팔레스타인 국가 설립을 위해 예루살렘의 일부를 포함한 이스라엘의 영토를 양보하라고 주장하는 세력들을 압박할 준비를 하고 있습니다. 이스라엘은 신성불가침한 영원한 수도로서 미국은 지속적으로 지원할 것이며 미합중국, 크리스천, 유대인 그리고 모든 미국인들도 이스라엘의 영토 보전을 지지합니다. 또한 이 의회도 그럴 것입니다."[9]

펜스는 2004년 2월에는 팔레스타인 테러 공격을 막기 위해 이스라엘의 보안 장벽 건설을 지지하는 결의안을 후원했다. 2007년에는 초당파 의회의 「유대인 배척」(Anti-Semitism) 문제를 다루는 태스크포스를 공동으로 이끌었다.

펜스는 2002년 미국 의회가 발간하는 계간지 「콘그레셔널 퀴털리」(Congressional Quarterly)와의 인터뷰에서 이스라엘을 지지하는 자신의 행보에 대해 다음과 같이 설명했다.

"이스라엘에 대한 저의 지지는 제 개인적인 믿음에서 비롯됩니다. 성경에는 하나님이 아브라함에게 「너를 축복하는 자에게는 내가 복을 내리고 너를 저주하는 자에게는 내가 저주하리니…」(창세기 12:3)라고 약속하신 내용이 분명히 나와 있습니다."[10]

공화당 유대인 연합의 상임 이사인 매튜 브룩스(Matthew Brooks)는 펜스의 이러한 친이스라엘적인 입장이 수많은 이스라엘인들의 삶을 구해주고 변화시켰다고 말했다.

"펜스가 지지한 이스라엘의 안보 장벽은 많은 논란이 있었지만 결국에는 테러 공격으로부터 많은 이스라엘 사람들의 생명을 구한 것으로 입증됐죠.

펜스는 기독교적인 믿음으로 이러한 지지를 한 것 같아요. 이스라엘은 유대교의 발상지이고 기독교의 본거지이고 그리스도의 탄생지입니다. 기독교의 많은 부분이 예루살렘의 옛 도시 거리에 스며들어 있죠. 이스라엘을 방문하는 크리스천들은 마치 집에 온 것처럼 편안하게 느낄 거예요."

존 헤이지(John Hagee) 목사가 설립한 「워싱턴 이스라엘 기독교 연합」(CUFI)의 정상 회의에 연사로 초청받은 펜스는 이곳에서도 다음과 같이 믿음을 피력했다.

"이스라엘은 인간의 손으로 건설됐지만 이스라엘의 역사를 주장하신 분은 하나님의 손이라는 것은 누구나 느낄 수 있는, 부인할 수 없는 사실입니다."[11]

약자와 재향 군인의 지지자

펜스는 '스스로를 대변할 수 없는 약자들의 입장을 대변하는 것이 의원으로서의 사명'이라고 생각했다.

펜스는 특히 노인들을 위한 여러 법안의 필요성에 대해 열정적으로 주장했다.

"2002년에 시행된 새로운 메디케어(고령자들을 위한 건강보험) 및 처방약에 대한 법은 빈약한 보장으로 노인들이 약을 선택할지, 아니면 음식을 선택할지 강요하게 만듭니다. 미국처럼 번영한 나라의 노인들이 이런 선택을 하도록 만드는 것은 도덕적으로도 잘못된 것입니다. 미국은 높은 수준의 나라이며 미국인들은 정부로부터 더 나은 보장을 기대할 권리가 있습니다."[12]

또한 펜스는 재향군인들의 더 나은 의료 서비스를 위해서도 의회에서 앞장섰다. 언론을 통해 「월터 리드 육군 의료 센터」(Walter Reed Army Medical Center)가 열악한 재정 상황으로 치료가 시급한 재향군인들을 돌보지 못하고 있다는 소식을 접한 펜스는 동료 의원들에게 다음과 같이 말했다.

"이번 일은 당을 초월해서 해결합시다. 퇴역 군인들을 위한 의료 시스템은 근본적으로 변해야 합니다. 그들이 치른 희생만큼 충분한 혜택을 누리도록 법을 고쳐야 합니다.

로마서에 따르면 **"빚을 졌으면 갚고, 명예로운 사람을 명예롭게 하고, 존경받을 사람은 존경하라"**(로마서 13:7)라고 했습니다. 우리나라는 군복을 입은 사람들에게 '갚을 수 없는 빚'을 졌습니다. 그 빚을 조금이라도 갚는 방법 중 하나는 그들에게 필요한 의료 혜택을 충분히 제공하는 것입니다."[13]

펜스는 과부, 고아, 가난한 사람들을 당연히 도와야 한다는 성경적인 원칙이 미국에도 적용돼야 한다고 생각했다.

인디애나주 사람들의 권리를 위해 싸우던 펜스는 수많은 사람들의 인생이 바뀌는 비극을 워싱턴에서 직면하게 됐다.

12
잊을 수 없는 107번째 의회

"우리가 사방으로 우겨쌈을 당하여도 싸이지 아니하며
답답한 일을 당하여도 낙심하지 아니하며
핍박을 받아도 버린바 되지 아니하며
거꾸러뜨림을 당하여도 망하지 아니하고"

− 고린도후서 4:8~9 −

2001년 9월 11일 화요일 아침, 직원들과 아침식사를 한 펜스는 국회의사당에서 열릴 예정인「하원 농업위원회 상임위」(House Agriculture Committee)에 참석하려고 이동 중이었다. 당시 펜스는 경력 9개월의 신참이었다.

오전 8시 46분,

아메리칸 항공 11편 비행기가 뉴욕의「세계 무역 센터」(World Trade Center) 북쪽 타워를 들이받는 사고가 일어났다. 어떤 안내나 경고도 없었기 때문에 정부 관계자들은 우연히 일어난 사고라고 생각했다. 그러나 곧이어 유나이티드 항공의 175편 비행기가 남쪽 타워를 들이받았다. 이런 일은 두 번이나 우연히 일어날 수 없었다.

대혼란이 일어났고 소식을 들은 미국인들은 도대체 무슨 일이 일어난 것인지 정확히 알 수가 없었다. 대부분 조용히 숨죽인 채로 큰 충격에 빠져 있었다. 믿을 수 없는 사건이 두 번이나 일어난지 1시간도 안 되어 이번엔 아메리칸 항공의 77편 비행기가 미국 국방부 건물인 펜타곤(Pentagon)을 들이받았다는 비보가 들려왔다.

당시 펜스는 국회의사당 건너편에 위치한 사무실에 있었다. "비행기가 세계무역센터에 충돌했다"라는 소식을 들은 지 1시간 뒤 "펜타곤이 습격 받았다"라는 연락을 받았다.

펜스는 지금도 15분 전에 일어난 일처럼 그때의 상황이 아직도 생생하다고 말했다. 펜스는 테러리스트들의 다음 목표가 어디일지 생각했다.

'미국의 상징인 세계무역센터, 그리고 국방부…. 다음은 어디일까?… 혹시 국회의사당?'

아직까지는 국회의사당에 대피명령이 떨어진 것은 아니었지만 펜스는 직원들에게 서둘러 자리를 떠나자고 했다. 그러나 이 같은 위급 상황 중에도 기도를 잊지 않았다. 짧게 기도를 한 후 펜스는 직원들과 서둘러 대피했다.[(1)]
잠시 후 국회의사당을 목표로 향하는 네 번째 비행기가 있다는 소식이 알려졌고 다른 관계자들도 서둘러 대피했다. 펜스는 당시 일어났던 상황과 느낀 감정들을 평생 잊을 수 없을 것이라고 회상했다.

의회 지도부에 합류하다

펜스는 국회의사당을 나와 워싱턴 기념비를 지나며 펜타곤을 바라보았다. 펜타곤에선 사건의 참상을 보여주는 검은 연기가 피어오르고 있었다.[2] 펜스는 미국이 외부의 공격에 이토록 취약해져 있다는 사실에 큰 위기감을 느꼈다. 잠시 후 미국의 국회의원들에게 "국회의사당이 아닌 곳으로 서둘러 피신하라"라는 문자가 도착했다.

펜스는 문자를 확인한 후 다른 의회 직원들에게 지도부가 어디에 모여 있는지 물었다.

"의원 지도부는 지금 어디에 모여 있습니까?"

"그건 걱정하지 마시고 일단 서둘러 피하세요."

펜스는 신입 하원 의원이었기에 지도부에 합류할만한 인물은 아니었다. 그러나 펜스는 자신에게 사건을 수습할 책임이 있다고 생각해 여러 사람에게 끈질기게 물어 지도부가 모여 있는 위치를 알아냈다. 지도부에는 모일만한 사람들이 이미 모여 있었다.

한 치 앞도 예측할 수 없는 위기의 순간이었지만 펜스에게 는 두려움을 이겨낼 수 있는 분명한 믿음이 있었다. 광장에서 벌어지고 있는 대혼란을 두 눈으로 바라보던 펜스는 지금과 는 비교도 되지 않는 더 큰 혼란이 한 번 더 찾아올 것을 알 았다. 이때 펜스의 마음에 하나님의 말씀 한 구절이 떠올랐다.

"주께서 심지가 견고한 자를 평강에 평강으로 지키시리니

이는 그가 주를 의뢰함이니이다"(이사야 26:3)

이 말씀이 떠오르자 그 위험천만한 상황에서도 평안이 찾 아왔다.

펜스는 이후 일어나는 어떤 일 가운데서도 자신은 안전할 것이라 믿었다. 펜스의 마음에 분명하게 임재한 주님의 평강 이 펜스와 그의 가족뿐 아니라 온 나라에까지 미쳐야 했다. 펜스가 지도부를 찾은 것은 이 사명을 다하기 위해서였다.[3]

의회 지도부는 국회의사당 건너편에 있는 「미국 국회의사 당 경찰 본부」(United States Capitol Police)에 모여 있었다. 미국 정 부 입법부가 임명한 유일한 연방법 집행기관이자 위기 시 미 국 전역이 관할권인 막강한 권력이 있는 기관이었지만 이곳에 서조차 경찰을 찾아볼 수 없을 만큼 엄청난 사건이 미국에 일 어나고 있었다.

국회의사당 경찰 본부의 몇몇 직원은 구식 무전기를 손에 들고 다닐 만큼 상황이 열악했다. 이들이 쓰고 있는 아날로그 장비들은 몇몇 지역에서는 아예 먹통이었다. [4] 신참 의원인 펜스가 이런 상황에서 리더십을 발휘하려고 찾아온 것은 일종의 고집처럼 보였다. 그러나 펜스는 선출직 의원으로서 자신의 의무를 다하기 위해 끊임없이 노력했다. 펜스는 도망가지 않고 경찰 본부에서 의회 지도부와 할 수 있는 모든 조치를 하겠다고 다짐했다.

의회 지도부가 사용하는 핸드폰도 대부분 먹통이어서 그들은 가족이나 직원들과도 연락하지 못했다. 그러나 펜스가 사용하는 핸드폰은 다른 주파수를 사용하는 모델이었기에 펜스는 서둘러 아내와 직원들의 안전을 확인하고 더불어 기도를 부탁할 수 있었다. 경찰 서장은 의회 지도부를 찾아와 다급하게 소식을 전했다.

"테러리스트들이 탈취한 비행기가 이곳에서 12분 거리에 있습니다."

일순간 침묵이 흘렀다. 정신을 차린 지도부는 어떻게 할 것인지 열띤 회의를 했다. 펜스는 자기도 모르게 창밖으로 보이는 국회의사당으로 시선을 돌렸다. 미국뿐 아니라 전 세계 자유와 민주주의의 상징인 국회의사당 건물이 12분 뒤 역사 속으로 사라지게 될지도 모르는 순간이었다. [5]

그 어느 때보다 길었던 12분

그 짧은 시간 동안 취할 수 있는 조치는 사실상 없었다.

펜스와 지도부는 조용히 기다리며 단지 하나님께 기도할 뿐이었다.

"그때가 제 인생에서 가장 길었던 12분이었습니다."

어느덧 12분이 지났다.

13분, 14분이 되자 국회의사당을 노리던 비행기가 펜실베이니아에 있는 들판에 추락했다는 소식이 전해졌다.[6]

유나이티드 항공 93편에 탄 7명의 승무원들과 33명의 승객들이 영웅이었다. 이들은 네 명의 테러리스트와 맞서 싸웠다. 탑승자 전원이 목숨을 잃는 안타까운 사고였지만 그들은 악의 힘에 굴복하지 않고 더 많은 생명을 구하기 위해 싸운 진짜 영웅들이었다.[7]

이 사건으로부터 몇 년이 지난 뒤에도 펜스는 이들의 희생을 잊지 않고 다음과 같이 기념했다.

"그날, 93편 비행기에 타고 있던 승객들의 용기와 이타심에 저는 큰 빚을 졌습니다. 그 영웅들이 있었기에 그날 무사히 집으로 돌아와 가족들을 안아줄 수 있었죠.

모든 미국인들은 그들의 용기와 결의를 잊지 않고 영원히 기릴 것입니다. 우리는 그들의 영웅적 희생을 기억하고, 그런 끔찍한 일이 또다시 미국에 일어나는 것을 막기 위해 국가로서 할 수 있는 모든 일을 다할 것입니다."[8]

9.11 테러 당시 펜스는 직원들이 먼저 안전한 장소로 피할 수 있도록 신경을 썼다. 그리고 목숨을 잃은 사람들, 그들의 가족들, 그리고 미국 시민들의 안전을 위해 기도했다. 펜스는 하나님이 모든 것을 주장한다고 믿었기 때문에 이와 같이 큰 사건이 발생했음에도 침착하고 태연하게 행동했다.

펜스는 공동체의 어려움을 극복하고 위기에 잘 대처하는 가장 좋은 방법은 '다른 사람을 돕는 봉사'라고 생각했다. 미국을 위협하는 적들은 '미국의 다양성'을 공격하기에 가장 좋은 틈이라고 여겼다. 하지만 펜스는 위기일수록 서로가 서로를 의지해야 한다고 강력하게 주장했다. 배척이 아닌 화합은 위기 때마다 펜스가 보여준 리더십의 핵심이었다.

단 하루의 테러로 3,000여 명이 죽고 6,000여 명 이상이 다쳤다. 미국은 단합된 모습으로 국경 경비를 강화했고 공항의 보안 조치를 견고히 했다. 그리고 대외적으로는 테러와의 전쟁을 위한 준비에 들어갔다.

폐허가 된 월드 트레이드 센터를 방문하다

테러가 발생하고 약 한 달이 지난 10월 1일,

펜스와 수십 명의 의원들은 월드 트레이드 센터를 방문했다. 그때까지도 소방관들이 잔해를 정리 중이었다. 펜스는 현장에서 일하는 소방관들과 많은 이야기를 나눴다.

테러가 일으킨 참화는 아직도 진행 중이었다. 지하에 처박혀 있는 15층 길이의 강철이 아직도 1500도의 온도로 불타고 있었다. 테러가 일어난 지 거의 한 달이 지났는데도 현장은 마치 전쟁터를 방불케 했다. 비행기가 아닌 대량 살상무기로 테러가 일어났다면 어떤 참상이 벌어졌을지 상상조차 할 수 없었다.[9]

테러가 일어난 직후 부시 대통령은 엄청난 압박감을 느끼고 있었다. 참담해진 미국을 향한 무거운 마음을 품고 있던 펜스는 일종의 동질감을 느꼈다. 펜스는 부담감에 짓눌리고 있는 부시 대통령을 영적으로 돕기 위해 백악관에서 열린 크리스마스 파티에서 의도적으로 다가갔다.

9.11 테러 이후 부시 대통령과 처음으로 만난 자리였다.

"저는 대통령님을 위해 무릎을 꿇고 매일 기도합니다."

부시는 펜스를 똑바로 바라보며 감사를 표했다.

"펜스, 계속 기도해 주세요. 그건 정말 중요한 일입니다."[10]

미국에서 괴로워하는 사람에게 건네는 '신의 은총이 함께하기를', '당신을 위해 기도합니다'라는 인사치레는 매우 흔한 일이다. 안타까운 상황에 처한 사람에게는 으레 그렇게 하는 것이 좋아 보이기 때문이다. 그러나 펜스는 기도한다는 말을 절대로 인사치레로만 하는 사람이 아니었다.

펜스는 추도식에서 울고 있는 어린아이를 안아주고 위로하는 사람이었다. 만약 다친 아이를 발견한다면 잠시 그의 아버지가 되어 치료할 곳을 찾아 기꺼이 시간을 내어주는 사람이었다.

펜스는 사랑하는 사람을 잃거나, 힘든 상황에 처한 사람들에게 정말로 동질감을 느꼈다. 진심으로 그들에게 다가가 영혼을 위로하는 조언을 하고자 했다. 펜스는 어떤 상황에서도 하나님을 향한 믿음을 결코 부끄러워하지 않았다.

9.11 테러의 압도적인 파괴와 고통으로 미국은 휘청거렸다. 의회는 전쟁에 초점을 맞추고 있었다. 이런 급박한 상황 속에서 펜스는 자신의 믿음과 지도력을 시험받을 또 다른 시험을 견뎌내야 했다.

탄저균 편지의 위협

9.11 테러 직후 탄저균이 묻은 익명의 편지들이 미국 곳곳에 발송되었다. 콜롬비아 특별구, 뉴욕, 그리고 플로리다 사무실의 여러 정부 기관과 언론 매체 사무실에 정체불명의 편지가 날아들었다. 편지 내용은 조금씩 달랐지만 상원 의원 패트릭

리히(Patrick J. Leahy)가 받은 것과 비슷했다.

편지가 발송된 날짜와 함께 다음과 같은 내용이 목판 글자로 찍혀 있었다.

「너는 우리를 막을 수 없다. 이 편지에는 탄저균이 있다. 너는 이제 곧 죽는다. 두려운가? 미국에 죽음을. 이스라엘에 죽음을. 알라신은 위대하다.」

탄저균은 무색무취이기에 미리 위험을 감지할 수가 없다.

이 편지 때문에 5명이 죽고 17명이 중태에 빠졌다.

탄저균 테러로 알려진 이 사건은 미국 역사상 가장 광범위하게 벌어진 복잡한 사건 중 하나로 기록되었다.

탄저균 사건을 조사하던 경찰들은 롱워스 하우스 빌딩(Longworth House Office Building)에 있던 펜스의 사무실도 테러를 당했음을 확인했다. 최소 두 명이 전염성이 강한 박테리아에 노출돼 위험할 수도 있는 상황이었다. 펜스와 보좌관인 스미스의 책상에는 탄저균의 흔적이 남아 있었다.

FBI의 지시에 따라 펜스와 사무실 직원들은 모두 국회의사당 지하의 임시 사무실로 자리를 옮겨 추가로 노출됐을 가능성이 있는 사람들의 목록을 작성했다.

펜스와 직원들은 수사관의 연락을 받은 금요일 밤부터 2주 동안 온갖 기억을 되살려 사무실을 방문한 사람들을 떠올렸다. 목숨이 걸린 일이었기에 결코 소홀할 수 없었다. 펜스와 직원들은 방문한 모든 사람들에게 연락해 사정을 설명하고 즉시 치료를 받으라고 촉구했다.

당시 펜스의 가족을 포함해 임시 사무실에 있는 모든 사람들은 잠재적으로 탄저균에 노출된 사람들이었기에 어떤 일이 일어날지 모르는 상황이었다. 하루 24시간을 불안 속에 떨어야 했지만 그래도 의사의 처방을 따라 할 수 있는 일을 하나씩 처리해 나갔다.[11]

국회의사당 주치의는 펜스의 자녀들도 탄저균에 노출됐을지 모르니 검사를 해보자고 제안했다. 펜스 부부는 아이들에게 지금 일어난 일과 앞으로 어떻게 조치를 취해야 하는지에 대해 최대한 상세하게 설명했다.

아이들은 검사를 받고, 기도를 하고, 성경을 읽으며, 결과에 따라 항생제를 먹으면 되는 일로 이해했다. 펜스 부부는 지금 벌어지고 있는 일에 대해 아이들이 최대한 별일이 아니라고 느끼도록 평탄해 보이려고 애를 썼다.[12]

검사를 마친 다음날 펜스 가족은 함께 교회에 갔다.

그날은 펜스 가족에게 결코 잊을 수 없는 주일이었다.

펜스 부부는 가까운 곳에 위치한 교회에 가는 것이 좋겠다는 생각으로 워싱턴에서 평소 다니던 교회가 아닌 근교에 있는 교회를 찾았다. 그곳은 평소 다니던 교회와는 정말로 멀리 떨어진 곳이었다.

좌석에 앉아 예배를 드리던 중 펜스는 하나님의 따스한 임재를 느끼고 폭포수 같은 눈물을 흘렸다. 옆에 앉은 캐런을 보자 그녀의 눈에도 눈물이 맺혀 있었다. 펜스 부부는 하나님의 은혜가 지금 임하고 있음을 느낄 수 있었다.

예배 내내 부부는 말없이 하나님이 주시는 은혜를 누렸다. 집으로 돌아왔을 때 부부는 아무런 걱정 없이 아이들이 방에서 시간을 보내도록 허락했다. 자동 응답기에 온 메시지를 들어보니 고향 교회의 담임 목사인 레이크의 목소리가 흘러나왔다.[13]

레이크는 펜스 가족에게 일어난 일을 전혀 모르고 있었다. 그러나 성령님이 주신 감동으로 펜스 가족에게 심각한 일이 일어나고 있음을 느꼈다.

"펜스, 캐런, 오늘 아침 10시 15분경 우리 교회 모든 성도들은 당신 부부와 세 자녀 마이클, 샬롯, 오드리를 위해 기도했어요. 왜인지 모르겠지만 그래야 한다는 생각이 들었고 이 사실을 당신에게 꼭 알려줘야겠다는 생각이 들었어요."

펜스는 다시 한번 눈물을 흘리며 레이크에게 전화를 걸었다.

"목사님, 말씀하지 않아도 이미 알고 있었어요. 그 순간 목사님이 기도하고 있음을 저희 부부도 느끼고 있었어요."[14]

펜스 부부는 하나님이 자신들의 삶을 강력하게 주장하고

계시다는 확신을 가졌다. 펜스는 마음을 굳건히 먹고 모든 것을 하나님께 맡기고 믿음으로 나아가기로 했다. 펜스는 누구보다 크고 위대한 하나님을 신뢰했고, 다른 사람들은 하나님을 신뢰하는 펜스를 신뢰했다.

펜스는 어떤 위기에서도 냉철하고 침착한 태도를 보였다. 극한의 스트레스 상황에서도 그는 즉각 무릎을 꿇고 기도하거나 성경 말씀을 외우며 마음을 다잡았다. 펜스의 이런 믿음은 남을 더 배려하는 실력이자 밑천이었다.

9.11 테러와 탄저균 사건 가운데서도 이런 모습은 확실히 드러났다. 주변 사람들은 펜스가 마치 본능처럼 어려운 사람들을 찾고 있다며 "펜스는 늘 「지금 내 주변 사람들은 어떤 상황이지? 내가 도와줄 수 있는 사람이 있나? 그들을 어떻게 채워줄 수 있을까?」라고 고민하는 사람 같았어요."

펜스는 C.S. 루이스의 기도에 관한 말을 자주 인용했다.

"내 힘으로 어쩔 수 없기 때문에 나는 기도한다."

주변 사람들이 믿고 의지했던 펜스의 듬직함은 오히려 펜스 스스로 무력함을 느끼고 하나님께 항상 기도했기 때문에 나올 수 있는 능력이었다.

"저는 정말로 제가 무력하다고 느낍니다. 그래서 기도를 쉬지 않아요. 깨어 있을 때는 물론 잠을 잘 때도 기도하고 싶은 열망을 느끼죠. 사실 기도한다고 해서 하나님이 갑자기 제 마음대로 모든 상황을 바꿔주시지는 않아요. 변해야 하는 것은 하나님이 아닌 제 자신이기 때문이죠. 기도는 바로 저를 하나님의 뜻에 합당한 사람으로 변하게 만들어줍니다. 제 인생에서 느끼는 기도와 하나님은 적어도 그렇습니다."

기도의 힘이 어찌나 대단한지 펜스와 함께 하는 사람들은 "마치 「기도의 방패」가 우리를 두르고 있는 것처럼 느꼈다"라고 말했다. 펜스가 얼마나 다른 사람을 위하여, 하나님 앞에 무릎을 꿇는지는 주변 사람이라면 누구나 알고 있는 명백한 사실이었다.

엄청난 사건들이 연달아 터진 탓에 펜스와 직원들이 받은 스트레스와 압박은 가히 압도적이었다. 펜스는 사랑하는 아내와 소중한 자녀들, 하나님과의 개인적인 시간을 통해 마음의 위안을 찾았다. 믿음을 통해 위안을 찾은 펜스의 리더십은 함께 하는 직원들의 마음에도 큰 안정을 주었다.

직원들은 펜스가 중압감을 처리하는 방식에 큰 감명을 받았다. 그리고 그의 믿음에 대한 자세와 압박감에 대처하던 일련의 방식들을 배우고자 노력했다. 펜스는 어떤 상황에서도 공손하고 사려 깊은 최고의 리더였다.

펜스의 믿음은 숱한 위기 가운데 계속해서 시험받았다.

시험을 받을수록 펜스는 더더욱 주님을 붙들고 '첫째 하나님, 둘째 가족, 셋째 일'이라는 삶의 원칙을 철저히 지켰다.

하나님만이 연약한 자신을 도울 수 있고, 하나님만을 삶의 중심에 놓아야 한다는 사실을 펜스는 결코 잊지 않았다. 일련의 괴로운 사건들을 겪으면서 펜스는 아내 캐런과 더욱 돈독해졌고 가까운 친구들과도 더욱 깊은 유대감을 형성했다.

믿음을 담대히 전하다

펜스는 하원 의원 활동 중에도 단호한 믿음을 보였다. 다른 정치인들과 보좌관들은 펜스가 성경을 읽는 모습을 심심치 않게 목격했다. 펜스는 자신이 입안한 정책의 정당성을 대부분 성경을 통해 입증했다.

"성경은 오랜 세월을 견딘 책이고 영원한 가치를 지닌, 말 그대로 성서입니다."[15]

미국에서도 이토록 노골적으로 신앙을 드러내는 것은 매우 대담한 행동이었다. 특히 국민을 대변하는 정치인들에게는 저마다의 사정이 있기에 더욱 쉽지 않은 행동이다. 하지만 펜스는 그 어떤 상황에서도 믿음을 드러냈다. 복음을 부끄러워하지 않고 언제, 어디서나 당당히 믿음을 드러내는 펜스의 행동은 다른 크리스천 동료 의원들과 직원들에게 큰 도전이 되었다.

「In God We Trust」 표어 사용 지원

펜스는 매주 의회에서 열리는 성경 공부에 변함없이 참석하고 있었다. 성경 공부 기간 중에 미국 국회의사당 방문자 센터 벽에 다양한 글과 문구가 새겨지는 공사가 진행되었다. 펜스와 함께 성경 공부를 하던 의원들은 이 작업을 하던 건축가를 찾아가 미국의 공식 표어이기도 한 「우리는 하나님을 믿습니다」(In God We Trust)라는 문구도 넣어 달라고 요청했다. 하지만 건축가는 개인의 신념을 이유로 단칼에 거절했다. 이후 몇 번 더 요구했음에도 건축가는 받아들이지 않았다.

어떤 일이 있어도 이 문구를 벽에 새기고 싶던 의원들은 의회의 벽에 이 문구를 반드시 새겨야 한다는 법안을 발의했다. 성경 공부 모임의 멤버이자 캘리포니아의 하원 의원인 댄 런그렌(Dan Lungren)은 건축가가 벽에 '가장 중요한 좌우명'을 반드시 새기도록 지시하는 법안을 추진했고 이 법안은 하원 의원 410명의 지지를 얻어 통과됐다. 스스로의 신념으로 'In God We Trust' 문구 새기기를 거절했던 건축가는 법의 효력에 따라 결국 문구를 새길 수밖에 없었다.

펜스와 동료 의원들은 「우리는 하나님을 믿습니다」(In God We Trust)라는 문구가 국회의사당으로 향하는 관문 역할을 하는 벽에 영원히 새겨져 있기를 바랐다. 이 문구를 통해 「하나님 없이는 미국이 존재할 수 없고, 하나님 없이는 미국이 이토

록 큰 축복을 누릴 수 없다」라는 사실을 깨닫게 하고자 한 것이다.(16)

이민자들을 도우려 한 발 더 내딛다

펜스는 어려움에 처한 사람을 돕는 일에는 어떤 수고도 마다하지 않았다. 펜스가 오랜만에 고향에 머물고 있을 때였다.

어느 날, 먼시(Muncie)라는 여인이 추방 명령을 받고 체포됐다는 이야기를 들었다. 그녀는 두 아이의 엄마이자 오랜 기간 인디애나주에서 살고 있는 어엿한 주민이었다. 연방 당국은 그녀의 전 남편인 파투 플레이크(Fatu Flake)가 구치소에 구금되자 법적으로 현재 가족이 아님에도 불구하고 전 부인인 먼시를 본국인 '시에라리온'으로 추방한다고 통지했다. 그녀의 새로운 남편과 두 명의 자녀는 아무 잘못도 없이 추방되는 엄마 그리고 아내의 모습을 지켜봐야만 하는 상황이었다.

펜스는 이 일을 두고 볼 수 없었다.

인디애나주 주민들의 지지로 의원이 된 펜스는 그들을 위해 자신이 자신이 할 수 있는 일을 해야 한다고 생각했다. 펜스는 당선 직후 주민들을 돕겠다고 약속했다. 이 약속은 말에서 끝나는 것이 아닌 반드시 지켜야 할 약속이었다.

인디애나주 주민들은 촌놈이라는 뜻의 「후시어스」(Hoosiers)

라는 이름으로 불리며 은연중에 다른 주 사람들에게 차별을 당하고 있었다.

펜스는 직원과 함께 먼시의 집을 방문해 자세한 상황을 파악했다. 그리고 워싱턴으로 돌아가 상원 의원인 에반 베이(Evan Bayh)를 찾아가 도움을 요청했다.

단 한 사람을 위한 여정이었지만 그 과정은 결코 순탄하지 않았다. 펜스는 이 문제를 해결하기 위해 할 수 있는 모든 방법을 동원했다. 한 가정뿐 아니라 비슷한 상황에 처한 다른 많은 사람들을 살리는 해답이 될 수도 있었기 때문이다.

마침내 전 남편인 파투 플레이크에 대한 청문회가 승인됐고 이 청문회의 결과로 미국에 충분히 오래 머물 수 있는 '거주 주민'이라는 새로운 이민 지위가 생겼다.

펜스는 약속대로 인디애나주의 주민들을 보호했다.

주를 대표하는 의원이 된 이상 펜스는 주민의 정치 성향을 따지지 않고 모든 사람을 도왔다. 펜스는 이민 문제로 고생하는 한 사람, 의료보험 제도로 고민 중인 한 사람…, 바로 그 한 사람을 돕기 위해 어디든지 달려갔다.

13

인디애나 주지사가 되다

"지극히 작은 것에 충성된 자는 큰 것에도 충성되고
지극히 작은 것에 불의한 자는 큰 것에도 불의하니라"

－ 누가복음 16:10 －

인디애나주 의회에서 12년을 일한 뒤 펜스의 리더십
은 누구도 부인할 수 없을 만큼 인정받고 있었다. 많은 후원
자를 둔 한 보수 단체는 펜스를 "2012년 대선에 출마할 대통
령 후보의 자질이 있다"라고 평가하며 예의주시했다.

이 단체 위원회에 있던 매킨토시는 "차기 대통령 후보로는
매사추세츠 주지사였던 미트 롬니(Willard Mitt Romney)나 플로
리다 상원 의원 마르코 루비오(Marco Antonio Rubio) 등이 후보군
으로 있었지만 후원회의 리더들은 버락 오바마를 이기기에는
역부족이라고 판단했다"라고 말했다. 보수주의자들은 펜스가
가장 적합한 대선 후보라고 생각했다.

펜스는 위원회를 만나 상황에 대해 충분한 설명을 들었지만 대선에 출마하는 것이 옳은 일인지에 대해서는 확신하지 못했다. 펜스를 후원하는 사람들은 대선에서 성공하든 실패하든 충분한 이득이 생길 것이라고 설득했다.

펜스는 중대한 의사결정을 앞두고 늘 그랬던 것처럼 성경의 가르침을 따랐다, 그리고 다른 사람들의 의견들도 경청했다.

"의논이 없으면 경영이 파하고 모사가 많으면 경영이 성립하느니라"

(잠언 15:22)

펜스 역시 개인적인 바람으로는 대선에 출마하고 싶었다.

그러나 다른 사람들의 권유, 개인의 야망이 출마의 근거가 될 수는 없었다. 세상 모든 사람들이 펜스에게 대통령 선거에 출마하라고 등을 떠밀어도 펜스는 먼저 기도해야 했다. 말씀을 묵상하며 하나님이 주시는 뜻을 구하는 것이 우선이었다. 펜스를 아는 모든 사람들은 그가 이번에도 같은 행동을 할 것을 알고 있었다.

펜스는 하나님께 뜻을 물었다.

그리고 자신에게 적합한 조언을 해 줄 사람을 찾았다. 펜스는 뛰어난 정치 컨설턴트인 랄프 리드를 만나 의논했다. 리드는 미국 최대의 보수주의 유권자 단체인 「크리스천 연합 (Christian Coalition)」의 설립에도 큰 공을 세운 사람이었다.

대통령이 될 승산이 없는가?

리드는 이미 수차례 대선에 참여해 중요한 역할을 감당했던 베테랑이었다. 리드는 펜스에게 지난 선거에서의 경험과 지식들을 나누어주었다. 리드는 펜스의 의견을 존중했다. 리드도 펜스의 말처럼 "하나님이 대선에 나가라고 한다면 당연히 나가야죠"라는 말에 동의했다. 하지만 현실의 벽은 높았다. 대선 출마 전에 고려해야 할 문제들이 있었다.

리드는 "현직 하원 의원이 대선에 출마한 것은 1840년이 마지막이었다, 승산이 도저히 없기 때문이다"라고 운을 띄운 뒤 다음의 세 가지 이유를 들어 설명했다.

첫째, 상원 의원이나 주지사처럼 한 주를 상회하는 후원금을 모을 기반이 없다. 하원 의원 중 가장 명성이 높았던 존 카시치(John Kasich)도 2000년 대선에 출마했지만 후원금을 받을 마땅한 기반이 없어서 실패했다. 카시치는 경선도 완주하지 못하고 중도 포기했다.

둘째, 펜스는 행정적인 업적이 없고 임원직을 맡아본 경험이 없다. 의원직은 성실히 수행했지만 한 단계 높은 행정적인 경험이 없기에 대통령직을 수행하기에는 능력이 부족할 수 있다.

셋째, 펜스에게는 선거를 치를 만큼의 큰 후원 기반이 정말로 없다.

충분한 자금 확보를 할 기반이 없는 후보는 사실상 경선을 완주하는 것도 불가능했다. 리드는 전직 대통령인 빌 클린턴(William Jefferson Clinton)의 이야기를 들려주었다.

"1992년 대통령에 당선된 클린턴은 선거가 있던 해 1월 불륜 스캔들이 터져 지지율이 급락했어요. 후원금이 떨어져 더이상 선거운동을 할 수 없었던 클린턴은 주지사로서 지지기반을 쌓아놓은 아칸소(Arkansas)를 찾아가 겨우 50만 달러를 얻어 다시 선거를 이어갈 수 있었죠. 이후로는 다행히 상황이 조금씩 나아져 클린턴은 마침내 당선될 수 있었어요. 아칸소가 없었다면 거기서 선거는 끝났을 것입니다. 펜스, 당신에게는 클린턴의 아칸소와 같은 최소한의 기반이 없습니다."

펜스는 리드의 조언을 신중하게 귀담아들었다,

그와 동시에 캐런과 가까운 동역자들에게 기도를 부탁하는 일도 잊지 않았다. 펜스가 가장 알고 싶었던 것은 '내가 대통령에 당선될 수 있는가?'가 아니라 '과연 하나님의 뜻은 무엇인가?'였다. 펜스는 비슷한 상황에서 언제나 도움을 구했던 스테거와 레이크를 비롯한 가까운 지인들에게 수차례 조언을 구했다. 그들의 조언은 놀랍게도 한 결 같았다.

"펜스, 당신은 대통령이 될 훌륭한 자질이 있어. 하지만 주지사 후보로 출마하는 게 더 좋을 것 같아. 지금 상황에서는 주지사가 더 많은 사람들에게 좋은 영향을 미칠 수 있을 것 같아."

펜스도 지금으로선 주지사가 다른 사람들을 더 많이 도울 수 있는 길이라고 생각하고 있었다. 상황도 점점 하나님이 주지사 출마로 인도하시는 것 같았다. 펜스의 친구이자 주민들에게 인기가 매우 높았던 현직 주지사 미치 대니얼스(Mitch Daniels)의 임기가 얼마 남지 않은 상황이었다. 후임으로 유력한 부지사는 이미 "출마하지 않겠다"라고 포기 선언을 했다. 펜스가 지명될 기회가 활짝 열려 있었다.

결국 펜스는 대선에 출마하지 않기로 결정했다.

그는 '훗날 정말로 때가 온다면 하나님이 마음의 평안과 함께 상황적으로도 신호를 주실 것'이라고 생각했다.

행정 경험을 쌓기

펜스는 블랙웰과 주지사 출마에 대한 관심을 공유했다. 두 사람은 함께 기도했고 블랙웰은 하나님의 뜻을 구할 수 있도록 펜스를 격려했다.

펜스와 캐런은 그의 절친한 친구들의 조언을 따라 2012년 인디애나 주지사 선거에 공화당 후보로 출마할 것을 결정했다. 공화당 주지사 협회는 펜스의 선거 자금 마련을 돕기 위해 '정치 행동 위원회(Political action committee)'의 기금 100만 달러를 지원함으로써 힘을 실어주었다.

러닝메이트를 찾아서

2012년 봄, 펜스는 부지사가 되어줄 러닝메이트로 고려 중인 후보 몇 사람을 만났다. 그중 수 엘스퍼만(Sue Ellspermann) 박사가 최종 후보자로 선정됐다.

엘스퍼만은 성공한 여성 사업가이자 화려한 경력의 소유 자였다. 1982년 퍼듀 대학교(Purdue University)에서 산업공학 학사 학위를 받은 후 1996년 루이빌 대학교(University of Louisville)에서 박사 학위를 받았다. 이후 엘스퍼만은 비즈니스 컨설팅 회사를 설립했으며 서던 인디애나 대학교(University of Southern Indiana) 응용 연구 센터의 설립자이기도 했다.

많은 분야에서 입지전적인 성공을 이룬 엘스퍼만은 2010년 74선거구에서 인디애나주 하원 의원으로 선출되었다.

엘스퍼만보다 부지사에 더 적합한 인물은 없는 것 같았다.

엘스퍼만은 부지사 후보자 인터뷰 과정에서 자신의 선거에 대한 신념을 지나칠 정도로 확실하게 밝혔다.

엘스퍼만은 다음과 같이 회상했다.

"인터뷰를 마치고 당연히 제가 최종 후보 명단에서 제외될 것이라고 생각했어요. 선거에서 제가 가장 중요하게 여긴 것은 정치적 예의범절이었습니다. 이기기 위해 상대 후보를 헐뜯는 것은 용납할 수 없는 행위였어요. 저에게는 부지사 후보가 되는 것보다 깨끗한 선거를 치르는 것이 훨씬 더 중요했습니다.

대부분의 후보는 승리를 가장 소중한 가치로 여겼죠.

제가 신념을 밝힌 순간 인터뷰는 물 건너갔다고 생각했어요. 그런데 며칠 후 놀랍게도 '러닝메이트가 되어주겠냐?'는 전화를 받았어요."

이 경험을 계기로 엘스퍼만은 펜스가 얼마나 하나님께 헌신한 사람인지를 처음부터 알게 됐다. 엘스퍼만은 펜스의 가족과 함께 저녁 식사 약속을 잡았고 가족끼리 즐거운 시간을 보내며 서로의 가치관, 믿음이 꽤나 잘 맞는다는 사실을 확인했다.

선거 유세를 돕는 자녀들

펜스가 정치를 시작한 초창기부터 캐런과 자녀들은 선거운동에 손을 보탰다.

이번에도 도움이 필요했지만 자녀들은 나름대로 바쁜 일정을 소화하고 있었다. 당시 21살이었던 첫째 마이클은 퍼듀 대학교에서 조종사가 되기 위해 공부 중이었다.

19살이던 둘째 샬롯은 시카고의 드폴 대학(DePaul University) 신입생으로 영화 공부를 하고 있었다.

고등학교 졸업반인 셋째 오드리는 학년을 마무리하느라 바빴다. 자녀들은 저마다 자신의 일정으로 바빴지만 그래도 아버지를 돕기 위해 할 수 있는 모든 노력을 다했다.

펜스는 모든 선거 때마다 자녀들이 큰 도움이 됐다고 말했다. 과거에는 박람회나 선거운동 자금 모금 행사에서 자녀들이 돌아가며 아버지를 소개하곤 했었다. 펜스가 주지사 선거에 출마한다고 발표했을 때 막내딸 오드리가 예전 방식처럼 자기가 아버지를 소개하겠다고 자원했다.[1]

대박 난 오드리의 연설

스테거는 당시 상황을 다음과 같이 회상했다.

"펜스의 출마 선언은 고향인 인디애나 콜럼버스(Columbus, Indiana)에서 하기로 정해져 있었어요. 펜스가 먼저 아이들에게 연설을 해주겠냐고 물었는지는 잘 모르겠어요. 과정이야 어쨌든 막내 오드리가 아버지 펜스를 소개하게 됐다고 들었어요.

주지사 출마 발표 날짜는 서서히 다가오고 마침내 당일이 됐지만 그때까지 오드리는 연설문을 준비하지 못했어요.

오드리는 출마를 발표하러 가는 차 안에서야 연설문을 쓰기 시작했어요. 출마 선언장에 도착하자 사람들이 미어 터질 정도로 가득 차 있었죠. 누구나 긴장할 수 있는 상황이었어요.

사회를 맡은 남자가 오드리를 소개하자 오드리는 마치 공원을 날려버릴 듯한 씩씩한 기세로 연단에 올랐어요. 오드리의 연설은 매우 재미있었고, 재치가 넘쳤어요. 딸을 가진 아버지라면 누구나 좋아할 방식으로 오드리는 아버지의 장점을 침착하고 우아하게 전달했어요.

만약 제가 아무런 정보없이 당일 오드리의 연설을 들었다면 분명히 한 달 전부터 자기 모습을 카메라로 찍어가며 연습했다고 생각했을 정도로 오드리는 멋진 연설을 했어요."

네거티브는 없습니다. 이상 끝!

펜스는 수년간 선거를 치르면서 고집했던 대로 절대로 네거티브, 인신공격을 하지 않았다. 펜스는 상대 후보의 약점을 공격하지 않았을 뿐 아니라 선거 기간 내내 품위를 떨어뜨리는 단어조차 사용하지 않았다. 펜스는 미국인, 정치인이기 전에 '크리스천'으로 정체성을 드러내고 싶어했다.

펜스는 진심으로 기도를 중요하게 여겼고, 성경 말씀을 따라 살아가려고 노력했다. 당선도 중요했지만 무엇보다 중요한 것은 신앙이었다. 그에게 다른 것은 모두 부차적인 것이었다.

펜스는 12년 동안 의회에서 일했다. 그리고 운 좋게 법이 개정되어 그동안 인디애나주의 70%가 넘는 지역에 펜스가 나오는 광고가 방영되었다. 무려 12년 동안 인디애나주 대부분의 주민들이 펜스가 누구이고 무슨 일을 했는지 이미 알고 있었기에 주지사 선거는 매우 유리한 위치에서 치를 수 있었다.

그러나 펜스는 방심하지 않았고 직원들이 보기에도 믿을 수 없을 정도로 매우 열심히 선거운동을 했다.

펜스는 12년 전부터 선거운동을 도왔던 미디어 담당 엘사스에게 '미국의 아침'이 느껴지는 광고를 제작해 달라고 부탁했다. 선거가 시작되고 시간이 흘러갈수록 분위기는 점점 치열해졌다. 상대 후보의 적극적인 공세에 여러 후원자, 조언자들이 펜스에게 네거티브 공격을 하자며 압박했다.

펜스는 '다른 사람의 약점, 단점을 공격하는 것은 성경적이지 않다'라는 이유로 성경 말씀을 인용해 모든 제안을 거절했다.

펜스는 직원들 그리고 자주 만나는 사람들의 어려움이 무엇인지를 알고 기도하는 사람이었지 남을 헐뜯고 비방하는 사람이 아니었다. 그것이 비록 상대방 후보일지라도 다를 것은 없었다.

'진짜배기' 마이크 펜스

펜스의 선거운동을 보고 관심이 생긴 사람들은 펜스를 조금이라도 아는 사람을 찾아갔다. 대부분 유세 중 드러난 모습이 펜스의 진짜 모습인지에 대해 물었다. 그들은 대부분 같은 대답을 들었다.

"펜스는 '진짜배기'입니다.

굉장히 진실되고 참된 신앙을 가진 사람이에요."

사람들은 겉으로 보이는 펜스의 모습이 진짜인지 의심했다. 정치인들은 표를 모으기 위해 그럴싸한 모습을 지어낸다는 사실을 유권자들은 이미 알고 있었다. 믿음을 이용하는 사람, 남을 생각하는 척하는 사람, 유능한 척하는 사람 등 그 모습은 매우 다양했다.

그러나 펜스는 달랐다. 조금이라도 펜스를 아는 사람이라면 그의 믿음이 꾸미지 않은 '진짜'임을 인정했다. 펜스의 믿음은 그의 삶에서 가장 중요한 것이었으며, 부끄럽지 않은 것이었으며, 솔직하게 사람들에게 전해야 하는 복음이었다.

펜스를 잘 아는 리거(Reger) 역시 다른 정치인들과 다른 펜스의 진짜 신앙을 인정했다.

"정치인들이나 운동선수들이 공개적인 장소에서만 주님을 사랑한다고, 자신이 크리스천이라고 고백을 하죠. 이런 모습에 신물이 난 사람들은 펜스의 믿음도 당연히 의심할 수 있습니다. 말로 한다고 해서 다 믿을 수 있는 세상은 아니니까요. 그러나 펜스와 많은 시간을 보낸 사람은 펜스가 진짜 크리스천이라는 사실만큼은 결코 인정하지 않을 수가 없습니다."

펜스의 곁에서 언제나 참모 역할을 담당했던 빌 스미스를 비롯해서 많은 직원들은 펜스의 믿음 때문에 펜스와 함께 일하는 것을 좋아했다.

"펜스는 확고하고 동정심이 많으며 배려심이 많죠. 그리고 자신이 무엇을 믿는지, 왜 믿는지를 알고 있는 진짜배기 믿음을 가진 사람이기도 해요. 그의 세계관은 한결같고, 믿음은 그의 모든 결정에 큰 영향을 미쳤죠. 그는 자신의 믿음을 감추지 않고 비밀로 하지도 않아요. 펜스의 믿음은 무엇보다도 그가 살아온 방식으로 증명됩니다.

펜스의 삶은 믿음을 선포하는 삶을 살고 싶어 하는 사람들의 롤 모델이 될 수 있을 거예요. 펜스는 비공개로 무료 급식소를 찾아가 봉사하면서 아이의 신발 끈을 묶어주기 위해 몸을 숙이는… 진정한 섬김의 마음을 가진 사람이에요."

가장 가까운 자리에서 12년 넘게 펜스를 도운 스미스는 "펜스의 삶에는 믿음이 분명하지 않았던 때가 사실상 존재하지 않았다"라고 회상했다.

펜스가 거짓을 상대하는 방법

「스트러터지 그룹 회사」의 설립자인 렉스 엘사스는 펜스가 선거에 세 번째 출마했을 때 그랬던 것처럼 펜스의 주지사 선거운동을 위해서도 광고를 만들었다. 이번에도 네거티브 공격은 일절 없었다. 그러나 야당과 언론은 펜스를 향해 집중적인 네거티브 공격을 펼쳤다.

엘사스는 당시를 회상하며 이렇게 말했다.

"우리는 상대방이 확인되지 않은 사실들을 진실처럼 말할 때 좌절했고 마음이 매우 힘들었어요. 그러나 펜스는 같은 방식으로 맞서지 않았어요. 지난 경험으로 이미 선거가 끝난 후에도 명예를 지켜야 한다는 사실을 잘 알고 있었어요."

심콕스는 펜스라면 큰 문제가 없을 것이라고 생각했다. 펜스라면 믿을 수 있었다. 그는 변화를 이뤄낼 수 있는 펜스의 능력을 직접 목격한 사람이었다.

어느새 선거일이 다가왔다.

펜스와 부지사 후보인 엘스퍼만, 선거를 도와준 직원들과 그들의 가족들은 결과를 지켜보기 위해 루카스 오일 스타디움(Lucas Oil Stadium)으로 모였다. 결과는 펜스의 승리였다. 결과가 발표되자마자 펜스는 사람들과 즉시 큰 원을 만들어 하나님께 감사 기도를 드렸다.

펜스는 가족들끼리만 잠시 시간을 보내기 위해 아내와 자녀들과 욕실로 들어갔다. 펜스

인디애나 주지사 당선 때 어머니 낸시와 포옹

가족은 먼저 하나님께 감사를 드렸고 가족끼리 선물을 교환했다. 선물교환은 펜스가 처음으로 선거운동을 벌였을 때부터 해오던 가족의 작은 전통이었다.

캐런을 위한 깜짝 선물

전통에 따라 선물을 교환한 펜스 가족은 캐런을 위해 준비한 깜짝 선물을 전달했다. 정치인의 아내이자, 세 아이의 엄마로서 보이지 않는 곳에서 누구보다 헌신하며 작은 역할도 소홀하지 않았던 캐런의 헌신에 대한 감사의 표시였다.[2] 자녀들은 선거 기간 내내 엄마에게 들었던 조언 중 가장 인상 깊었던 내용을 액자에 적어 선물로 건넸다. 자녀들은 이 선물을 '엄마의 명언'이라고 이름 붙였다.[3]

"외부에서 일어나는 일이 저의 내면에 일어나는 일에 영향을 미치도록 두지 않을게요." - 마이클

"자신의 꿈을 이루면서 다른 이들의 꿈을 위해 싸우는 법을 자녀들에게 가르치세요." - 샬롯

"듣고 있어요. 저는 엄마의 말에 귀 기울이고 있어요."
 - 오드리

캐런은 이 선물들이 자신의 인생에서 가장 가치 있는 선물이라고 말했다.[4]

펜스 가족은 가족끼리 간단한 행사를 마친 뒤 경기장에서

펜스 가족

열린 승리 대회에 참석했다. 이 자리에서 펜스는 "모든 것이 바뀌었지만 또한 아무것도 바뀐 것은 없다"라고 말했다.[5] 이는 전부 맞는 말이었다.

2013년 1월 14일, 펜스는 인디애나 주지사로 임명되어 취임 선서를 했다. 펜스가 선서를 위해 손을 올린 성경은 미국의 23대 대통령인 벤저민 해리슨(Benjamin Harrison)이 취임 선서를 했을 때 사용한 성경이었다. 해리슨은 취임식에서 다음의 말씀에 표시를 했다.

"내가 산을 향하여 눈을 들리라 나의 도움이 어디서 올꼬"(시편 121:1)

펜스는 역대하 1장 말씀에 표시를 했다.

"이 밤에 하나님이 솔로몬에게 나타나사 이르시되

내가 네게 무엇을 줄꼬 너는 구하라"(역대하 1:7)

"주는 이제 내게 지혜와 지식을 주사

이 백성 앞에서 출입하게 하옵소서

이렇게 많은 주의 백성을 누가 능히 재판하리이까"(역대하 1:10)

선서를 마친 펜스는 첫 연설에서 인디애나주의 다른 지도자들에게 나라를 위해 함께 기도해 줄 것을 요청했다. 펜스는 마태복음 25장의 말씀을 인용하며 말했다.

"어르신들, 병든 사람들, 몸이 불편한 사람들을 우리가 진심으로 걱정하고 연민의 마음을 가질 수 있도록 기도해 주십시오. 예수님에게 「너는 나를 섬겼다」라고 칭찬받은 사람들이 「언제 우리가 주를 섬겼습니까?」라고 물을 때 예수님은 다음과 같이 말씀하셨습니다.

「굶주린 사람, 헐벗은 사람, 어려움에 처한 사람, 네가 그들을 위해 아주 작은 도움이라도 베풀었을 때 그 일이 바로 나를 위해 한 일이다.」

이 말씀처럼 우리가 아주 작은 최소한의 도움이라도 이들에게 베풀 수 있는 마음을 갖게 해달라고 함께 기도합시다."[7]

취임식에서 대표 기도를 맡은 「그린우드 커뮤니티 교회」의 담임 찰스 레이크 목사는 다음과 같이 기도했다.

"주님은 지혜가 부족하다고 인정하며 구하는 자에게 신령한 지혜를 주시기로 약속하셨사오니. 펜스 주지사가 구하는 것 이상의 지혜를 주소서.

인디애나주가 당면한 문제들에 인내심을 가지고 버티게 하시고 경제적인 어려움과 압박에도 쓰러지지 않게 하소서.

더 나은 인디애나주를 위해 어떻게 해야 하는지 밝히 보여 주소서.

도덕적 신념과 영적인 약속을 충실히 지키며 살았던 펜스 주지사의 삶이 앞으로도 이어지도록 힘과 용기를 주소서.

지금도 멸시받고, 고통받는 주민들의 삶을 개선하도록 노력하게 하시고, 믿음에도 충실하며, 이기적인 마음을 버리고 기꺼이 헌신하는 섬김의 기쁨을 누리게 하소서.

타협보다는 옳은 일에 대한 확신, 자부심보다는 올바른 근거, 정치적 정당성보다는 바른 원칙을 선택하도록 도와주소서. 아멘!"

인디애나주로 복귀

캐런은 이제 다시 인디애나로 돌아와 관저에 머물게 됐다. 캐런은 일종의 귀향처럼 느꼈다. 또한 그녀는 주지사 영부인

(First lady of Indiana)이 된다는 것은 사생활을 잃어버리는 것과 같은 의미임을 알고 있었다. 자신이 이런 상황에 잘 대처할 수 있을지 몰라서 캐런은 영부인 경험이 있는 주디 오배넌(Judy O'Bannon)을 찾아가 조언을 구했다. 주디 오배넌의 남편은 1997도 인디애나 주지사였던 프랭크 오배넌(Frank O'Bannon)이다. 그녀는 주지사 영부인의 삶이 어떤지 누구보다 잘 알고 있는 사람이었다.

"그냥 극복해야 해요. 받아들이고 극복하는 수밖에 방법이 없어요."

캐런은 이 조언을 받아들였다. 그냥 받아들이고 극복하는 수밖에 없었다. 대중의 주목은 당연히 받을 것이고 사생활도 제한 받을 것이다. 그 사실을 인정하고 좋은 방향으로 이용하는 것이 지금 상황에서의 최선의 방법이었다. 이 사실을 캐런도 알고 있었다.[8]

펜스가 오토바이를 좋아한다는 걸 아는 많은 유권자들이 주지사 취임식 때 할리데이비슨을 타고 들어가라고 권유했다. 펜스는 "오토바이를 탄 펜스보다 말을 탄 펜스를 더 많이 볼 수 있을 것"이라는 농담으로 거절했다.[9]

워싱턴에서 사는 12년 동안 인디애나를 그리워했던 캐런은 귀향을 매우 기뻐했다.

"인디애나는 매우 특별한 곳이에요. 인디애나 주민 같은 사람들은 어디에도 없어요!"[10]

영부인의 바쁜 일정

펜스와 결혼 후 12번 넘게 이사를 해왔던 캐런은 좋은 영부인이 되고 싶었다. 캐런은 영부인 경험이 있는 사람들에게 남편을 지원할 수 있는 가장 적합한 역할이 무엇인지를 묻곤 했다.

"캐런은 캐런답게"가 가장 많이 들은 대답이었다. 어디서나 펜스답게 행동하는 남편처럼 캐런도 캐런답게, 있는 그대로의 모습대로 행동할 때 인디애나 주민들의 사랑과 지지를 가장 많이 받을 수 있으리라 생각했다.

관저로 이사하고 며칠 뒤 캐런은 담낭 수술을 받았다.

어느 정도 회복이 되고 그녀는 성경 공부를 시작했다. 얼마 뒤에는 그림을 다시 그렸고 여러 대회에서 상도 받았다. 다시 시작한 그림은 그녀에게 또 다른 사업을 시작할 기회를 선사했다.

캐런은 인디애나 영부인이 된 첫해에 어린이, 가족, 예술 활동을 하는 개인과 단체를 장려하기 위해 연방소득세가 면제되는 비영리 단체 자격(501 (c) (3))을 갖춘 「인디애나 영부인 자선기금」(Indiana First Lady's Charitable Foundation)을 설립했다.

펜스는 주지사 취임 후 3년 동안 라일리 어린이 병원(Riley Children's Foundation)의 환자들이 미술 치료 프로그램을 받을 수 있도록 10만 달러를 기부했다.

펜스는 라일리 어린이 병원 외에도 인디애나주의 결식 아동을 돕는 단체 「피딩 인디애나스 헝그리」(Feeding Indiana's Hungry)에 6만5000달러, 인디애나 주의 전통을 보존하고 미래 세대를 지원하는 200년 역사의 유서깊은 단체 「인디애나 바이센테니얼 위원회」(Indiana Bicentennial Commission)에 10만 달러 등 다양한 곳에 많은 후원금을 기부했다.

캐런은 미술 치료의 이점을 잘 알았기 때문에 이와 관련된 일에 더욱 열정적으로 참여했다. 특히 너무 심한 고통으로 '감정, 정신, 육체, 영적인 좌절과 체념'으로 아픔을 표현하지도 못하는 아이들을 볼 때면 더욱 열정적이 됐다. 캐런은 라일리 어린이 재단의 이사이자 라일리 아동 병원의 미술 치료 프로그램의 명예 의장이 되었고 다양한 기금 모금 행사에서 직접 그린 작품들을 기증했다.

캐런은 어린이 암 환자와 암환자의 가족들이 겪고 있는 정서적 스트레스와 트라우마 치료를 돕기 위해 워싱턴의 어린이 병원들이 사용하는 예술 치료 프로그램 「트레이시 키즈」(Tracy's Kids)의 이사회에서 일하기도 했다. 트레이시 키즈는 소아암 환자와 환자의 가족들이 적극적으로 암과 싸울 수 있도록 정서적인 준비를 돕는다.

1980년대 후반 초등학교에서 교사로 캐런과 동료로 만난 뒤 나중에는 캐런의 자선 이사회에서 함께 활동한 마릴린 로그던(Marilyn Logsdon)은 캐런에 대해 이렇게 말했다.

"캐런은 펜스가 인디애나를 잘 이끌수 있도록 돕는 훌륭한 조력자였어요. 저는 캐런을 '기도의 여인'이라고 생각해요. 캐런은 항상 '우리가 이 보조금에 대해 사용하기 전에 지혜와 분별력을 달라고 주님께 간구하자'라고 말했어요."

교회와 성경 공부

1984년 펜스 부부가 처음 칼리지 파크 교회(College Park Church)에 출석했을 때 이 교회는 단 네 가정만이 섬기는 작은 교회였다. 그런데 세월이 흘러 주지사가 된 펜스가 다시 이 교회에 출석했을 때는 2,000명이 넘는 성도가 예배를 드리는 대형 교회로 성장해 있었다. 펜스는 예전부터 종종 교제해 오던 형제와도 같은 사이인 드류 머레이(Drew Murray) 부부와 함께 교회에 출석했다. 경호팀의 경호를 받으며 펜스 가족은 매주 빠짐없이 예배에 참석했다.

또 펜스는 주지사가 된 그 주부터 한 주도 빠지지 않고 매주 목요일마다 관저에서 성경 공부를 시작했다. 몇몇 사람들을 초대해 함께 성경을 공부하고 1시간 정도 기도하는 모임이었다. 일주일에 1시간이라는 짧은 시간이었지만 함께 기도하며 하나님의 말씀을 공유하는 시간은 모임에 참석한 사람들을 영적으로 끈끈하게 이어줬다. 이들은 가족의 문제나 건강 등 세세한 사항들도 공유하며 서로를 위해 기도했다.

이 모임의 멤버 중 한 명인 심콕스는 펜스에게는 다음과 같은 매우 인상 깊은 두 가지 특징이 있다고 말했다.

"첫째는 펜스의 성경입니다.

펜스의 성경에는 거의 모든 페이지마다 필기가 되어있고 포스트잇이 붙어 있었어요. 얼마나 많이 읽었는지 모를 정도로 성경은 너덜너덜했죠. 누가 봐도 수없이 성경을 펼치고 공부했다는 것을 느낄 수 있을 정도였어요.

둘째는 성경에 대한 펜스의 지식입니다.

성경에 나오는 말씀과 인물에 대해 다양한 관점을 주제로 대화를 나누곤 했는데 펜스는 어떤 주제, 어떤 인물에 있어서도 막히는 법이 없었어요. 마치 미리 공부한 사람처럼 어떤 언급에도 즉각적으로 대답했죠. '성인(Saint)은 성경을 많이 보느라 팔꿈치에 굳은살이 배긴 사람이다'라는 말이 있는데 펜스가 마치 그런 사람이었어요. 펜스는 성경에 매우 진지한 사람이었고 기도의 힘에 대해서도 잘 아는 사람이었어요."

뉴욕 타임스(The New York Times)에 실린 네이트 실버(Nate Silver)의 기사에 따르면 펜스는 미국에서 두 번째로 보수적인 주지사였다.[11] 인디애나 주민들은 이 결과에 매우 만족했고 펜스를 주지사로 뽑았다는 사실에 자부심을 느꼈다.

주지사를 이끄는 믿음

부지사인 엘스퍼만은 펜스의 믿음이 주지사의 역할을 올바로 수행하도록 이끌었다고 말했다.

펜스는 모든 일에서 가장 먼저 크리스천으로서의 가치를 생각했다. 주지사 펜스의 책상에는 항상 성경이 놓여 있었다. 그리고 모든 공적 모임은 기도로 시작했고, 매번 성경 말씀을 인용했다. 펜스가 직원들과 나누는 대화에도 대부분 믿음이 밑바탕에 깔려있었다. 펜스는 모든 업무를 믿음으로 처리했다. 모든 일을 올바로 분별했으며 성경을 통해 통찰력을 얻었다.

모든 직원 회의 역시 매번 기도로 시작했다.

엘스퍼만은 부지사로서 펜스의 모습을 가까이서 지켜봤지만 펜스의 믿음이 업무에 방해가 된다고 느끼지는 않았고 과하거나 혹은 불쾌하다고 여기지도 않았다고 말했다.

"우리의 눈에는 펜스가 하나님의 인도를 받고 있는 것이 보였어요. 펜스의 믿음은 정말로 주님만을 향하고 있었어요. 그의 믿음은 매우 균형 잡힌 믿음이었어요. 크리스천이 아닌 사람이 볼 때도 과하다거나 불쾌하지 않았어요. 그러나 신실한 크리스천이 보기에는 매우 감사할 수 있는 삶을 살았죠.

펜스는 이 사실을 잘 알고 있었고 만나는 모든 사람들을 존중했어요. 국가가 어떤 길을 가야 할지, 사람들을 돕기 위해 최선의 방법을 찾는 것이 자신이 할 일이라고 생각했죠.

저는 4년이 넘는 시간 동안 펜스와 함께 회의를 했지만 한 번도 사람을 존중하지 않는 모습을 본 적이 없습니다. 그는 자신의 힘을 과시할 수 있었고, 권력으로 다른 사람을 마음대로 할 수 있었지만 단 한 번도 그러지 않았습니다. 심지어 하원 지도부, 상원 지도부, 소수당, 다수당 등 어떤 사람을 만나든지 항상 겸손하게 행동했어요. 펜스는 만나는 모든 사람들에게 개인적으로 관심을 가졌습니다."

펜스는 주지사가 되어서도 하원 의원 시절과 비슷한 철학으로 국정을 운영했다. 주정부의 역할을 최소한으로 제한했고 되도록 낮은 세율을 매겼다. 참전 용사들을 기억하고, 낙태 폐지를 옹호했으며, 가난한 사람들을 위한 교육 기회와 불우한 노인들을 위한 재정 지원을 이끌었다. 또한 실업자들을 위한 일자리 창출에도 집중했다.

이런 펜스의 노력으로 인디애나주의 실업률은 2013년 1월 8.5%에서 2016년 11월 4.1%로 꾸준히 떨어졌다. 인디애나 주민 대부분이 펜스의 정책으로 인한 혜택을 누렸다.

펜스는 설령 일이 생각대로 되지 않더라도 화를 내거나 다른 사람에게 책임을 돌리지 않았다. 그리고 결코 다른 사람의 자존심에 상처를 주지 않았다. 모든 직원들은 펜스가 자신들의 인격과 능력을 존중한다고 느꼈고 최선을 다해 정책을 도왔다. 직원들 스스로가 자신을 중요한 사람이라고 여기는 것은 펜스가 가진 뛰어난 재능 중 하나였다. 직원들은 자신들의 노력이 좋은 변화를 만들어 낼 수 있다는 사실을 깨닫고 더욱 열심히 일했다.

펜스의 뛰어난 리더십과 훌륭한 언행은 단연 눈에 띄었다. 민주당과 공화당, 양당의 인사들과 보수층 사이에서는 펜스가 2016년 대선에 출마해야 한다는 이야기들이 흘러나왔다.

뉴욕에서 열린 리더십 수련회에서 펜스를 처음 만난 디슨 (Deason)은 펜스의 첫인상을 다음과 같이 회고했다.

"펜스를 처음 본 후 그가 차기 대통령이 되어야 한다고 생각했습니다. 그는 매우 뛰어난 연설 실력을 가졌고, 무엇보다 미국이라는 나라와 도덕적, 보수적 가치에 대한 열정을 갖고 있었습니다."

14

우선순위에 집중하기

"너희는 먼저 그의 나라와 그의 의를 구하라
그리하면 이 모든 것을 너희에게 더하시리라"

– 마태복음 6:33 –

식을 줄 모르는 뜨거운 열정과 위기상황에서도 침착
하고 냉철한 리더십으로 인디애나주를 이끄는 펜스의 모습은
같은 공화 당원 뿐 아니라 민주 당원까지 놀라게 했다. 펜스
부부는 공화 당원들과 함께 하는 만찬을 자주 주최했지만 이
만찬에는 민주 당원들도 많이 초대했다. 캐런의 집안에는 민
주 당원이 많았기 때문에 펜스 부부는 같은 진영이 아니라고
해서 무조건 배척하지는 않았다.[1] 또한 이런 식의 편 가르기
는 성경적인 원리에도 맞지 않았다.

주지사가 된 펜스는 국회의원 시절보다 더 자주 공식 행사

에 참석했다. 참석하는 행사가 많아질수록 당연히 만나는 사람들도 더 늘어났다. 이는 펜스가 더 많은 사람들의 의견과 요청을 들어야 한다는 뜻이기도 했다. 펜스는 특히 같은 크리스천들과의 만남을 매우 좋아했다.

크리스천들은 펜스를 볼 때마다 "당신을 위해 기도하고 있어요"라고 말하곤 했는데 이 말에는 진심이 담겨있었기에 펜스는 이 말을 들을 때마다 가슴이 뭉클해졌다.[2] 때로는 사람들이 펜스에게 기도 제목을 물으면 펜스는 항상 "가족을 위해 기도해 주십시오"라고 대답했다. 펜스 자신을 위한 기도는 이미 많은 사람들이 해주고 있음을 알았기 때문이다.

다른 사람을 위해 열심히 기도하는 펜스

펜스 부부의 지인들은 무엇보다 아내 캐런의 기도가 펜스의 신앙에 큰 영향을 미쳤다고 말한다. 아내의 기도가 있었기에 펜스의 믿음의 여정도 존재할 수 있었다는 것이 지인들의 공통적인 증언이다. 캐런은 뛰어난 리더십을 발휘해 다른 정치인들에게도 기도의 힘에 대해 종종 전하곤 했다.

캐런은 1984년부터 「인디애나 리더십 조찬 기도모임」(Indiana Leadership Prayer Breakfast)의 운영 위원으로 활동했기에 여러 주지사들을 만날 기회가 있었고, 짧은 시간이나마 대화를 나눌 수 있었다.

펜스도 아내의 기도에 특별한 힘이 있다는 걸 알았는지 중요한 일이 있을 때면 늘 기도를 부탁했다.

「인디애나 리더십 조찬 기도모임」 위원들은 모임 전날 함께 저녁 식사를 하며 기도 모임을 준비하는 것이 일종의 관례였다. 장소는 도심의 여러 식당들이었다. 펜스는 먼저 이 모임 장소를 주지사 관저로 옮겼다. 그리고 매번 저녁 식사 때마다 캐런에게 대표 기도를 요청했다. 일반적으로는 위원회 멤버들이 돌아가면서 대표 기도를 하는 것이 또 다른 관례였지만 펜스는 아내의 기도에 더 특별한 능력이 있다고 믿었다.

30년 넘게 「인디애나 리더십 조찬 기도모임」에 참석했던 마크 베일리는 여러 주지사 중에 펜스가 가장 이 기도 모임에 진심이었다고 말했다.

"역대 기도 모임에 참석한 주지사 중에 펜스보다 더 진실한 신앙을 고백하는 사람을 아직 보지 못했어요. 시간이 지날수록 펜스는 성경을 더 많이 외웠고 더 많이 기도하기 시작했죠. 펜스는 조찬 기도 모임에 단 한 번도 빠진 적이 없었습니다. 매번 드리는 기도와 기도의 중요성에 대한 강연은 매우 감동적이었어요. 펜스는 마치 자신의 삶처럼 진심이 담긴 사려 깊은 기도가 무엇인지를 우리에게 보여줬어요."

주지사가 되고 몇 달이 지난 후 펜스 부부는 베일리 부부와 함께 교회를 옮겼다. 1800년대 후반 감리교에서 분리된 매우 보수적인 교파였는데 펜스 부부는 이 교회에서의 신앙생활이 믿음에 더 도움이 될 것이라고 생각했다.

기도의 힘 나누기

펜스는 주지사로 활동하면서도 틈만 나면 믿음, 기도의 힘, 지켜야 할 보수적인 가치에 대해 사람들에게 이야기했다.

"우리는 예수님과 함께 은혜의 보좌에 다가가야 합니다. 기도와 탄원, 감사와 함께 모든 일에 대한 간구를 하나님께 전해야 합니다. 또한 우리는 책임 있는 자리에 있는 리더들을 위해 기도할 것을 주님으로부터 명령받았습니다."

펜스가 좋아하는 성경 말씀 중 하나는 사무엘상 12장 23절 말씀이다.

"나는 너희를 위하여 기도하기를 쉬는 죄를 여호와 앞에 결단코 범치 아니하고 선하고 의로운 도로 너희를 가르칠 것인즉"

기도는 우주를 창조하시고 모든 생명을 창조하신 궁극의 절대자에게 도움을 요청하는 일이다.

C.S. 루이스는 기도의 힘에 대해 다음과 같이 말했다.

"기도가 항상 모든 것을 바꾼다고 말할 수는 없습니다.

그러나 기도는 항상 나를 변화시킨다고는 분명히 말할 수 있습니다."

기도로 하나님의 뜻에 맞춰 스스로를 변화시키고 나라를 구한 링컨은 다음과 같이 말했다.

"나는 내가 무엇을 해야 할지 모를 때마다 항상 주님 앞에 무릎을 꿇었다."[3]

펜스 부부도 안정적인 가정생활에 지속적인 기도가 필수라고 믿었다. 부부는 매일 아침 기도를 드리고 성경을 읽으며 하루를 시작했다. 간단히 말하면 Q.T.로 매일 하루를 시작했다. '세상에서 꿈꾸는 것보다 하나님께 기도할 때 더 많은 것이 이루어진다'라는 테니슨(Tennison)의 말을 펜스 부부는 믿었다.[4]

자녀를 위한 기도 일지

캐런은 첫째인 마이클의 세 번째 생일 즈음인 1994년 11월부터 자녀를 위한 기도 일지를 쓰기 시작했다. 그 후 두 명의 자녀가 더 태어나자 캐런은 세 명의 자녀를 위한 기도 일지를 썼다. 펜스 부부는 결혼 후 몇 년 동안 아이가 생기지 않자 이 문제를 두고 열심히 기도했었다.

펜스는 당시를 다음과 같이 회상했다.

"오랜 기다림 끝에 마침내 하나님이 아이들을 우리 부부에게 보내주셨을 때, 우리는 집에서 기도하는 일에 매우 익숙해 있었어요. 아이들이 태어나자 아내는 작은 일기장을 하나 사서 기도 일지를 쓰겠다고 했어요. 캐런은 아이들이 대학에 입학할 때마다 기도를 적었던 페이지들을 복사해 주곤 했어요."[5]

아들 마이클을 위한 캐런의 첫 번째 기도 일지의 내용이다. "마이클이 세 살이 되기 전에 기도 일지 쓰기를 시작하고 싶었다. 앞으로 어떻게 될지는 나도 모르겠다. 단지 내가 바라는 것은 이 기도 일지가 '응답 받은 기도 제목을 기록하는 일기'가 되는 것이다. 훗날 아이들이 충분히 자랐을 때 주님이 우리 아이들의 삶에 얼마나 멋지게 관여하셨는지를 다른 무엇보다 알게 하고 싶다"

캐런은 항상 가족들을 위한 기도를 쉬지 않았고 그 기도가 펜스 가족을 지탱하는 힘이었다.[6]

펜스가 주지사로 재직 중이던 2013년도에 펜스 부부는 세 자녀와 함께 증조부의 나라인 아일랜드로 휴가를 떠났다. 펜스는 1980년 대학을 졸업하고 먼 친척들을 찾아 아일랜드를 방문한 적이 있었다. 펜스 부부는 그때처럼 자녀들이 가문의 뿌리가 어디서 왔는지를 깨닫기를 바랐다. 펜스의 할아버지가 살았던 방 두 칸짜리 집은 사라진 지 오래였지만 대신 할아버지가 일구었던 농지를 볼 수 있었고 지금까지도 친척들이 운영하고 있는 사업장을 방문했다.

태어날 생명을 지키는 것

펜스는 소중한 생명을 지키기 위해 언제나 최전선에서 영적 싸움을 벌였다.

2016년 3월, 펜스는 다운증후군을 포함한 태아의 성별, 인종, 피부색, 출신, 조상, 장애를 근거로 낙태를 금지하는 「하원등록법(HEA) 1337」에 서명했다. 펜스는 이 법안이 인간의 삶이 가진 가치를 증명하는 포괄적인 조치라고 설명했다.

"주지사로서 가장 소중한 순간 중 하나는 장애를 가진 아이들, 특히 다운증후군 자녀를 키우는 가족들과 함께할 때입니다. 이 위대한 일을 감당하는 부모님들은 언제나 저에게 특별한 영감을 주죠. 이 아이들은 매우 특별하며 그들 안에 있는 열정은 저를 사랑과 기쁨으로 이끌어요.

「하원등록법(HEA) 1337」을 통해 우리는 태아를 보호하는 동시에 산모의 생명도 지킬 수 있습니다. 저는 하나님께서 이 소중한 아이와 어머니 그리고 가족들에게 계속해서 큰 복을 내리시기를 기도하는 마음으로 이 법안에 서명했습니다."[7]

인디애나 주민의 대다수는 이 법안을 옳다고 여겼지만 모든 사람이 그런 것은 아니었다. 연방 법원 판사는 '여성의 신체에 대한 권리를 배제한다'는 근거로 결국 이 법안을 막았다.

펜스는 여성의 신체에 대한 권리는 당연히 보장되어야 하지만 아직 태어나지도 않은 아기에 대한 권리 역시 보장되어야 한다고 생각했다. 임신부와 태아, 모두에게 권리가 있었다. 임신부는 처한 상황을 마음대로 정할 수 있고 낙태를 결정할 수도 있는 반면에 태아는 그럴 수가 없다. 때문에 누군가는 태아를 위해 목소리를 내야 했다.

펜스는 하나님이 주신 귀한 생명에 대해 큰 관심과 사랑을 갖고 있었다. 때문에 정치적으로 무리를 해서라도, 설령 모두의 지지를 받지 못한다 해도 이 법안을 통과시키려고 노력했다.

종교의 자유를 보호하다

2015년 봄, 펜스는 최근 몇 년 동안 주 의원들이 고려하고 있던 「종교 자유 회복법」(RFRA-Religious Freedom Restoration Act)이라는 인디애나주 상원 법안을 검토 중이었다.

「종교 자유 회복법」은 사업체나 개인이 종교적 신념을 지키고 이에 따라 행동할 수 있는 권리를 보장하는 법안이다. 주 하원은 찬성 40표, 반대 10표로 이 법안을 승인했다. 펜스도 이 법안에 서명하기로 결정했다.

법안이 통과되는 날 이 법안을 지지하는 다양한 종교의 지지자들이 몰려와 소란이 일었다. 그리고 이 법안은 더 큰 반향을 일으키는 기폭제가 되었다. 'LGBT'로 알려진 '레즈비언, 게이, 양성애자, 트랜스젠더'들의 각종 커뮤니티에서 이 법안이 "성소주자들의 인권을 해친다"라며 반발하고 나선 것이다.

크리스천과 다른 종교인들은 이 법이 종교적인 행사를 자유롭게 열 수 있는 권리와 양심의 자유를 보호한다고 주장했다. 그러나 미국 전역의 동성애자 및 인권 단체들은 이 법이 성소수자에게 불이익을 줄 수 있는 차별적인 법이라고 비난했다. 이들은 할 수 있는 모든 방법을 동원해 인디애나주에서 진행하기로 한 모든 행사를 취소하고 여행도 가지 말자고 '보이콧 운동'을 펼쳤다.

펜스는 "이 법은 성소수자들을 차별하는 것이 아니라 단지 종교의 자유를 침해받았다고 느낄 경우 법정에 갈수있는 기회를 주는 것"이라고 주장했지만 비평가들은 "펜스가 동성애자에 대한 기본권을 침해하려고 이 법안을 통과시켰다"라고 비난했다.

'정치적 올바름'을 이유로 성소수자의 권리를 옹호하고 지지하던 많은 기업과 단체들이 인디애나주 보이콧 운동에 참여했다. 예정되었던 행사들이 술줄이 취소됐고 동료인 공화 당원들도 펜스에게 등을 돌렸다. 하지만 펜스는 이에 굴하지 않고 입장을 고수해 나갔다.

사실 펜스가 통과시킨 이 법안과 비슷한 지침의 연방법이 이미 존재하고 있었다. 펜스는 연방 정부에서 이미 존재하던 이 법의 기준을 주 정부 차원에서 다시 확립하려고 했던 것뿐이었으나 아무도 진실에는 관심이 없었다. 일부 언론들은 이 사태로 최대한의 이득을 취하려는 듯이 일부러 더 크게 문제를 일으키고 있었다.[8]

펜스가 아무리 합당한 주장을 펼쳐도 'LGBT 권리 찾기 운동'의 열풍은 사그라들지 않았다. 이 문제가 대두되고 한 달 동안 '종교 자유법'에 대한 트윗이 20억 건 이상 올라왔고 전국의 수많은 미국인들이 성소수자의 인권 보장을 위해 시위를 벌였다.

막다른 벽에 다다르다

펜스는 그동안의 정치 인생에서 가장 큰 난관에 부딪혔다. 이미 말했듯 이 법안은 펜스가 만들어낸 새로운 법안이 아니었다. 비슷한 법들이 이미 몇몇 주에서 채택되고 있었고, 1993년 빌 클린턴 대통령 재임 당시 연방법으로 채택되었다. 이제 와서 펜스가 비난받을 이유는 전혀 없었지만 마치 약속이라도 한 듯 온 미국의 언론은 집중적으로 펜스를 비난했다.

그럼에도 펜스는 마음의 여유를 잃지 않았다. 모두의 말을 경청했고 더 많은 시간을 들여 간절히 기도했다. 매우 고통스럽고 힘든 시간이었지만 펜스는 매우 성실한 신앙을 바탕으로 이겨냈다."

펜스는 지금 무엇을 해야 하는지 알고 있었다. 그러나 외압이 너무 강력했다. 펜스는 법안 철회를 강요받고 있다고 느낄 정도로 큰 위압감을 느꼈다. 이 두가지 감정 사이를 오가며 펜스는 큰 혼란에 빠졌다.

펜스가 그동안 보여준 굳건한 신앙 때문에 이런 사건이 발생했다고 비판하는 사람들도 있었지만 이는 명백한 오해였다.

펜스가 결혼을 성경적인 정의를 따라 '한 남자와 한 여자의 결합'이라고 믿는 것은 사실이다.

그러나 그렇다고 해서 동성애자나 동성 결혼이 옳다고 생각하는 사람들을 차별하고 배척해야 한다고 생각하지는 않았다. 펜스는 오히려 차별하고 배제하는 행동들은 크리스천답지 못하다고 생각하는 사람이다. '하나님을 믿는다면 모든 사람의 존엄성을 인정해야 한다'는 게 펜스의 생각이었다. 펜스는 '동성애자이든, 레즈비언이든, 동성 결혼을 옹호하든 간에 그 사람 역시 하나님이 창조하신 존엄성을 지닌 인간이라는 사실은 변하지 않는다'고 믿었다.

펜스는 누구보다 타인을 존중할 줄 아는 사람이다. 그 누구도 예외는 없었다. 펜스는 정말로 모든 사람은 하나님이 창조하신 소중한 존재라는 사실을 믿었다. 이런저런 오해로 비난을 받을 때는 이런 평정심을 유지하기가 쉽지 않았지만 그럼에도 펜스는 도덕적인 선을 지키며 자신을 비난하는 사람조차 비난하지 않았다. 펜스와 그의 지인들, 직원들도 모두 같은 생각이었다. 성경 말씀처럼 **"네 이웃을 네 몸과 같이 사랑하는 일"**도 중요했으나 종교적 신념 때문에 박해를 받지 않도록 자유를 보장하는 일도 중요했다.

미국은 많은 인종들이 섞여 살아가기에 헤아릴 수 없을 만큼 다양한 생활방식과 종교들이 존재했다. 이런 이유로 종종 종교적 신념과 개인의 자유가 충돌할 때가 있었다. 이런 문제들을 해결하기 위해 법원이 존재하는 것이고 또한 모든 사람에게 합법적인 권리를 보장하기 위해 '종교 자유법'을 통과시킨 것이었다. 이런 방식의 해결법은 미국의 유구한 역사였지만 펜스가 그 어떤 방식으로 설명을 해도 문제는 더욱 커졌고 상황은 나날이 심각해졌다. [9]

법안의 옳고 그름과 상관없이 여론이 잠잠해지지 않고 계속해서 악화되자 정부, 정치인, 기업, 스포츠 스타 등을 비롯한 모든 사람들이 성소수자, 혹은 '성소수자의 권리를 옹호하는 사람들'의 눈치를 보기 시작했다.

법안 수정을 추진하다

인디애나주 의회는 일주일 만에 법안을 수정할 수밖에 없었다.

수정 법안에는 '성소수자를 보호하고 종교 자유법이 어떤 차별도 허용하지 않는다'는 내용이 명확히 포함됐다. 수정된 법안은 기존의 대상이던 '모든 개인과 단체'에서 '교회, 기타 비영리 종교단체, 성직자, 목사, 랍비' 등이 제외됐다.[10]

완전히 고립된 펜스는 강한 압박감을 느꼈고 2015년 4월 2일 개정된 법안에 서명했다. 그러자 이번에는 강경파 공화 당원들과 몇몇 교회 지도자들이 "펜스가 배신했다"라며 들고 일어났다.

펜스는 이 문제를 놓고 하나님께 정말로 많이 기도했다.

펜스와 직원들은 '변화를 나타내는 상징적인 단어, 차별과 피해를 받지 않기 위한 법안 수정, 모든 인디애나 주민들을 인정하고 존중하기 위한 방법 등 수많은 상황을 고려했을 때 결국 수정된 법안도 기존의 의도가 크게 훼손되지 않는다'고 생각했다. 그러나 이제 펜스는 오히려 양쪽에서 공격당하는 처지가 되었다.

펜스를 변호하러 모여든 친구들

어려운 상황에 놓인 펜스를 돕기 위해 친구들이 모여들었다. 정부의 요직에서 일하던 친구들은 자신의 일을 포기하고 기꺼이 펜스의 참모진에 합류했다. 그리고 펜스를 위해 더욱 뜨겁게 기도하는 사람들도 생겨났다. 많은 목회자들이 펜스를 더 이상 지지하지 않겠다고 맹렬히 비난했으나 그럴수록 펜스의 진심을 알아주고 그를 위해 기도해 주는 사람들도 많았다. 하나님을 향한 펜스의 믿음은 언제나 진심이었음을 가까운 사람들은 알고 있었다.

펜스의 직원이었던 핍스는 이렇게 말했다.

"펜스의 법안에 반대하는 사람들은 똘똘 뭉쳐서 펜스가 도덕적으로 타락한 사람이라고 한 목소리를 낼 겁니다. 그러나 만약 그들이 저에게 그들의 주장대로 '도덕적으로 타락한 펜스'가 어떤 사람인지 평가해달라고 말한다면 저는 펜스를 '당신의 자녀를 마음놓고 맡길 수 있는 사람'이라고 대변할 겁니다. 펜스의 인품, 품위, 그의 삶의 방식을 볼 때 부인할 수 없는 사실입니다. 펜스는 사익에 치우치지 않고 정말로 공명정대하게 살아가는 사람입니다."

레이크는 "펜스가 동성 결혼에 찬성하는 사람은 아니지만 그렇다고 동성애자를 차별하는 사람은 더더욱 아니다"라고 말했다.

펜스는 자신이 경건하지 못한 사람으로 느껴질 때 큰 좌절감에 빠졌다. 펜스는 인생에서 매우 힘든 시기를 보내고 있었다.

펜스는 항상 동성애자들이 동성애자라는 이유로 목숨이나 직장을 잃는 등의 차별을 받아서는 안 된다고 생각했다. 전 세계적으로 볼때 71개국에서는 아직도 동성애자라는 이유로 감옥에 가거나 사형을 당하고 있었다. 펜스는 이들이 차별받지 않도록 노력하는 사람이었지 이들을 차별하는 법안을 통과시키려는 사람이 아니었다. 펜스는 어떤 상황에서도 동요하지 않는 사람이었지만 종교 자유법을 놓고 일어난 일련의 사태에서는 매우 위험할 뻔한 상태에 놓여 있었다.

언론의 비난과 사람들의 규탄이 쏟아지는 어려운 상황 속에서도 펜스는 매몰되지 않고 언제나 그랬던 것처럼 자신의 신념과 정확한 논리로 난관을 헤쳐나갔다. 펜스의 이런 모습은 사람들에게 더 나은 리더로 보이게 했다. 같은 크리스천들이 펜스의 신앙과 인격을 모독했지만 그럼에도 펜스는 "나는 진실로 하나님을 신뢰합니다"라고 말했다.

"하나님의 섭리가 불합리하다고 느껴질 때도 하나님을 믿는 것은 큰 위안입니다."

이는 1893년 벤자민 해리스 대통령이 백악관을 떠나며 남긴 말이다. 이 말대로 펜스 역시 하나님을 신뢰했다.

"기도는 미끄러운 곳을 걸을 때 넘어지지 않도록 지켜주는 장치입니다. 기도로 간구한 것을 하나님이 들어주시지 않는다 해도 이 사실은 여전히 유효합니다. 기도의 능력에 대한 가장 큰 증거는 유명한 사람들의 명언이나 성경 말씀에서만 있는 것이 아닙니다. 기도의 능력에 대한 가장 큰 증거는 주지사 시절 제 경험에서 비롯됐습니다."[11]

성소수자를 지지하고 대변하는 사람들은 "종교 자유법이 펜스의 정치 경력에 오점을 남길 것"이라고 비판했지만 펜스를 아는 사람들은 그런 일은 일어나지 않을 것이라고 생각했다. 펜스는 오로지 마가복음 12장 말씀을 따라 살아가는 사람이었기 때문이다.[2]

"네 마음을 다하고 목숨을 다하고 뜻을 다하고 힘을 다하여
주 너의 하나님을 사랑하라 하신 것이요
둘째는 이것이니 네 이웃을 네 몸과 같이
사랑하라 하신 것이라
이에서 더 큰 계명이 없느니라"(마가복음 12:30-31)

전폭적으로 이스라엘을 지지하다

시간이 흐르면서 「종교 자유 회복법」(RFRA)에 대한 비판은 잦아들었다. 펜스는 그제서야 다른 일에 집중할 수 있었다. 그중에는 인디애나주의 유대인 공동체를 지원하는 문제도 있었다.

펜스는 인디애나 주민들과 이스라엘 사이의 경제적 유대 관계를 장려했다.[13]

펜스는 여러 차례 이스라엘을 방문했으며 '인디애나주에서 이스라엘을 보이콧하는 회사와 상업 거래하는 것을 금지한다'는 법안에 서명했다.[14]

재소자를 위한 기회

펜스는 인디애나주 전역의 재소자들이 삶을 더 나은 방향으로 변화시킬 수 있도록 노력을 기울였다.

펜스는 주지사의 권한으로 교도소 시스템을 개방적으로 만들어 많은 부처들이 도움을 줄 수 있도록 했다. 범죄와 가난은 깊이 연결되어 있었다. 가난한 사람들이 곤경에 처한 모습을 그냥 지나칠 수 없었던 펜스에게 재소자들을 위한 도움은 중요한 문제였다. 이는 성경의 가르침이기도 했다. 주지사가 된 펜스는 이런 일들에 책임감을 느꼈다.

펜스는 크리스천의 책임감을 매우 중요하게 여겼다. 블랙웰과 이 주제로 대화를 나눌 때 펜스는 주로 결혼생활의 중요성에 대해 얘기했다. 결혼은 그리스도 안에서 하나가 된 두 사람의 책임감있는 관계라고 펜스는 생각했다.

펜스는 블랙웰에게 전도서 4장 12절 말씀을 들어 결혼 생활을 설명했다.

"한 사람이면 패하겠거니와 두 사람이면 능히 당하나니

삼겹 줄은 쉽게 끊어지지 아니하느니라"

하나님을 중심으로 하는 남녀의 결혼이 '세 겹줄'의 연합이
라고 펜스는 생각했다. 하나님을 중심에 두고 결혼으로 연합
된 남자와 여자는 전도서 말씀처럼 끊어지지 않는 강한 줄이
되기 때문이다.

워싱턴에 있는 「미국 국립흑인역사문화박물관」(National
Museum of African American History and Culture)을 방문했던 펜스는
흑인인권운동을 이끈 마틴 루터 킹(Martin Luther King) 목사에게
도 이런 믿음이 있었다고 느꼈다.

"마틴 루터 킹 목사를 비롯해 흑인 인권, 그리고 시민과 기
본권을 위해 투쟁한 많은 리더들은 하나님의 진리가 모든 사
람에게 똑같이 임하고 믿어야 하는 보편적인 은혜라는 사실
을 믿었습니다. 그들은 이 명제를 통해 투쟁할 힘을 얻었습
니다."

펜스는 박물관을 둘러보며 자신의 생각을 확신했다. 펜스
는 이 믿음을 따라 상대가 누구든지 크리스천답게 대하려고
노력했다. 자신에게 잘못을 저지르고 사과하지 않는 뻔뻔한
사람이라도 펜스는 이 믿음을 따라 여전히 그를 존중하고 상
냥하게 대했다.

주지사가 명령한 결혼:
행정부의 넛지(nudge, 타인의 선택을 유도하는 부드러운 개입)

펜스는 언제나 유머감각을 잃지 않는 상사였으며 직원들의 농담이나 장난에도 잘 어울렸다. 엘스퍼만은 펜스의 유머 감각에 대해 다음과 같은 일화를 소개했다.

"저한테는 26살이 된 딸이 있었는데 남편은 딸을 빨리 결혼시키려고 했어요. 우리 딸과 2년간 사귄 정말로 딸에게 잘해주는 남자친구가 있었거든요. 추수감사절이 아직 되기 전 우리 부부가 펜스 부부를 만난 적이 있는데 갑자기 남편이 도움을 요청했어요.

'펜스, 당신의 도움이 필요해요. 딸의 남자친구가 청혼을 하도록 명령을 내려주세요.'

펜스가 주지사라는 위치에 있었기에 남편의 말이 진담인지 농담인지 알 수가 없었어요. 남편의 말을 들은 펜스는 한참 웃더니 남편에게 청혼 명령서를 써달라고 했어요.

'당신이 명령서를 써주면 제가 사인할게요.'

남편은 정말로 명령서를 써왔고 펜스는 사인을 했어요. 결혼을 유도하는 부드러운 개입이라는 의미로 우리는 그 명령서를 '행정부의 넛지'라고 불렀어요.

그해 크리스마스 때 딸과 남자친구를 집에 초청한 남편은 '행정부의 넛지'를 들고 어서 결혼하라며 큰소리를 쳤어요.

'이건 주지사의 사인이 있는 진짜 행정 명령이야!'

2016년 가을에 딸은 그 남자친구와 결혼했는데 우리는 펜스가 사인해준 '행정부 넛지 액자'를 들고 사진을 찍어서 보내 줬어요."

「종교 자유 회복법」(RFRA) 사건 이후 진보 언론들은 펜스가 이번 대선에 출마한다면 당선 가능성은 암울할 것이라며 도발했다. 하지만 많은 정치인과 보수주의자들 그리고 공화 당원들은 여전히 펜스가 대통령이 될 자격이 있다며 도전을 격려했다. 정작 당사자인 펜스는 겸허했다. 젊은 시절 의회에서 일할 것을 꿈꿨던 것은 사실이지만 자신이 그토록 사랑한 인디애나주의 주지사가 된다는 생각조차 꿈에도 해본 적이 없었다. 그런데 미국 대통령이라니….

주지사로서의 다음 임기

몇몇 친구들에게 조언을 구한 펜스는 인디애나주 주지사에 다시 한번 도전하기로 마음먹었다.

부지사인 엘스퍼만도 함께하기로 동의했지만 인디애나주의 명문인 「아이비 테크 커뮤니티 대학」(Ivy Tech Community College)의 대표 자리를 제안받고는 러닝메이트에서 물러나기로 결정했다. 펜스는 엘스퍼만의 결정을 전적으로 지지하고 응원했다. 펜스는 에릭 홀콤(Eric Holcomb)을 러닝메이트로 선정한 후 선거에 나섰다.

어떤 사람들은 "펜스가 부지사인 엘스퍼만을 쫓아냈다"라는 루머를 퍼트렸다. 그러나 이런 소문에 대해 엘스퍼만은 오히려 펜스를 옹호했다. 실제로 둘의 관계는 아무런 문제가 없었으며 여전히 서로 존중하는 관계였다. 단지 인디애나주를 위해 더 봉사할 수 있는 자리가 펜스는 주지사라고 생각했고 엘스퍼만은 아이비 테크 커뮤니티 대학의 대표라고 생각했을 뿐이다.

2016년 5월, 펜스와 홀콤은 공화당 예비 선거에 출마했다.

민주당의 변호사이자 인디애나주 하원 의장을 지낸 존 그레그(John Gregg)가 상대였는데 여론 조사 결과 팽팽한 접전이 예상됐다.

15

택정함

"미쁘다 이 말이여, 사람이 감독의 직분을 얻으려 하면
선한 일을 사모한다 함이로다 그러므로 감독은 책망할 것이 없으며
한 아내의 남편이 되며 절제하며 근신하며 아담하며
나그네를 대접하며 가르치기를 잘하며 술을 즐기지 아니하며
구타하지 아니하며 오직 관용하며 다투지 아니하며
돈을 사랑치 아니하며"

− 디모데전서 3:1~3 −

펜스가 인디애나 주지사 재선을 준비하고 있을 때 도널드 트럼프(Donald Trump)는 대통령 예비 선거운동을 시작했다. 당시 트럼프는 펜스를 비롯한 크리스천, 보수주의자들에게 지지를 받지 못하고 있었다. 펜스와 정치 생활에 서로 큰 도움을 주고받은 매킨토시도 트럼프보다는 테드 크루즈(Ted Cruz)를 지지해야 한다고 말했고 펜스도 이에 동의했다.

트럼프는 경선 승리를 위해 합당한 부통령 후보를 찾고 있었다. 뉴트 깅리치(Newt Gingrich) 전 하원 의장과 크리스 크리스티(Chris Christie) 뉴저지 주지사가 유력 후보에 올랐고 펜스도

후보 목록에 포함되어 있었다.

인디애나주 공화당 전당대회를 하루 앞둔 2016년 6월 10일, 펜스는 트럼프가 러닝메이트로 자신을 고려하고 있다는 소식을 들었다. 펜스가 인디애나폴리스 시내에서 열린 연회에서 지지자들과 만나고 있을 때 콘세코(Conseco) CEO이자 트럼프의 친한 친구인 스티븐 힐버트(Stephen Hilbert)에게서 연락이 왔다.

"만약 부통령 후보 제안을 받는다면 승낙하시겠습니까?"

"당장 확답할 수는 없지만 충분히 고려해 보겠습니다."

펜스는 연회장에 있던 아내에게 바로 이 소식을 전했고 비서실장인 짐 애터홀트에게도 이야기했다. 애터홀트는 트럼프의 제안을 신중하게 고려해야 한다고 조언했다.

펜스의 형 그레고리는 "트럼프가 나를 부통령 후보로 고려 중이래"라는 동생의 말에 단호하게 말했다.

"펜스, 너는 반드시 가야 해. 너에게는 선택권이 없어. 당의 주요 인사가 러닝메이트를 요청하는데 거절할 수는 없어."[1]

그레고리의 말은 매우 타당한 조언이었다.

한편 트럼프는 새로운 대법관 후보 21명의 명단을 언론에 공개했다. 모두 강하게 낙태를 반대하던 이력을 가진 사람들이었다. 트럼프는 또 사람들에게 영적으로 존경을 받는 복음주의자들로 구성된 「국가 신앙 자문위원회」(Spiritual advisory

committee)를 만들었다. 이들도 역시 강력하게 낙태를 반대
했다.

트럼프의 영적인 조언자들

트럼프는 오랜 시간 가까이 알고 지내던 사람들과 서로 다
른 믿음을 가진 종파의 사람들로 「국가 신앙 자문위원회」를
구성했다. 그리고 초기 위원들의 추천을 통해 계속해서 새로
운 인원을 추가했다.

「서던 복음주의 신학교」(Southern Evangelical Seminary)의 총장
리처드 랜드(Richard Land)는 트럼프를 지지하지는 않았지만 위
원회에 합류했다. 위원회에는 랜드와 같은 생각을 가진 사람
이 많았다. 하지만 그들은 일단 트럼프가 공화당의 대통령 후
보로 뽑힌다면 그를 불신하는 것보다는 필요한 조언을 해주
는 것이 더 필요한 일이라고 생각했다.

랜드가 "영적인 관점에서 조언을 구한다면 언제든지 돕겠
다"라고 말하자 트럼프의 사람들은 기다렸다는 듯이 물었다.

"첫 번째로 트럼프 후보에게 해줄 조언이 있으신가요?"

"펜스, 마이크 펜스를 부통령 후보로 뽑으세요. 트럼프가 당
선되어도 복음주의자들이 존중받을 수 있다는 사실을 알릴
수 있는 방법은 이것뿐입니다. 더 명확한 방법은 없습니다. 위

싱턴에서 펜스보다 더 존경과 신뢰를 받는 사람은 아마 없을 겁니다."

펜스는 아내 캐런과 이 문제를 놓고 깊이 기도했다. 그리고 언제나처럼 어떤 결정이라도 아이들에게는 명확하게 설명해주기로 했다.

2016년 6월의 어느 주말, 펜스 부부는 브라운 카운티에 있는 주지사 관저에서 이 문제에 대해 논의하고 있었다. 그런데 딸 샬롯이 우연히 두 사람의 대화를 들었다. 당시 상황을 샬롯은 다음과 같이 말했다.

"아빠가 트럼프의 러닝메이트가 될 수도 있다는 대화를 우연히 들었어요. 그런데 저는 전혀 놀라지 않았어요. 그래서 덤덤히 「아빠, 그거 좋은 제안인 것 같아요」라고 이야기했더니 아빠가 깜짝 놀랐어요. 아빠는 「트럼프의 러닝메이트가 된다는 얘기를 듣고 놀란 사람은 나뿐인가?」라고 농담을 하셨죠."[2]

펜스 부부는 부통령직을 수락하기에 앞서 두 가지를 고민했다.

첫째는, '부통령으로서 펜스가 해야 할 주된 일이 과연 무엇인가?'라는 것이었고, 둘째는, '개인적인 관계'였다. 그때까지 펜스 부부는 트럼프와 트럼프 부인, 트럼프 가족에 대해 아는 것이 전혀 없었다. 펜스는 결정을 내리기 전, 트럼프 가족과

함께 시간을 보내는 것이 좋겠다고 생각했다.⁽³⁾

트럼프 가족과 함께 한 주말

트럼프 후보의 선거대책위원장인 폴 매너포트(Paul Manafort)는 두 가족의 만남을 주선했다.

펜스 부부는 트럼프 대통령 후보의 초대를 받아 드폴 대학을 갓 졸업한 딸 샬롯과 함께 뉴저지주 베드민스터(Bedminster, New Jersey)에 있는 트럼프 내셔널 골프 클럽(Trump National Golf Club)으로 갔다. 펜스 가족은 트럼프, 그의 아내 멜라니아(Melania), 아들 배런(Barron)과 함께 7월의 주말을 함께 보내기로 했다. 펜스는 이전에 트럼프를 두 번 만난 것이 전부였다. 그때는 악수 정도만 하고 헤어졌기에 그가 어떤 사람인지는 알지 못했다.⁽⁴⁾

두 번의 만남 중 한 번은 펜스가 인디애나 주지사 선거에 출마했던 2011년이었다. 당시 펜스는 맨해튼(Manhattan)에 있는 트럼프 타워(Trump Tower)를 찾아가 선거운동을 위한 기부금을 요청했는데 트럼프는 흔쾌히 승낙했다.⁽⁵⁾

펜스의 오랜 친구이자 고문인 켈리앤 콘웨이도 트럼프 선거 캠프에서 고문으로 활동하고 있었다. 펜스는 콘웨이에게 트럼프를 만나 어떻게 대화를 풀어나가야 할지, 어떤 사안을 미리 알고 있어야 할지 등에 대해 조언을 구했다.

콘웨이는 다른 무엇보다 정치 이야기를 먼저 꺼내지 말고 평소 펜스의 모습 그대로 트럼프를 대하면 충분하다고 조언했다. 콘웨이는 펜스와 트럼프가 친구처럼 즐거운 시간을 보낼 거라고 예상했다. 콘웨이가 아는 펜스는 대의를 위해서라면 기꺼이 자아를 포기할 줄 아는 믿음의 사람이었기 때문이다.[6]

트럼프와 펜스는 주말마다 만나 서로를 러닝메이트라 여기며 함께 골프를 쳤다. 훗날 펜스는 트럼프와 함께하는 동안 가슴이 매우 두근거렸다고 고백했다.[7]

두 사람은 가족에 대한 열정을 공유했고 몇몇 보수적인 정치적 이슈에 대해서도 이야기를 나눴는데 뜻이 아주 잘 맞았다. 트럼프가 러닝메이트 최종 후보를 고심하는 동안 펜스 역시 조언을 구하기 위해 매킨토시에게 전화를 걸었다. 펜스는 부통령 제안이 자신에게 정말로 도움이 되는지에 대해 물었다.

"트럼프의 부통령 제안을 어떻게 생각하세요? 자칫하면 그동안 쌓아 놓은 제 정치 경력이 전부 망가질 수도 있어요. 인디애나주에 남아서 주지사 선거에 다시 출마하는 것이 여러 모로 더 나은 일이 아닐까요?"

매킨토시는 트럼프가 러닝메이트 제안을 한다면 펜스에게는 두 가지 선택밖에 남지 않는 것이라고 조언했다.

첫째, 제안을 받아들여 부통령 후보가 되는 것.

둘째, 거절하고 4년 뒤 대통령 후보로 거론되는 것.

펜스는 이 말이 무슨 뜻인지 잘 알고 있었다.

펜스는 다른 사람들에게도 계속해서 지혜와 조언을 구했다. 그러나 어느 누구보다도 아내 캐런의 조언이 중요했다. 펜스는 아내와 함께 하나님의 뜻을 분별할 수 있도록 도와달라는 기도를 멈추지 않았다.

오랜 기도 끝에 펜스 부부는 트럼프로부터 러닝메이트 제안이 온다면 받아들이기로 결정했다. 자녀들과 가까운 지인들도 같은 생각이었다. 그러나 설사 러닝메이트 제안이 오지 않거나, 러닝메이트가 된 후에 어떤 좋지 않은 일이 일어난다고 해도 하나님을 더욱 굳건히 붙들기로 마음 먹었다.[8]

고심하던 트럼프는 결국 부통령 후보를 크리스토퍼 제임스 크리스티(Christopher James Christie)와 펜스 두 명으로 압축했지만 두 사람 중 누구를 선택할지는 끝까지 결정하지 못했다. 트럼프는 두 사람 중 누구와 더 좋은 시너지를 낼 수 있을지를 알아보기 위해 따로따로 유세 활동을 다녀보기로 했다. 트럼프는 먼저 크리스티와 유세를 했다.

크리스티와 유세를 한 다음 날 트럼프는 곧바로 펜스와 유세를 하려고 인디애나로 날아갔다. 트럼프가 펜스와 인디애나 유세를 마치고 맨해튼으로 돌아가기 전날 저녁, 비행기 타이

어에 문제가 생겨 예정보다 하루 더 머물러야 했다. 트럼프와 아들 에릭은 인디애나 주지사 관저에서 펜스 부부와 함께 저녁 식사를 했고 다음 날 아침도 함께 식사하기로 했다.

다음 날 아침에 나눈 대화

다음 날 아침 캐런은 단골 식당에 전화해 트럼프를 대접할 간단한 달걀 요리를 부탁했다. 주지사 관저에는 상주하고 있는 요리사가 없었다. 도착한 요리와 함께 펜스 부부는 몇 가지 음식을 조리하며 트럼프를 기다리고 있었다. 관저로 들어오던 트럼프는 이 모습을 보고 깜짝 놀라 외쳤다.

"와! 아침을 직접 만들고 계시군요?"

황금으로 칠한 집에 살고 매일 최고의 요리사가 해주는 요리를 먹는 트럼프에게 펜스 부부의 대접은 마치 '서민 체험'처럼 느껴진 것 같았다. 하지만 펜스 부부는 자연스럽게 트럼프를 대했고 트럼프는 이런 경험을 매우 재밌어했다. 펜스도 당시 트럼프의 반응을 매우 재밌어 했다.

"트럼프 일행이 많은 직원들을 거느리고 있는 뉴욕의 최고 부자라는 사실을 모르는 사람은 없어요. 하지만 재밌는 것은 그럼에도 우리 모두는 그저 똑같은 인간일 뿐이라는 사실이에요. 우리 부부가 트럼프를 제대로 대접했는지는 잘 모르겠어요. 다만 트럼프가 매우 재밌어 했던 것은 틀림없는 사실입니다."

그날 저녁 펜스는 앞으로의 계획을 논의하기 위해 조언해 줄 수 있는 고문들을 만났다. 대화를 막 시작하려고 하는데 마이크의 수석 보좌관이 트럼프 선거 캠프로부터 연락이 왔다며 전화기를 가져왔다.

"곧 연락이 갈 겁니다."

이제 정말 마지막 통보를 앞두고 있었다. 펜스와 보좌관들은 모든 이해와 지혜를 뛰어넘는 하나님의 인도를 구하며 기도했다. 또한 이 물결 속에서 펜스 가정이 흔들리지 않도록 하나님의 평화와 보호의 울타리를 쳐주시기를 기도했다. 펜스는 온 가족과 함께 트럼프의 전화를 받기 위해 서둘러 집으로 향했다.

당시 가족들과 집에 있던 샬롯은 집안의 분위기를 다음과 같이 설명했다.

"우리는 만약에 아빠가 부통령 후보로 선택된다면 그것이 우리 가족에게 어떤 의미인지에 대해 토론하고 있었어요. 우리는 굉장히 많은 이야기를 나눴어요. 당시 저는 부모님과 함께 집에서 살고 있어서 부모님이 겪는 모든 과정들을 생생히 목격했어요. 특히 부모님이 이 일을 두고 얼마나 많은 기도를 하셨는지를 봤어요. 부모님이 진심으로 하나님을 신뢰한다는 것을 깨달았죠. 아빠가 부통령 후보가 된다는 것보다 저는 이런 것들이 더 좋았어요."[9]

트럼프의 전화

펜스와 트럼프가 예정보다 하루 더 일정을 보낸 다음 날 저녁 11시, 트럼프로부터 연락이 왔다. 오늘쯤 전화가 올 수도 있다고 생각한 펜스 부부는 자녀들과 함께 기도 중이었다.

트럼프의 연락을 받은 펜스 부부는 핸드폰을 들고 거실로 갔다. 펜스는 트럼프와 통화를 하더니 "예스"라고 대답했다.[10]

펜스의 대답을 들은 트럼프는 펜스가 아내 캐런을 존경하고 많이 의지한다는 걸 알고 있었기에 곧장 캐런을 바꿔 달라고 부탁했다.[11] 트럼프와 통화를 마친 캐런은 온 가족을 거실에 불러 모았다.

가족들은 모두 손을 잡고 있었고 통화 내용에 대해 어느 정도 짐작하고 있었다. 잠시 후 심호흡을 한 캐런은 떨리는 목소리로 말했다.

"여러분의 아버지는 방금 미국 부통령 후보가 되어 달라는 요청을 받았습니다."[12]

가족과 먼저 기쁨을 만끽한 펜스는 형 그레고리에게 바로 전화를 걸었다. 전화상이었지만 두 사람은 함께 눈물을 흘리

며 성경 말씀을 나눴다. 그레고리는 마태복음을 인용하며 펜스를 격려했다. ⁽¹³⁾

> "그 주인이 이르되 잘 하였도다 착하고 충성된 종아
>
> 네가 작은 일에 충성하였으매 내가 많은 것으로 네게 맡기리니
>
> 네 주인의 즐거움에 참예할찌어다"(마태복음 25:21)

2016년 7월 14일, 펜스는 주지사 재선 운동을 중단하고 부통령 출마 제안을 수락했다. 다음날 트럼프는 펜스를 러닝메이트로 선택했다고 발표했고 7월 19일에 열린 공화당 전당대회에서 인디애나주 부지사인 에릭 홀콤은 펜스를 부통령 후보로 정식 지명했다.

"인디애나주를 대표해 훌륭한 보수주의자이자 훌륭한 남편과 아버지, 그리고 가장 친한 친구인 마이크 펜스를 공화당 부통령 후보로 지명합니다."

펜스에게 조언을 아끼지 않았던 매킨토시가 몸담고 있던 위원회는 트럼프가 펜스를 부통령 후보로 지목하자 곧바로 트럼프에 대한 지지를 선언했다.

기도를 듣고 계시는 하나님

트럼프의 선택은 결과적으로 매우 훌륭했다. 그러나 많은

사람들은 트럼프가 왜 펜스를 부통령 후보로 선택했는지 매우 궁금해했다. 겉으로 보기에 두 사람은 전혀 어울리지 않는 한 쌍이었기 때문이다.

이에 대해 「국가 신앙 자문위원회」 위원인 로니 플로이드(Ronnie Floyd) 박사는 다음과 같이 말했다.

"저는 하나님께서 이 선택에 관여했다고 생각해요. 주권자이신 하나님은 정말로 우리 민족의 부름에 응답하십니다. 저는 하나님이 항상 우리의 목소리를 듣고 계신다고 믿습니다. 하나님께서는 우리가 어디로 가는지 알고 계십니다. 이건 매우 중요한 포인트죠."

텍사스주에 있는 프레스턴우드 침례교회(Prestonwood Baptist Church)의 잭 그레이엄(Jack Graham) 목사도 이 선택에 대해 다음과 같이 말했다.

"트럼프가 펜스를 선택했다는 것은 「국가 신앙 자문위원회」와의 약속을 지키겠다는 뜻이었어요. 말에서 그치지 않고 진정한 보수적 가치를 위한 대의를 위해 헌신하겠다는 뜻이기도 했죠. 우리가 믿는 것을 위해, 우리의 믿음을 위해 함께 싸우겠다는 트럼프의 말은 펜스를 부통령으로 선택함으로써 증명됐어요."

가까이서 이 과정을 상세히 지켜본 펜스의 친한 친구이자 조언자 빌 스미스도 트럼프의 선택에는 하나님의 뜻이 있었다고 믿었다.

"하나님은 우리에게 뚜렷한 방향을 제시하지 않을 때가 있어요. 그리고 지금 하고 있는 일을 그대로 밀고 나가야 할 때 주님은 그저 평안을 주시기도 하죠. 펜스가 트럼프에게 부통령 후보 요청을 받을 때도 뚜렷한 신호보다는 이런 평안이 있었습니다. 펜스는 나라를 위해 봉사할 수 있는 기회를 얻었고, 마음은 평화로웠을 거예요. 누군가 당신에게 봉사를 해달라고 요청했다고 생각해 보세요. 남을 돕는 일을 거절하려면 뚜렷한 이유가 있어야 해요. 펜스는 부통령 제안을 국가와 국민을 위해 봉사할 기회로 봤습니다."

부통령 후보 제안을 수락하고 나자 모든 것이 급박하게 돌아갔다. 먼저 펜스는 선정 소감문을 작성하기 위해 작가들을 만나 초안을 작성했다. 펜스는 부통령 후보로서의 첫 연설에서 자신이 누구인지를 밝히고 싶어 성경 말씀 몇 구절을 인용해 원고를 작성했다.

공화당 전당대회에 모인 수천명의 사람들과 스크린을 통해 연설을 지켜보는 수백만 명의 미국인들 앞에서 펜스는 다음과 같이 외쳤다.

"제가 부통령으로 일할 수 있는 엄청난 특권을 가질만한 사람일까요? 글쎄요. 하지만 이것만큼은 분명히 약속드리겠습니다. 저는 굳건한 믿음이라는 신앙을 갖고 현명하고 분별력 있는 마음을 달라고 매일 기도하겠습니다. 기도의 힘 없이 누가 이 위대한 국민을 통치할 수 있겠습니까?

친애하는 국민 여러분, 저는 우리가 지금 또 다른 운명의 길 앞에 서 있다고 생각합니다. 그리고 저는 분명한 믿음을 가지고 있습니다. 미국 국민의 무한한 능력에 대한 믿음, 하나님이 여전히 우리의 땅을 치유해 주실 것이라는 믿음 말입니다."

미국을 위한 터닝포인트

펜스의 친구와 동료들은 펜스가 부통령 후보가 된 순간이 미국을 위한 터닝포인트였다고 말했다.

정치 컨설턴트 랄프 리드는 훗날 이 일을 이렇게 평가했다.

"트럼프의 선거운동 행보에는 크게 세 번의 터닝포인트가 존재했다.

첫 번째는 안토닌(Antonin Scalia) 연방 대법관의 후임 명단을 공개한 때였다.

두 번째는 펜스를 러닝메이트로 뽑았을 때였다.

세 번째는 힐러리(Hillary Diane Rodham Clinton)와는 달리 낙태에 부정적인 입장을 공개적으로 피력했을 때였다.

트럼프는 대통령 선거에서 크리스천 유권자 중 81%의 표를 얻었다. 만약 펜스가 러닝메이트가 아니었다면 이렇게까지 압도적인 지지를 얻지는 못했을 것이다."

미국의 주요 언론들은 펜스가 주지사 재선 확률이 희박해지자 모든 것을 포기하고 트럼프 밑으로 들어갔다고 보도했다. 당시 트럼프의 대외적인 이미지는 좋지 않았다. 그는 국회의원 이전에 여러 TV쇼에 출연해 백만장자 엔터테이너의 모습으로 비치곤 했다.

물론 여러 여론조사 결과 펜스의 주지사 재선 확률이 박빙인 것은 사실이었다. 하지만 자포자기할 정도로 희박한 확률은 아니었다. 펜스는 유세 기간 동안 스포츠에 비유하며 자신의 끈기를 어필했다.

"인디애나 주민들에게 물어보십시오. 우리는 언제나 이기기 위해 경기를 합니다. 그래서 이 캠페인에 참여했습니다. 조금의 망설임도 없었습니다. 당신은 포기하지 않는 사람, 절대 물러서지 않는 사람, 투사, 승리자를 대통령으로 지명할 수 있습니다."

레이크는 펜스가 트럼프 진영에 합류하는 것을 끝까지 반대했다. 그러나 결국에는 펜스의 부통령 지명에 대해 하나님께 감사드렸다. 레이크는 "차라리 모든 것을 버리고 도망가"라고 할 정도로 펜스가 트럼프의 러닝메이트가 되는 것에 부정적이었다. 그러나 이 또한 펜스가 나라를 위해 봉사하는 방식이며 하나님의 또 다른 기도 응답임을 깨달았다. 레이크는 펜스가 트럼프의 러닝메이트가 됐다는 사실이 펜스의 신념, 믿음, 삶의 방향을 타협한 것이 아님을 알고는 펜스의 결정을 존중했다.

16

부통령에 당선되다

"너희 중에는 그렇지 아니하니
너희 중에 누구든지 크고자 하는 자는
너희를 섬기는 자가 되고
너희 중에 누구든지 으뜸이 되고자 하는 자는
너희 종이 되어야 하리라
인자가 온 것은 섬김을 받으려 함이 아니라
도리어 섬기려 하고 자기 목숨을 많은 사람의 대속물로
주려 함이니라"

– 마태복음 20:26~28 –

펜스가 트럼프와 함께 유세를 다닐 때 아내 캐런과
딸 샬롯이 종종 함께했다. 많은 매체들은 펜스가 트럼프의 러
닝메이트라는 이유만으로 그를 공격했다.

그 중 2017년 10월 「뉴요커」(The New Yorker)의 제인 메이어
(Jane Mayer)가 쓴 글은 펜스를 가장 격렬하게 공격한 기사였다.

메이어가 쓴 기사의 제목은 「펜스 대통령의 위험성(The
Danger of President Pence): 트럼프의 비평가들은 그의 퇴장을 원한
다」였고 펜스에게 호감을 가지고 있던 사람도 정이 떨어져 나
갈 만큼 비난의 수위가 높았다. 법적인 조치를 취하지 않으면
펜스의 입지가 위험해질 수도 있었다. 그러나 펜스는 어떤 상

황에서도 기업의 권리는 보장되어야 한다고 생각했기에 아무런 조치도 취하지 않았다.

펜스가 당하는 공격들은 사실무근인 것이 많았다.

그중 「워싱턴에서 날아든 편지(Letter from Washington)」라는 제목의 기사는 "펜스는 하원 의원으로서 성공적인 법안을 단하나도 상정하지 않았다"라고 주장했다.

이는 쉽게 증명할 수 있는 명백한 거짓이었다.

펜스는 100여 개의 법안을 공동 발의해 법으로 제정했고, 1,600개 이상의 법안을 지원하거나 공동 발의했다. 이 기사는 또한 펜스를 '계산적이고 야심적'이라고 평했지만 펜스를 아는 사람 중 그렇게 생각하는 사람은 어느 누구도 없었다. [1]

펜스의 오랜 친구이자 정치 만평가인 바벨은 누구보다 펜스의 편에 서서 적극적으로 펜스를 옹호했다.

"제인 메이어는 기사에서 펜스를 너무 심하게 희화화해서 오랜 친구인 저도 펜스에 관한 글이라는 것을 알아차리지 못할 정도였어요. 나도 만화가이기에 캐리커처가 뭔지를 압니다. 그리고 펜스도 압니다. 그런데 그 기사에 실린 펜스의 캐리커처는 너무 악의적이었고 닮은 구석이라곤 한 군데도 없었어요. 그건 캐리커처도 아니고 펜스도 아니었어요.

펜스가 위험성 있는 인물이라는 기사의 제목도 너무나 모순적이었어요. 제목만 보고 저는 그 기사가 아주 풍자적인 내용이거나 아니면 조잡한 내용일 거라고 생각했어요. 정답은 후자였죠. 펜스를 위험하다고 평하는 것은 '치즈를 뺀 치즈 버거를 달라'고 하는 것과 같아요. 오히려 펜스는 '너무나 안전하게 정치를 한다'는 말을 듣는 사람이에요. 안전이 제일이라고 생각하는 사람이 민주주의에 위협이 된다는 게 말이 됩니까?"[2]

펜스의 동기

진보 성향의 언론들은 마치 약속이라도 한 듯 전국적으로 들고 일어나 펜스를 향해 집중포화를 날렸다. 그들은 펜스의 부통령 도전이 '너무나 큰 정치적 야망'이라는데 초점을 맞췄다. 마치 다른 정치인들은 요직에 대해 아무런 욕심도 없는 것처럼…

펜스의 보좌관이었던 빌 스테거는 이렇게 말했다.

"펜스가 가진 정치적 야망은 모든 지도자들이 본받아야 할 '긴전한 야망'이에요. 펜스는 누구보다 복음을 실천하며 살아가길 원하는 사람이거든요. 펜스의 야망은 선을 실천하고자 하는 열망입니다. 그는 정말로 다른 사람들을 돕고 싶어 하며, 다른 사람들을 충분히 도울 수 있는 영적인 은사를 가진 사람이에요. 매일 아침 펜스는 이렇게 기도합니다.

'주님, 저는 오늘 어떤 사람과 미팅이 있습니다. 어떻게 해야

좋은 결과를 얻을 수 있을까요? 제가 어떻게 그 사람을 도울 수 있을까요?'

이런 자세로 상대방에게 다가가기 때문에 펜스를 직접 만난 사람들은 금세 깊은 친밀감을 느끼게 되죠."

2016년에 공개된 펜스의 재정 보고서는 펜스가 '정치적 야망'을 가졌다고 말하던 언론의 공격이 얼마나 터무니없는 것인지를 드러냈다. 펜스 부부는 잔고가 1만5,000달러(한화 약 1,800여만 원/ 2022년 3월 기준)를 넘지 않는 계좌를 단 하나 소유하고 있었다. 비공개적으로 알려진 바에 따르면 펜스 부부의 계좌에는 고작 이에 훨씬 못 미치는 1,001달러가 있었다. 펜스의 측근들은 펜스가 돈을 위해 정치를 한다는 말을 들으면 곧바로 웃음을 터트렸다.

펜스와 함께 일하다 재정과 관련된 사업을 하고 있는 스테거는 누구보다 이 사실을 잘 알고 있다.

"펜스의 재정 상태를 한 번 살펴보세요. 펜스는 세 자녀를 부양하고 있고, 자기 이름으로는 재산이 거의 없습니다. 언제나 의회 지역의 소박한 집을 구해 자녀들과 함께 머물렀어요. 국회의원 월급만으로 부를 누리기는 쉽지 않습니다.

펜스가 의원직을 통해 돈을 벌고 싶어 했다면 얼마든지 방법이 있었을 거예요. 그러나 고향과 의회 근처의 작은 집 두 채를 가지고 세 자녀를 키우는 것도 펜스에게는 쉽지 않은 일이었어요. 그만큼 펜스는 권력에 야망이 없었고, 부를 탐하지도 않았습니다."

펜스는 누군가 신앙, 인격적으로 자신을 공격하거나 허위사실을 유포할 때도 침착하게 대처했다. 펜스의 마음에는 마태복음 말씀이 늘 새겨져 있었기에 가능한 일이었다.

> "나를 인하여 너희를 욕하고 핍박하고 거짓으로 너희를 거스려
> 모든 악한 말을 할 때에는 너희에게 복이 있나니"(마태복음 5:11)

분열된 복음주의 진영

트럼프 대통령 후보와 펜스 부통령 후보의 연합은 당시 「트럼프-펜스 티켓」(Trump-Pence ticket)이라고 불렸다.

많은 크리스천들은 트럼프와 펜스가 어떻게 한 배를 탈 수 있는지 매우 궁금했다. 많은 사람들이 펜스와 같은 독실한 크리스천이 '험한 말을 하고, 결혼을 세 번이나 했으며, 도박에 관심이 많은 세상의 전형적인 사업가'와 왜 함께 하는지 이해하지 못했다. 그러나 어떤 사람들은 이런 트럼프에게 펜스와 같은 독실한 크리스천이 곁에 있음을 다행으로 여겼다. 보수적인 정책을 수호하고, 누구보다 성경적인 부통령 후보가 바로 옆에서 조언을 해줄 수 있었기 때문이다.

펜스 또한 이에 대한 이야기를 귀에 못이 박히도록 들었다. 그럴 때마다 펜스는 예수님이 직접 세리나 다른 죄인들과 함께 식사하셨던 일화를 들어 자신의 입장을 설명했다.

"저는 거룩한 예수님께서 세상에서 가장 손가락질 받는 사람들, 죄인들과 함께 식사를 하셨다는 사실을 잊을 수가 없습니다. 저는 예수님보다 더 거룩한 사람이 아니며 다른 사람들과 똑같은 죄인입니다. 세상의 평가와는 상관없이 저는 트럼프라는 사람과 함께 일할 기회를 바라보았고, 그에게서 무언가를 발견했으며, 선을 행할수 있는 기회를 찾았다고 생각합니다."

펜스의 측근인 심콕스는 '펜스를 정계로 이끈 것은 권력욕이 아닌 섬김의 정신'이라고 말했다.

펜스의 친한 친구인 바벨 역시 펜스가 트럼프와 함께 하는 것을 두고 다른 사람과 깊게 토론한 적이 있었다. 펜스는 어디서나 당당히 '크리스천, 보수주의자, 공화 당원'이라는 자신의 정체성을 밝혔다. 그러나 트럼프는 무엇에도 얽매이지 않는 자유로운 사람이었다. 바벨은 펜스의 표현을 빌어 자신을 '크리스천, 보수주의자, 만화가'라고 밝히며 펜스가 이런 결정을 한 것에 대해 다음과 같이 변론했다.

"언론에서는 펜스가 부통령 이력을 위해 영혼을 팔고 트럼프의 손을 잡았다고 매도했으나 펜스는 권력욕이 누구보다 없는 사람입니다. 누가 뭐래도 오랜 친구인 제가 분명히 압니다."[3]

성경적인 설명

바벨은 펜스의 결정에 대해 다음과 같이 설명하기도 했다.

"저는 이 일들이 성경적으로 설명이 가능하다고 생각해요. 유대 민족을 구원한 에스더에게 왕비라는 지위가 없었다면 모든 일은 불가능했어요. 에스더서 4장 14절에 나오는 「이때에」처럼 펜스도 지금 자신에게 같은 기회가 왔다고 생각했을 거예요. 요셉도, 다니엘도 하나님을 믿지 않는 왕들에게 경건한 영향력을 끼치며 오히려 살아계신 하나님을 만방에 보이는 도구로 쓰임을 받았어요. 펜스는 자신이 부통령이 되는 기회를 이런 시각으로 바라봤을거예요."[4]

펜스의 오랜 친구인 디슨은 "펜스가 트럼프를 필요로 한 것보다 오히려 트럼프가 펜스를 더욱 필요로 했다"라고 주장했다. 트럼프에게는 펜스 같은 사람이 필요했고 펜스 같은 사람은 또 없었기 때문이다.

"트럼프가 부통령 최종 후보로 펜스가 아닌 크리스티를 선택했다면 대통령에 당선되지 못했을 거예요. 당시 트럼프에게 정말 필요한 사람은 펜스 같은 사람이었고, 펜스도 그 사실을 알고 있었어요. 두 사람의 만남은 서로를 위한 윈-윈(Win-WIn) 전략이었죠. 펜스는 트럼프에 대한 신뢰도를 높여줬어요. 우리가 바란 것은 성자 같은 모습의 트럼프가 아니었어요. 고질적인 도덕적 병폐를 치유하기 위해 트럼프 같은 대통령을 원한 것이었어요. 전례 없이 워싱턴을 흔들어 놓고, 구태의연한 방식을 바꿀 사람이 필요했어요. 놀라운 사실은 이런 대통령에게 가장 큰 영향력을 미칠 수 있는 사람이 침착하고, 젠틀하고, 높은 도덕성을 갖춘 신실한 크리스천이라는 것이에요. 이것이 펜스가 맡은 역할이었어요."

펜스가 트럼프와 함께 열띤 선거운동을 시작하자 트럼프를 탐탁지 않게 여겼던 많은 크리스천들도 지지에 동참하기 시작했다. 펜스를 아는 이들은 다른 크리스천에게 지지를 부탁했고, 이들 크리스천들은 또 다른 크리스천들에게 지지를 부탁했다. 펜스의 친구들 중 힐러리 클린턴이 대통령이 되는 것을 바라는 사람은 없었다. 이들은 펜스가 트럼프 캠프에 합류하기 전까지는 트럼프 역시 유보적인 시선으로 바라봤다.

친구들의 생각: 펜스가 트럼프 캠프에 합류하기 전

펜스의 직원이었던 핍스는 원래 트럼프가 아닌 테드 크루즈를 지지했다. 정치 만평가 바벨 역시 트럼프 지지자가 아니었다. 이들이 트럼프를 지지한 것은 트럼프가 부통령 후보로 펜스를 지목했기 때문이다. 많은 사람들은 '펜스가 부통령이라면 대통령이 트럼프라 해도 미국은 안전하고, 양심적으로 운영될 수 있다'라고 생각했다. 다른 후보인 마르코 루비오를 지지하던 댄 머피도 펜스가 합류한 후 「트럼프-펜스 티켓」을 선택했다.

카이로스 컴퍼니(The Kairos Company)의 설립자이자 트럼프의 「국가 신앙 자문위원회」의 위원인 조니 무어(Johnnie Moore)는 선거 유세장에서 처음으로 펜스를 만났다. 두 사람은 첫 만남 후 즉시 친해져 이후에도 여러 차례 만남을 가졌다. 무어는 로마서 8장 16절의 **"성령이 친히 우리 영으로 더불어 우리가 하나님의 자녀인 것을 증거하시나니"**라는 말씀처럼 펜스와 어떤 영적 교감을 느꼈다고 말했다.

"저는 로마서 말씀의 경험을 펜스와 나눴어요. 첫 만남에서 악수를 하자마자 펜스가 저와 같은 믿음과 가치를 공유하는 사람이라는 것을 알 수 있었어요. 펜스는 성경을 정말로 진지하게 받아들이는 사람이었고, 어디서나 진실한 간증을 할 준비가 된 사람이었어요. 그는 세상의 가치가 아닌 하늘의 가치에 지배를 받는 사람이었죠. 그가 공직에 진출한 이유, 더 높은 곳으로 올라가려는 이유는 믿음을 따라 신앙을 변화시키기 위해서였어요. 저는 펜스의 공직 생활의 원천은 믿음이라고 생각합니다."

「국가를 위한 기도의 날」(National Day of Prayer) 명예 회장을 지낸 그레이엄(Graham)은 2015년 국가를 위한 기도회에서 "펜스가 인생에서 남기고 싶어 하는 유일한 유산은 하나님께 순종하는 삶, 모든 사람과 더불어 함께하는 일, 모든 사람을 향한 친절, 믿음을 실천하는 삶입니다"라고 말했다.

펜스의 약속

펜스 부부가 주최한 저녁 식사에 초대받은 그레이엄은 이렇게 말했다.

"식사 자리에서 보여준 펜스 부부의 모습은 매우 헌신적이었어요. 그들은 함께 식사 준비를 했고, 사람들에게 서로에 대해 긍정적으로 이야기했고, 두 부부가 함께했던 긴 여정과 그 순간들 가운데 하나님께 기도하며 응답받은 이야기들을 들려줬어요. 펜스는 선거 기간에도 아내를 향한 존경과 가족을 향한 사랑과 헌신을 숨기지 않았어요. 언론도 펜스와 캐런의 진심으로 다정한 모습에 관심을 보였고 트럼프 역시 펜스 부부에 대해 '정말 대단한 부부'라고 공식석상에서 치켜세웠어요."

그레이엄의 평가에 대해 펜스는 이렇게 말했다.

"저는 미국 부통령에 출마한 사람이고, 제가 사랑하는 주의 주지사였어요. 그러나 제 인생에서 가장 중요한 위치는 아버지입니다. 그리고 제 인생에서 가치 있는 무언가를 이루었다면 그 모든 것은 아내 캐런 덕분이에요. 그녀는 아이들을 올바로 양육했고, 제가 어디에서 일하든 우리 가정을 안정적인 공

간으로 만들었어요."⁽⁵⁾

펜스와 캐런이 만나기 전부터 펜스와 알고 지낸 스테거는 두 사람의 만남이 주님 안에서 이루어졌다고 말했다. [6]

"두 사람의 만남은 '그 둘이 한 몸이 될찌니라'(마가복음 10:8)라는 하나님의 가르침과 같았어요. 캐런과 펜스가 완벽한 사람들은 아니었지만 33년 동안 온갖 일들을 겪으며 인내와 애정을 양분으로 아름다운 조화를 이루는 결혼생활을 이끌어왔죠. 그것은 정말로 쉬운 일이 아니에요.

무엇보다도 두 사람이 간절히 원하고, 꾸준히 노력하고, 지켜왔기 때문에 가능했던 일이에요. 두 사람의 만남과 삶은 아름다운 러브 스토리 그 자체이고, 이 각본을 만드신 분은 하나님이세요. 두 사람의 사랑은 정말 특별한 사랑이죠."

펜스는 자신의 인생에서 최고의 선물은 아내 캐런이라고 공공연히 말한다. 펜스는 캐런을 빼고는 자신의 삶을 설명할 수 없기 때문에 공직 생활의 모든 중요한 일들을 캐런과 함께 했다. 펜스에게 캐런이 없는 삶은 상상조차 할 수 없는 삶이었다. [7]

그리스도께서 주시는 내면의 힘

펜스의 삶을 오랫동안 지켜본 친구들은 펜스가 역경을 만날 때마다 이겨낼 수 있었던 비결을 "그리스도와 함께 하는 내면의 강인함"이라고 꼽는다. 스테거는 주님과 함께 하는 펜스의 내면이 마치 강철과 같다고 말했다.

"펜스는 상당히 위험한 국면을 종종 헤쳐나가야 했어요. 어떤 면에서 펜스는 로널드 레이건 전 대통령과 많이 닮았다고 생각해요. 부드러운 말투와 상냥함이 그렇죠. 그러나 필요에 따라 상당히 단호하기도 해요. 또 한편 거듭난 크리스천으로서의 펜스는 믿을 수 없을 정도로 관대하죠. 이는 펜스의 신앙이 용서에 매우 깊이 뿌리를 두고 있기 때문이에요."

펜스는 용서에 대해 철저히 신앙적인 입장과 자세를 취했다.

"누군가 용서받지 못할 행동을 했더라도, 누군가가 마음에 들지 않더라도, 죄를 지어 법에 따라 처벌을 받아야 할지라도 그것과 상관없이 하나님의 자녀이기 때문에, 하나님이 당신의 모든 일을 용서하시기 때문에 저는 '크리스천으로 나는 당신을 사랑합니다'라고 말해요. 그리고 이런 정신으로 모든 사람들을 용서하며 사랑하려고 노력합니다."

미국 정치인들에 대해 누구보다 잘 아는 정치 베테랑 의원 매킨토시는 펜스가 트럼프의 부통령 후보가 될 수 있는 몇 안 되는 사람이라고 말했다.

"자존심이 강한 정치인은 트럼프와 함께 할 수 없어요. 당선을 위해 마음이 맞지 않는 사람과 잠시 한배를 탈 수는 있지만 결국 두 사람은 독자적인 노선을 추구할 것이고 대통령과 부통령의 반목은 국정에 큰 혼란을 줄 거예요. 그러나 펜스는 자신의 역할이 무엇인지를 정확히 알고 있었어요.

또한 펜스의 대의는 믿음을 기반으로 한 용서와 사랑에서 나오는 강력한 힘이었어요. 트럼프 역시 펜스의 이런 모습을 알았기 때문에 펜스를 향해 마음의 문을 열고 깊은 신뢰를 보냈죠. 펜스는 부통령이 되었기에 이런 모습을 보인 것이 아니라 원래 그런 사람이었기 때문에 부통령이 될 수 있었던 겁니다. 섬김의 리더십을 믿으며, 부름받은 대로 책임과 의무를 충실히 수행하는 사람, 그가 바로 정치인으로서의 마이크 펜스입니다."

하나님의 권능을 믿는다면

부통령으로서 펜스의 삶을 잘 알고 있던 블랙웰은 펜스가 트럼프와 함께 하고 그를 지지하는 이유가 기독교의 기본 원칙인 용서를 넘어선 하나님의 능력을 향한 믿음에 있다고 말했다.

"사람의 마음을 변화시키는 하나님의 능력은 기독교 신앙에서 가장 중요한 믿음이에요. 이 능력을 믿지 않고서는 기독교 신앙을 온전히 이해할 수 없죠. 펜스는 트럼프의 삶을 미켈란젤로의 명작처럼 만들기 위해 함께 하는 것이 아니에요. 트럼프의 삶에서 그는 역사하시는 하나님의 손에 들린 붓이 되고 싶어 했어요."

이런 펜스의 마음을 알고 있는 동료들이나 크리스천들은 트럼프를 비난하는 대신, 트럼프가 영적 여정의 어디쯤에 와있는지 고려할 필요가 있다고 의견을 모았다. 믿는 사람이나, 믿지 않는 사람이나 이런 시각을 가지고 트럼프를 지켜봐야 하며, 지지와 격려를 보내야 한다고 생각했기 때문이다.

블랙웰은 "사도 바울처럼, 도널드 트럼프도 지금 다메섹으로 가는 길에 있으며, 그의 삶에 일종의 변화가 일어나고 있다"라고 말했다.

17

새로운 시대의 시작

"다니엘이 말하여 가로되 영원 무궁히 하나님의 이름을 찬송할 것은
지혜와 권능이 그에게 있음이로다 그는 때와 기한을 변하시며
왕들을 폐하시고 왕들을 세우시며 지혜자에게 지혜를 주시고
지식자에게 총명을 주시는도다

— 다니엘 2:20~21 —

2016년 11월 8일 화요일, 펜스와 캐런은 맨해튼 다
운타운의 힐튼 호텔(The Hilton)에서 트럼프 부부와 합류했다.
당선을 축하하기 위해 펜스 일가를 비롯한 많은 사람들이 모
여 있었다. 펜스의 어머니 낸시와 그녀의 남편 바질 프리치,
아들 마이클과 그의 약혼녀 사라, 딸 샬롯, 펜스의 형들과 여
동생 모두 그리고 여러 사촌들과 조카들 등 펜스 일가 대부분
의 사람들이 그 자리에 함께했다. 해외에 있는 막내딸 오드리
를 제외한 총 26명의 대가족이었다.

개표 초반에는 여론 조사 지표가 좋지 않았다.

선거일에 다같이 모인 펜스 일가들(2016.11.)

　　그러나 다음날 이른 아침 공화당이 선거인단 과반수를 넘겨 승리를 확정 지었다. 미국의 새 대통령을 소개하기에 앞서 펜스가 간단히 당선 연설을 했다.

　　"오늘은 역사적인 밤입니다. 미국 국민들은 새로운 챔피언을 뽑았습니다. 미국은 새로운 대통령을 선출했습니다. 제가 미국의 부통령으로서 섬길 수 있는 특권을 얻게 됐다는 사실이 너무도 영광이기에 여기 있는 저와 제 가족은 도저히 기쁨을 말로 표현할 수가 없을 것 같습니다."

　　이어서 트럼프가 연설을 했다.

　　당선 축하 연회가 끝난 후 펜스 가족은 형인 그레고리의 호텔방으로 찾아가 승리를 만끽했다.

　　쌓인 긴장을 풀고 편히 쉬려는 순간 아일랜드 둔베그(Doonnbeg)의 친척들로부터 축하 메시지가 날아왔다. 그들은 축하 인사와 함께 「미국을 다시 위대하게」(Make America Great

Again)라는 트럼프 캠프의 선거 슬로건이 적힌 모자를 걸어놓은 사진을 보냈다. [1]

펜스는 당선 즉시 그가 맡은 새로운 역할에 집중했다.

정치적, 보수적 목표를 이루기 위해서는 먼저 행정부 내에서 견고한 그룹을 구축해야 했다. 펜스는 곧장 인수위 작업에 착수했다.

허다한 믿음의 무리들에게 둘러싸이다

그동안 펜스가 보여주었던 신앙에 바탕을 둔 리더십은 백악관에서도 이어졌다. 펜스는 수년간 함께 일한 사람들을 행정부로 데려왔다. 펜스와 오랜 기간 함께 한 충실한 보수주의자들이자 신실한 크리스천들이 미국 정부의 요직마다 자리를 잡기 시작했다. 이것은 매우 신선한 바람이었다. 훌륭한 조력자인 캐런 역시 펜스를 지속적으로 지지하며 때때로 기자들을 만나거나, 인터뷰에 동행하곤 했다.

펜스는 부통령으로서 자신의 역할을 매우 중대하게 여겼다.

"이 일은 대통령에 대한 일도 아니고, 저에 대한 일도 아니에요. 이 일은 바로 국가에 대한 일입니다."

펜스는 매일 아침 눈을 뜰 때마다 '숱한 역경과 고난과 난관이 찾아와도 정치를 계속할 것'이라고 되뇌이곤 했다. 펜스는 자신의 일이 국가를 위한 일이라고 여겼으며 자신이 국가의 중요한 정책을 바르게 흘러가도록 돕기 위한 기회를 얻었다고 생각했다. 이런 믿음이 있었기에 펜스는 임기 중 어떤 상황에 처하든, 어떤 사람을 만나든 과민반응하지 않고 침착하게 대응했다.

어느덧 새해가 밝았고 트럼프와 펜스 두 사람 다 자신들이 조직한 행정부에 대한 자신감을 갖게 되었다. 세계에서 가장 영향력 있는 자리에 앉은 두 사람은 서둘러 자신들이 맡은 역할을 충실히 이행할 시간이 찾아오기를 바라고 있었다.

2017년 1월 20일, 드디어 대통령 취임식이 열렸다.

취임식이 시작되기 전 이른 아침, 펜스는 가족과 친한 친구 몇몇과 세인트 존스 이피스코플 교회(St. John's Episcopal Church)에서 기도 모임을 가졌다.

기도회 인도를 맡은 제임스 돕슨은 이제 미국 부통령으로서 직무를 감당할 펜스에게 축복의 말을 전했다. 돕슨은 성경에 나온 사람 중 가장 지혜로운 사람으로 불리는 솔로몬 왕의 예를 들어 펜스의 삶을 축복했다. 25년간 하나님의 충실하고 신실한 종으로 헌신한 펜스는 이 귀한 축복을 받을 자격이 충분했다. 돕슨은 "누구보다 겸손하고 청렴한 펜스를 하나님이 보호해 주시고, 나라를 잘 이끌도록 지혜와 지식을 주소서"라는 축복으로 기도를 마무리했다.

이 기도를 통해 그동안 펜스가 이루어낸 업적들을 함께 돌아본 가족들은 자부심을 느꼈다. 남편이자 아버지가 맞게 되는 미국 부통령으로서의 새로운 시작은 가족들에게 매우 축하할 만한 일이었다. 그러나 그에 못지않게 염려되는 점도 분명하게 존재했다.

가정의 피스메이커

기도회를 마치고 3시간 후인 정오에 대통령 취임식이 열렸다. 펜스는 트럼프 내외 옆에 앉았고, 아내 캐런과 자녀들은 무대에서 멀리 떨어진 미국 국회의사당 서쪽 앞의 취임식 무대에 서있었다.

의회 의원들, 대법원 판사들, 군의 고위 장교들, 전직 대통령들, 명예 훈장 수훈자들, 그 외 다른 귀빈들과 수십만 명의 대중들이 지켜보는 가운데 트럼프는 미국의 제45대 대통령이 되어 취임 선서를 했다.

트럼프가 대통령 취임 선서를 한 뒤 펜스는 레이건 전 대통령의 어머니 넬(Nelle Wilson Reagan) 여사가 소장하고 있던 레이건 대통령의 가족 성경 위에 오른손을 올려놓았다. 100년이 넘는 역사가 담겨 있는 이 성경은 레이건의 캘리포니아 주지사 취임식과 대통령 취임식에서 사용된 성경이다.

펜스는 역대하 7장 14절 말씀을 펼치고 선서를 했다.

> "내 이름으로 일컫는 내 백성이 그 악한 길에서 떠나
>
> 스스로 겸비하고 기도하여 내 얼굴을 구하면
>
> 내가 하늘에서 듣고 그 죄를 사하고 그 땅을 고칠찌라"

클라렌스 토마스(Clarence Thomas) 연방 대법관의 진행에 따라 펜스는 수많은 대중들 앞에서 선서했다.

"나, 마이클 리처드 펜스는 미국의 헌법을 준수하고 국내와 국외의 모든 적으로부터 미국을 수호할 것이며, 내가 취임할 직책의 의무를 충실히 이행할 것을 엄숙히 선서합니다. 그러니 하나님 부디 저를 도와주소서."

펜스의 딸 샬롯은 펜스의 선서를 다음과 같이 회상했다.

"주님께 도와달라고 요청하는 선서의 마지막 부분에서 아버지의 목소리가 떨린 것 같았어요. 그것은 선서이자 완벽한 인정이었어요. 아버지는 주님의 도움 없이는 부통령직을 수행할 수 없다는 것을 모든 사람 앞에서 인정했어요."(2)

펜스는 토마스 대법관과 악수를 하고 캐런과 그의 자녀들을 껴안은 후 환호하는 사람들에게 손을 흔들며 화답했다.

이튿날 트럼프 대통령 부부와 펜스 부통령 부부는 「초교파 취임 기도회」(Interfaith Inaugural Prayer Service)에 참석하기 위해 워싱턴 국립 대성당(Washington National Cathedral)으로 향했다.

취임 일주일 후, 펜스는 매년 열리는 가장 큰 규모의 낙태 반대 행사 「인생을 위한 행진」(March for Life)에서 직접 연설한 최초의 부통령이자 최고위 공직자가 되었다.

펜스는 이날 트럼프 대통령의 약속을 언급하며 "다시 승리하는 미국을 만들겠습니다. 트럼프 대통령과 저 그리고 새로 임명될 대법관들이 같은 시각을 공유할 것입니다. 미국의 여성들과 아이들을 사랑해 주셔서 감사합니다. 여러분과 함께, 우리는 미국의 일상과 문화가 다시 회복될 때까지 지치지도 않고, 쉬지도 않을 것입니다"라고 연설 했다. [3]

공식 초상화를 촬영하다

2017년 8월 11일은 정부에서 요직을 맡고 있는 300명의 공식 초상화가 공개되는 날이었다. 이 자리에는 펜스와 아내 캐런, 어머니 낸시와 막내딸 오드리가 함께 했다. 인디애나 주지사 에릭 홀콤과 그의 부인 재닛(Janet), 그리고 주 및 지방 관리들도 이 행사에 참석했다. 오드리가 초상화를 덮고 있던 천을 당기자 펜스 부통령의 초상화가 공개됐다.

펜스는 초상화에 숨겨진 상징성에 대해 사람들에게 이야기하곤 했다. 사람들은 그 이야기를 들을 때마다 하나님을 경외하는 펜스의 감정을 함께 느끼곤 했다.

펜스의 초상화에는 책상에 앉아 있는 펜스 양옆으로 인디애나 주를 상징하는 깃발과 미국 국기가 걸려 있었다. 책상 위에는 가족사진이 담긴 액자, 아버지의 옛 법률 서적, 그리고 펜스가 가장 좋아하는 성경 구절이 펼쳐진 펜스의 닳고 닳은 성경책이 올려져 있었다.

"누가 주의 이 많은 백성을 재판할 수 있사오리이까
지혜로운 마음을 종에게 주사 주의 백성을 재판하여
선악을 분별하게 하옵소서"(열왕기상 3:9)

펜스는 이 말씀이 인디애나주 사람들에게 특히 적절한 말씀이라고 생각했다.

펜스는 초상화에서조차 자신이 주인공이 되려고 하지 않았다, 그저 함께 한 모든 사람들에게 경의를 표하기 위한 목적으로 초상화를 촬영했을 뿐이었다. (4)

펜스는 초상화 촬영을 하면서 언제나처럼 곁에 있는 아내 캐런에게 이렇게 고백했다.

"여보, 내 얼굴에 미소를 짓게 해줘서 고마워."

감격과 감사가 충만한 남편의 목소리를 들은 캐런은 이렇게 화답했다.

"우리를 여기까지 이끌어줘서 고마워요. 그리고 내 인생에서 단 하나의 사랑이 돼줘서 고마워요. 나의 작고 연약한 인생에 이런 충만한 기회를 주신 하나님께 영광을 돌리고 싶어요."(5)

결코 타협할 수 없는 예배 시간

펜스와 캐런의 삶은 몇 달 동안 극적으로 변했다. 그리고 주지사 때와 마찬가지로 교회에 갈 때마다 경호원들의 도움을 받아야 했다. 하지만 그때와는 비교할 수 없을 정도로 상황이 매우 달랐다. 이렇게 바쁜 상황이라면 매주 예배에 참석할 수 있을지 장담할 수 없지만 펜스는 예배를 두고는 결코 타협하지 않았다.

플로리다 코랄 스프링스(Florida Coral Springs)에 있는 글레이즈(Glades) 교회의 데이비드 휴스(David Hughes)는 펜스와의 인터뷰 중 다음과 같은 질문을 던졌다.

"부통령이 됐어도 매주 예배에 참석하실 건가요? 예배에 참석하기 위해 거쳐야 하는 과정이 무척 많을 텐데요. 특히 경호 문제가 그렇죠. 여행이나 출장도 자주 다녀야 할 텐데… 그래도 주일에 예배를 드리실 건가요?"

펜스는 주저하지 않고 "예배를 드릴 것"이라고 대답했다. 그리고 "모이기를 폐하는 어떤 사람들의 습관과 같이 하지 말고 오직 권하여 그날이 가까움을 볼수록 더욱 그리하자"는 히브리서 10장 25절 말씀을 즉석에서 인용하며 자신에게 예배가 얼마나 중요한 의미인지를 말했다.

"제게 있어서 예배 시간은 일주일 중 최고의 시간이에요. 정말 마음이 새로워지는 시간이죠. 우리는 최근에 다시 워싱턴으로 이사했고 예배를 드릴 교회를 알아보려고 몇 곳을 방문했는데 어느 곳에서 드리든 예배는 정말 놀라운 하나님이 주시는 큰 복이에요. 제게는 주일마다 예배에 참석하는 것이 매우 중요한 일입니다."(6)

펜스는 언제나 그랬듯이 부통령 자리에서 자신이 믿는 바를 다른 사람들에게 당당하게 전했다. 그리고 다른 크리스천들도 각자의 자리에서 목소리를 내기를 원했다. 특히 크리스천들이 '목소리를 내지 못하는 사람들을 위한 목소리'를 내주는 사람들이 되도록 격려했다.

"여러분의 자리에서 당당히, 꾸준히 목소리를 내주시기를 바랍니다. 역사적으로 교회가 했던 것처럼 해주세요. 우리가 구세주 예수님의 손과 발이 됩시다. 사랑과 긍휼히 여기는 마음으로 예수님처럼 비천하고 낮은 자리에 있는 사람들을 존중하며 포용합시다."(7)

공격받은 펜스의 믿음

「리얼리티 TV쇼」(reality TV show)의 호스트이자 트럼프 캠프의 참모였던 오마로사 오네 매니고 뉴먼(Omarosa Onee Manigault-Newman)은 「셀레브리티 빅브라더 쇼」(Celebrity Big Brother)에 출연해 펜스의 믿음과 신앙을 조롱하고 비방했다. 이는 단순히 펜스에 대한 공격이 아니라 사람들이 기독교를 오해하게 만들만한 심각한 비방이었다. 뉴먼은 이 쇼에서 다음과 같이 말했다.

"여러분은 트럼프를 안 좋게 생각하는 것만큼 펜스에 대해서도 걱정을 해야 합니다. 만약 펜스가 대통령이 된다면 우리는 오히려 제발 차라리 트럼프를 돌려달라고 사정할 거예요. 저도 크리스천이고 예수님을 사랑하지만 펜스는 너무 극단적이에요. 그는 종종 예수님이 그에게 어떤 일을 하라고 말씀하신다고 하는데 저는 그런 일이 실제로 일어날 수 있다고 생각하지 않습니다."[8]

이 발언은 미국 사회에 큰 이슈가 됐다.

뉴먼의 발언 다음 날 ABC의 프로그램 「더 뷰」(The View)에서는 펜스를 향한 뉴먼의 발언들을 분석하는 특집 방송이 준비됐다. 방송에 참여한 대부분의 사람은 뉴먼의 말이 실언이라는 의견에 동의하지 않았다.

호스트로 출연한 써니 호스틴(Sunny Hostin)은 "이런 사람이 부통령이라니…. 저는 지금 우리가 매우 위험한 상황에 처해 있다고 생각합니다"라고 말했다.

조이 베하르(Joy Behar) 역시 펜스의 방언과 하나님의 감동을 직접 느낀다는 부분에 대해 부정적으로 말했다.

"저는 우리나라 부통령께서 방언을 하는 것이 과연 좋은 일인지 잘 모르겠어요.[9] 그리고 우리가 예수님께 말씀드리는 것과 예수님이 우리에게 말씀하시는 것은 다른 차원의 이야기입니다. 정말로 예수님의 음성을 들었다면 그건 정신질환이에요. 그게 아니라면 펜스는 매번 기도할 때마다 환청을 듣는 중일 거예요."[10]

오직 세리 셰퍼드(Sherry Shepherd)만이 펜스를 옹호했다.

"펜스의 발언은 크리스천으로서 충분히 있을 수 있는 일이에요. 우리가 기도를 통해 예수님께 말씀드리면 예수님은 항상 응답을 해주시거든요."[11]

펜스는 사람들이 자기 말을 오해해도 대놓고 반박하거나 어떤 의견이 옳다고 주장한 적이 없는 온유한 사람이었다. 그러나 뉴먼의 발언으로 문제가 커지자 미국의 크리스천을 대표해 믿음과 신앙에 대한 오해를 풀길 바랐다.

2018년 2월 14일, 밸런타인데이(Valentine's Day)이자 사순절(Lent)의 시작이기도한 날 「C-SPAN」에서는 이 주제에 대해 펜스에게 인터뷰를 요청했다. 펜스는 현재 논란에 대한 입장을 다음과 같이 밝혔다.

"ABC 방송국의 한 프로그램에서 저의 기독교 가치관을 정신 질환에 비유한 발언을 그대로 방영했다는 소식을 들었습니다. 그냥 웃어넘기고 싶지만 아쉽게도 이번에는 그럴 수가 없습니다.

저는 예수님을 믿는 사람입니다. 오늘 사순절의 시작을 맞아 이마에 재를 묻힐 수천만 명의 미국인들처럼, 압도적으로 많은 미국인들이 신앙을 소중히 여기고 있습니다.

믿음에는 다양한 유형이 있지만 ABC 방송국이 기독교를 정신 질환에 비유한 방송의 시청자 게시판을 그대로 두는 것은 매우 잘못된 일임을 분명히 밝힙니다. 이 게시판에는 베하르의 발언에 동조하는 많은 사람들이 글을 남겨 저와 같은 크리스천들을 조롱하고 있습니다. 이것은 단순히 저에 대한 모욕이 아니라, 믿음을 중요시하는 대다수 미국인들에 대한 모욕입니다.

기독교는 제 인생에서 가장 중요한 부분입니다.

아내와 저는 매일 아침 성경을 읽으며, 출근하기 전에는 함께 기도합니다. 솔직히 말씀드리면, 제가 하는 모든 일에서 제가 버틸 수 있도록 지탱해 주는 것은 제 믿음입니다. 믿음은 우리 삶의 평범한 일부일 수 있습니다. 제가 유별나거나 특별하다고 생각하지 않습니다. 저는 제가 아주 전형적인 미국인이라고 생각합니다.

　여러분이 어떤 신앙의 전통을 가졌든지 사람들은 그걸 이해해 주고 문제 삼지 않을 것입니다. 그런데 이와 정확히 반대되는 행태를 미국 주류 언론에서 보여준다는 사실이 너무도 서글플 뿐입니다. 대부분의 미국인들이 가지고 있는 믿음, 그들이 행하는 가치와 얼마나 동떨어진 사고방식이란 말입니까!

　ABC 방송국과 같은 주요 언론이 종교에 대한 독설을 허용하다니…. 이는 단순히 독설이 문제가 아닙니다. ABC 방송국이 종교적 편협함을 버젓이 드러내는 TV 프로그램을 방영한다는 것은 분명히 잘못된 행태라고 봅니다."[12]

　펜스는 후에 「폭스 앤 프렌즈」(FOX & Friends)와의 인터뷰에서 다시 한번 그의 입장을 밝혔다. 모든 사람들이 믿는 가치와 전통은 존중받아야 했다. 펜스가 언론이 두려워 이 일에 침묵한다면 다른 수많은 사람들이 믿고 있는 가치와 신앙 역시 폄훼될 것이 분명했다. 소위 진보를 자처하는 언론과 매체 등에서 이런 행태가 빈번히 발생했고 펜스는 이런 모습들이 시대착오적인 사고방식이라고 생각했다.[13]

ABC 방송 반대 운동

대다수의 크리스천들을 정신이상자로 만든 이 프로그램은 미국 내의 보수단체와 복음주의자들을 화나게 만들었다. 사람들은 그들이 얼마나 실망했고 지금 상황에 대해 얼마나 큰 걱정을 하는지를 보여주기 위해 똘똘 뭉쳤다. 미디어리서치센터(MRC)의 브렌트 보젤(Brent Bozell) 사장은 ABC News의 사장 제임스 골드스턴(James Goldston)에게 직접 편지를 썼다.

"당신들은 실수했습니다. 부통령의 신앙에 대한 비방은 수천만 명의 기독교인들을 모욕하는 것으로 결코 용납할 수 없습니다."[14]

ABC 방송국 본사에는 이 발언에 대한 항의 표시로 즉각 사과를 요구하는 최소 3만 건의 전화가 걸려왔다. 이들은 ABC 방송국에 광고를 게재하는 회사에도 6천 건이 넘는 전화를 걸어 항의를 표시했다.[15]

이 사태를 일으킨 주동자나 다름없는 베하르는 사과 대신 얼렁뚱땅 넘어가려다 더 큰 문제를 일으켰다.

"그건 그냥 농담이었어요. 펜스가 누군가의 목소리를 듣고 있다고는 했지만 그게 정신적으로 문제가 있다는 뜻은 아니었습니다."[16]

이 발언으로 상황은 완전히 뒤바뀌었다. 같은 방송인들도 베하르의 발언을 공개적으로 지적하며 펜스를 옹호했다.

베하르와 함께 방송을 진행한 독실한 크리스천 메건 매케인 (Meghan McCain)은 "저는 베하르의 발언 때문에 매우 힘든 시간을 보냈으며 방송에서 그 발언을 들은 순간부터 마음이 계속 불편했다"라고 말했다. 또한 매케인은 방송 프로그램에 펜스와 가족들을 초청해 공동 진행자였던 베하르의 발언에 대해 대신 사과하기도 했다. [17]

이 논란은 한 달 이상 계속되었다.

FOX 방송국의 해니티 쇼(Hannity Show) 진행자인 션 해니티(Sean Hannity)는 자신의 방송에 펜스를 초청해 두 가지를 질문했다.

첫 번째는 베하르의 공격에 강경 대응한 이유였다.

이에 펜스는 이렇게 대답했다.

"제 기독교 신앙은 제 인생에서 가장 중요한 것입니다. 저뿐 아니라 수천만 명의 미국인들이 자신의 신앙을 소중히 여기고 있어요. ABC 방송국이 제 신앙을 정신질환으로 묘사한 프로그램을 그대로 방송했다는 소식을 들었을 때 제가 목소리를 내는 것이 이 상황에서 무엇보다 중요하다고 생각했습니다. 나를 위해서만이 아니라 나와 같은 믿음을 가진 수천만 미국인들의 믿음을 지키는 것이 중요하다고 느꼈고 그래서 그 후에 진행된 인터뷰들에서는 강경하게 의견을 나타냈습니다." [18]

두 번째는 베하르가 전화를 걸어 사과를 했는지였다.

"베하르는 용기를 내어 제게 전화를 했어요. 그리고 매우 진정성 있게 사과했습니다. 제 믿음이 저에게 가르쳐준 것 중 하나는 바로 은혜입니다. 우리는 주님이 우리를 용서해 주신 것처럼 다른 사람들을 용서해야 합니다."[19]

해니티는 크리스천인 자신도 그렇게 생각하지만 생각만큼 쉽지는 않다면서 그렇다면 펜스도 정말 베하르를 용서했냐고 물었다. 펜스는 다음과 같이 대답했다. [20]

"물론 용서했죠. 이것은 제 신앙이 가르쳐준 귀중한 경험 덕분입니다. 저는 또한 아직도 많은 사람들이 들어오고 있는 프로그램 게시판에도 공개적으로 사과하라고 말했습니다. 그녀의 사과는 제 개인을 위한 것이 아니었고, 저 역시 개인적으로 사과를 받은 것이 아니었어요. 제가 원하는 것은 베하르와 방송국 사람들이 잘못을 시인하고 제가 말하는 믿음의 경험과 기쁨을 인정하는 거예요. 그리고 그런 믿음을 가진 사람들을 존중해주는 것입니다."[21]

믿음을 따라 살아가라. 단순하게!

설교가이자 저자인 피터 헥(Peter Heck)은 펜스의 신앙적 신념과 정치의 관계에 대해 다음과 같이 말했다.

"펜스는 12분간의 연설에서 성경 말씀을 세 번이나 인용한 적이 있어요. 진보 진영은 펜스 부통령의 강한 종교적 신념을 매우 민감하게 여기는 것 같았습니다."[22]

손에서 성경을 놓지 않고, 어디서나 당당하게 신앙을 피력하고, 틈만 나면 기도하는 사람 펜스는 어떤 사람들의 눈에는 광신도, 혹은 말씀에 집착하는 근본주의자로 보일지도 모른다. 그러나 펜스와 가까운 사람들은 펜스의 믿음이 결코 그런 것이 아니라는 사실을 안다. 펜스는 단지 하나님이 주신 자신의 믿음을 따라 살아가는 단순한 사람이다.

펜스의 오랜 친구인 댄 머피는 이 같은 우려에 대해 다음과 같이 말했다.

"어떤 사람들은 펜스가 광신도 혹은 기독교 근본주의자라고 공격하죠. 그러나 이는 매우 잘못된 생각이에요. 펜스가 원하는 것은 미국을 신정국가로 만드는 것이 아니에요. 펜스는 자신의 신앙에 집중하며, 믿음을 실천하며 살아갈 뿐이에요."

종교적 자유를 지지하다

종교적 자유에 대한 펜스의 신념은 국경을 초월한다.
「박해받는 크리스천들을 옹호하는 세계 정상회의」(The World

Summit in Defense of Persecuted Christians)에 참석한 펜스는 디모데 후서 3장 12절 말씀을 언급하며 이렇게 말했다.

"성경은 '그리스도 예수 안에서 경건한 삶을 살기를 원하는 사람은 박해를 받을 것'이라고 말합니다. 크리스천 신앙은 바람 앞의 등불처럼 위태롭습니다. 그리스도를 따른다는 이유로 적대감이나 증오를 마주하는 사람은 전 세계에서 크리스천밖에 없습니다."[23]

「국가 신앙 자문위원회」 위원인 조니 무어는 종교의 자유를 지지하는 펜스의 동기에 대해 이렇게 말했다.

"펜스는 트럼프 대통령의 지시에 따라 전 세계에서 박해받는 소수 종교인들을 대변하는 역할을 해왔어요. 이것은 미국의 헌법적 가치를 수호하겠다는 일념에서만 나온 것이 아니라 성실한 크리스천으로 살아가는 펜스의 믿음에서 나온 것이라고 생각해요. 신실한 성도라면 신앙 때문에 박해나 차별을 당하는 성도들을 볼 때 더 큰 동정심을 느낍니다. 저는 펜스의 이름이 「세계의 박해받는 사람들의 권리를 위해 누구보다 앞장선 사람」으로 미국 현대사에 분명히 남을 것이라고 생각합니다."

18

부통령 펜스

"우리가 선을 행하되 낙심하지 말찌니 피곤하지 아니하면
때가 이르매 거두리라"

– 갈라디아서 6:9 –

펜스가 부통령이 된 후 가장 먼저 한 일 중 하나는
각료들을 위한 성경공부 모임을 만드는 일이었다. 10명 정도
가 매주 수요일 아침에 모였고 펜스는 프로농구선수 출신의
랄프 드롤링거(Ralph Drollinger) 목사를 직접 찾아가 성경공부
인도를 부탁했다.

드롤링거는 1997년부터 「의회 선교단체」(Capitol Ministry)를
설립해 정치인들에게 성경, 전도, 제자훈련 등을 가르치며 영
적으로 중요한 일을 담당하고 있었다. 트럼프 대통령도 드롤링
거에게 매주 성경공부 인쇄물을 부탁했다.

펜스는 매주 드리는 예배와, 수요일마다 참석하는 성경공부

외에도 오랜 친구 빌 스미스를 비롯한 세 명의 다른 친구들을 정기적으로 만나 교제했다.

펜스의 아내 캐런은 예술에 대한 사람들의 인식을 높이고 정신을 건강하게 하는 일에 계속해서 매진했다. 캐런은 대중들을 교육하며 더 나은 미술치료 방법을 찾는 일에 대부분의 시간과 자원을 투자했다. 캐런은 캐나다, 일본, 독일, 벨기에, 인도네시아, 호주, 한국 등 아시아 및 미국 전역에서 시행되는 미술 치료 프로그램을 관찰하며 연구했다.

캐런은 「라일리 아동병원」, 소아암 환자를 돕는 「트레이시 키즈」 그 밖의 여러 단체들을 지속적으로 지원한 공로를 인정받아 감사의 마음을 담은 많은 상을 받기도 했다.

전 세계 138개국이 연계되어 있는 비영리 시민외교 네트워크 「시스터 시티즈 인터내셔널」(Sister Cities International)은 2017년 7월, 캐런을 명예 부회장으로 추대했다. 같은 해 10월 캐런은 그동안 쌓은 예술과 미술 치료에 대한 노하우를 살려 「예술 치료: 예술로 마음 힐링」(Art Therapy: Healing with the HeART)이라는 미술 치료 프로그램을 시작했다. [1]

캐런이 이토록 지속적으로 예술 교육, 예술 치료에 집중하는 이유는 '예술이 개인, 가족, 그리고 공동체의 삶을 더 풍요롭게 해준다'라는 그녀의 믿음 때문이다. 실제로 그녀의 예술 치료 프로그램은 소아암 환자들, 고통받는 십대들, 슬픔에 잠겨 있는 가족들, 부상 후 스트레스 장애를 겪고 있는 군인들에게 큰 도움을 주었다. 특히 캐런은 군인들에게 경의를 표했고 그들을 돕고자 하는 마음으로 많은 행사를 주최했다.

대법원 판사 후보자 찾기

트럼프는 '낙태에 반대하며 보수적인 가치관을 가진 대법관을 찾겠다'라는 선거 공약을 지키기 위해 애초에 공개했던 21명의 대법관 후보자 명단에서 다음 세 명을 추려냈다.

미국 항소법원 소속 판사 토마스 M. 하디만(Thomas M. Hardiman), 윌리엄 H. 프라이어 주니어(William H. Pryor Jr.) 그리고 닐 M. 고서치(Neil M. Gorsuch)가 주인공이었다.

트럼프와 펜스는 이들 중 누구를 선택하느냐에 따라 미국의 사법 시스템이 큰 영향을 받을 것이라는 사실을 알고 있었다. 신중에 신중을 기하기 위해 트럼프와 펜스는 세 후보를 모두 만나 면담을 진행할 예정이었다.

트럼프와 펜스를 돕고 있었던 선거 컨설턴트 리드는 적합한 후보를 찾을 수 있는 기발한 아이디어를 내놓았다. 리드는 펜스에게 면접 때 "당신을 제외하고 다른 두 명 중 한 명을 대법관으로 뽑는다면 누구를 뽑겠습니까?"라고 질문하라고 조언했다.

하디만과 프라이어 주니어는 둘 다 고서치를 뽑았다. 고서 치의 학창 시절과 여러 이력을 살펴봤을 때 그는 트럼프의 공약에 적합한 사람이었다.

여전한 피스메이커, 펜스

트럼프 행정부에서 펜스의 역할을 지켜본 동료들은 "펜스가 자신의 역할이 무엇인지 정확히 알고 수행했으며 이런저런 우여곡절 속에서도 절묘하게 균형을 맞추며 역할을 수행했다"라고 말했다. 펜스는 트럼프 행정부에서 길을 잃지 않게 도덕적 잣대를 제공했으며 여전한 '피스메이커'였다.

펜스의 모습을 한 발짝 떨어진 곳에서 꾸준히 지켜본 레이크는 이렇게 말했다.

"저와 「책임감 있는 크리스천 모임」의 리더였던 도드슨, 그리고 펜스 부부를 알고 사랑하는 다른 친구들은 펜스를 처음 만난 날부터 그들의 행보를 꾸준히 지켜봤어요. 펜스는 자신이 옳다고 믿는 일에는 앞장서서 지지를 아끼지 않았어요. 그러면서도 스스로를 드러내지 않으려 노력했고 옳다고 믿는 일에는 결코 타협하지 않았어요. 그것은 크리스천으로서, 정치인으로서 할 수 있는 가장 완벽한 방법이었어요. 펜스가 끝까지 포기하지 않고 이런 방식으로 살아왔다는 것은 정말로 놀라운 일이에요."

심콕스 또한 레이크의 의견에 동의했다.

"펜스가 맡고 있는 역할은 흔들리는 배에 버티고 서있어야 하는 것과 같이 위태로운 일이에요. 흔들림 없는 반석 위에 지은 집과 같은 영적인 토대가 없는 사람은 그 일을 감당할 수 없어요. 성경에는 왕보다 더 중요한 역할을 한 조언자들의 이야기가 많이 나오죠. 왕은 때때로 옳은 선택을 내리고, 때로는 그릇된 선택을 내리죠. 그러나 그들 곁에는 언제나 하나님의 뜻이 무엇인지 말해주는 조언자가 있었습니다.

성경은 왕들보다 이들 조언자에 더 초점을 맞추고 있다고 생각해요. 펜스의 역할이 바로 이런 조언자의 역할이었어요. 펜스는 대통령에게 긍정적인 영향을 끼쳤고 대통령에게 매우 좋은 본을 보여줬습니다."

완벽한 균형

트럼프 대통령, 펜스 부통령과 함께 일한 사람이라면 누구나 "두 사람은 완벽한 균형을 이루는 파트너였다"라고 말한다.

펜스와 종종 개인적인 시간을 보냈던 「국가를 위한 기도의 날」의 명예 회장 그레이엄은 트럼프 곁에 펜스가 있어 참으로 다행이라고 말하곤 했다. 그레이엄이 펜스를 위해 항상 기도한 것처럼 펜스는 트럼프 대통령을 위해 기도했다.

대통령 옆에서 자주 성경을 언급하고 말씀대로 조언하는

펜스의 모습은 그야말로 누구보다 크리스천다운 삶이었다. 미국이 흔들린다고 평가받던 시기에 가장 중요한 대통령 옆에 신실한 크리스천 펜스가 함께 있다는 사실만으로도 많은 크리스천들은 안도의 한숨을 내쉬며 하나님께 감사를 드렸다.

선거 컨설턴트로서 두 사람이 함께 일하는 모습을 누구보다 많이 지켜봤던 리드는 외적인 우려와 상관없이 두 사람의 관계는 항상 좋았다고 말했다. 트럼프와 펜스는 항상 즐겁게 대화를 나눴고 솔직하게 서로의 마음을 나눴다. 또한 트럼프는 펜스와 함께 기도했다. 펜스는 매우 지혜로운 조언자였으며, 능력 있는 직원이자 영적인 조언자였다.

트럼프의 영적인 조언자중 한 명이었던 스트랙(Strack)은 이렇게 말했다.

"트럼프와 펜스, 두 사람을 함께 만난 적도 많았고 따로 만나 교제한 적도 많았어요. 제가 느낀 점은 트럼프가 펜스를 매우 존경했다는 거예요. 트럼프는 한 모임에서 '저는 제 파트너이자, 친구, 인생의 귀한 선물인 펜스 부통령에게 감사하고 있습니다'라고 말한 적도 있죠. 펜스는 언제나 기도하는 사람이었고 늘 기도하길 원하는 믿음의 사람이었어요. 펜스와 저와 만날 때마다 함께 기도하며 교제의 시간을 가졌죠."

펜스의 친구들은 "펜스는 서로 다른 두 사람을 하나로 묶고, 믿음의 사람들에게는 희망을 매개로 팀을 더욱 견고하게 만드는 능력이 있다"라며 "펜스의 피스메이커 기질이 이런 현상을 만드는 것 같다"라고 말했다.

펜스가 속한 모임은 언제나 안정감이 있었다. 크리스천들은 펜스와 함께 있는 것만으로도 마음의 위안을 느꼈다. 누구보다 하나님을 강하게 붙들고 신뢰했던 펜스의 흔들림 없는 신앙은 그 모습만으로 다른 사람들에게 위안을 줄 정도로 든든했다. 펜스는 대통령을 바로 곁에서 도우며 어려운 일들을 함께 해결해 나갔다. 그 과정에서 펜스의 역할은 결코 적지 않았다. 많은 사람들은 그의 역할이 얼마나 큰 의미가 있었는지는 시간이 흐른 후 역사가 증명해 줄 것이라고 말했다.

백악관에서 일하는 직원들도 펜스의 리더십과 인품을 칭찬했다. 서로 다른 진영을 대표하는 사람들도 펜스의 리더십을 인정했다. 이런 펜스의 모습을 본 사람들은 하나님께서 미국을 위한 도구로 펜스를 보내주신 것 같다고 이야기했다.

세계적인 부흥사이며 전도자였던 빌리 그레이엄 목사님의 아들인 프랭클린 그레이엄(Franklin Graham)은 펜스와 25년 이상 알고 지냈다. 「빌리 그레이엄 전도협회」(Billy Graham Evangelistic Association)와 「사마리아인의 지갑」(Samaritan's Purse) 대표이기도 한 그레이엄은 믿음 안에서 자주 펜스를 만났다. 그레이엄은 그동안 교제해온 펜스에 대해 다음과 같이 말했다.

"저는 지금 시대에도 신앙을 부끄러워하지 않고, 낙태를 반대하며, 보수적인 성향을 갖고 있는 펜스와 같은 정치인들이 우리에게 있다는 사실에 하나님께 감사드립니다. 펜스와 캐런은 어디서든 자신들의 신앙을 거리낌 없이 고백해왔고 모든 사람들이 그들의 신앙을 엿볼 수 있도록 살아왔습니다.

제 아내 제인(Jane)과 저는 펜스 부통령과 함께 할 수 있는 특권을 여러 번 누렸습니다. 그 과정에서 펜스가 이 위대한 나라의 국민들을 위해 기꺼이 봉사하고자 하는 마음을 가진 사람이라는 것을 수없이 확인했습니다. 무엇보다 이 사실에 대해 감사하게 생각합니다."

또한 그레이엄은 펜스와 조지 W. 부시(George W. Bush) 전 대통령에 대해서도 언급했다.

"두 사람은 매우 가까운 사이였습니다. 부시 전 대통령도 매일 아침 성경을 읽으며 하루를 시작했고 믿음을 실천하며 살려고 노력한 사람입니다. 그러나 펜스는 더욱 독특합니다. 펜스는 자신의 주요 직무를 통해서도 생명의 신성함을 지키려고 했고 다른 보수적인 가치들에 대해서도 하나님을 찾아 답을 구했습니다. 제가 생각하기에 펜스는 백악관 웨스트 윙(The West Wing)에 있는 하나님의 사람입니다."

펜스와 오랜 기간 교제했던 엘사스는 부통령이 된 펜스에 대해 이렇게 말했다.

"잘 알고 지내는 훌륭한 사람의 성공을 보는 것은 참 기쁜 일이죠. 저는 트럼프 대통령과 펜스가 믿음을 공유하고, 펜스의 사고방식과 생활방식을 통해 긍정적인 영향력을 행사하시려고 하나님께서 펜스를 백악관에 보내셨다고 확신해요. 펜스는 언제나 하나님을 최우선시하고, 모든 의사 결정을 이 기준을 통해 했죠.

하나님을 신뢰하는 믿음을 바탕으로 모든 결정을 내리기 때문에 펜스의 일과 삶에는 일관성이 있어요. 매일 아침 출근하고, 주님을 사랑하고, 성령이 인도하시는 대로 순종하는 것, 그것이 펜스의 삶의 전부예요. 음모와 협작을 꾸미는 사람들은 늘 불안감에 빠져 살죠.

그러나 펜스의 마음에는 주님이 주시는 평안뿐이에요. 펜스는 하나님께서 자신을 가장 크게 사용하실 수 있는 곳에 사용하시도록 자신을 준비하고 있을 뿐이에요. 그래서 그가 지금의 위치에까지 올랐다고 생각해요."

엘사스의 말처럼 펜스는 자신의 삶은 자신의 것이 아니라고 고백했다.

"저는 제 삶이 저의 것이 아니라고 진정으로 믿습니다. 특히 크리스천으로서 하나님의 손에 모든 것을 맡기기로 결심했을 때는 매일 아침마다 '내가 하고 싶은 일은 무엇인가?'를 생각하는 것이 아니라, 무릎을 꿇고 성경을 펴고 '주님은 내가 무엇을 하길 원하시는가?'를 분별하기 위해 노력하고 있습니다. 저와 제 가족은 주님을 섬깁니다. 그리고 하나님께서 우리에게 요구하시는 것이 무엇인지, 어떤 상황에서도 우리의 믿음이 우리에게 요구하는 것이 무엇인지를 분별하기 위해 노력해요. 저는 겸손한 마음으로 최선을 다해 그 방법을 찾아 실천할 것입니다."[2]

"내가 그리스도와 함께 십자가에 못 박혔나니
그런즉 이제는 내가 산 것이 아니요 오직 내 안에 그리스도께서
사신 것이라 이제 내가 육체 가운데 사는 것은 나를 사랑하사
나를 위하여 자기 몸을 버리신 하나님의 아들을 믿는 믿음 안에서
사는 것이라"(갈라디아서 2:20)

하나님께 사랑받는 사람

펜스는 "하나님께서는 미국을 소중히 여기신다"라고 입버릇처럼 말한다. 그래서 미국은 하나님의 큰 복을 받았고 하나님이 주신 은혜 덕분에 기독교 나라로 출발할 수 있었다고 생각한다. 펜스는 이런 시각을 바탕으로 살아가려고 노력하고, 또한 정치를 하려고 노력하는 사람이다.

펜스가 부통령이 됐을 때 미국은 큰 시련을 겪고 있었다. 이전에도 몇 번의 시련이 있었지만 미국에는 하나님의 사랑이라는 희망이 있었기에 이겨낼 수 있었다.

펜스는 "하나님은 생명의 근원이시며 온 역사를 주장하시기 때문에 실패를 덮어주고 믿음의 사람들에게 힘을 주신다"

라고 믿으며 "이런 믿음을 바탕으로 신앙과 자유를 지키며 생명의 신성한 권리를 보장하고, 헌법에 명시된 모든 자유를 소중히 여기기 위해 같은 믿음을 공유하는 사람들이 함께 앞으로 전진해야 한다"라고 말했다. [3]

펜스는 미국의 역사도 신앙의 힘이 있었기에 가능했다고 말한다.

"'미국의 힘은 신앙 공동체에서 나온다'라는 말을 증명하듯 실제로 위기의 순간마다 신앙의 목소리가 미국인들을 단합시켰어요. 저는 이 목소리에 엄청난 힘이 있다고 믿습니다.

조지 왕(King George)의 폭정에 맞서는 굉음을 울린 것은 미국 건국 무렵의 교회 강단이었어요. 노예제도의 폐해를 말하고, 심지어 엄청난 내전을 겪으면서도 미국 노예제도라는 재앙을 종식시킨 것도 미국의 교회 강단이었죠. 인권 운동을 통해 미국을 변화시킨 것 역시 믿음의 목소리와 믿음의 공동체였고 그로 인해 우리는 더 발전한 국가가 되었습니다." [4]

> "내 이름으로 일컫는 내 백성이 그 악한 길에서 떠나
> 스스로 겸비하고 기도하여 내 얼굴을 구하면
> 내가 하늘에서 듣고 그 죄를 사하고 그 땅을 고칠찌라"(역대하 7:14)

펜스는 이 말씀을 종종 사람들에게 상기시킨다.

펜스는 만나는 모든 사람들에게 "우리나라를 위해 기도해

주세요"라고 부탁한다. 이 기도는 '하나님이 우리 편이 되게 해달라'는 이기적인 기도가 아니라 '우리가 하나님의 편이 되게 해달라'고 간구한 에이브러햄 링컨(Abraham Lincoln) 대통령의 대의를 향한 기도와 같은 것이다. **(5)**

펜스의 영적 신념, 보수적 견해, 그리고 조국을 위해 봉사하는 열정은 그 어떤 정치인보다 확고하다. 또한 펜스를 아는 모든 사람들은 결코 이 사실을 부인하지 않는다. 펜스의 이런 모습을 아는 사람들로부터 "언젠가는 펜스가 대통령직에 도전하지 않을까?"라는 작은 바람과 응원의 목소리가 흘러나오는 것은 어찌보면 당연한 일이다.

펜스를 아는 사람들은 더더욱 펜스가 대통령이 되기를 바란다. 하지만 이들의 바람에 펜스는 "하나님의 뜻이라면 순종할 것"이라고 대답할 뿐이다.

펜스의 믿음을 아는 사람이라면 누구나 펜스의 오랜 친구인 덕 디슨의 확신에 찬 목소리에 동의할 것이다.

"펜스는 훌륭한 대통령이 될 것입니다!"

참조 자료(ENDNOTE)

제 1장

1) From James C. Dobson's personal correspondence with author, August 17, 2018.

제 2장

1) "Remarks by Vice President Pence to the American Ireland Fund National Gala," March 15, 2017 (Whitehouse.gov).

2) Sheryl Gay Stolberg, "I Am an American Because of Him," The New York Times, March 16, 2017.

3) Jane Mayer, "The Danger of President Pence," The New Yorker, October 23, 2017.

4) Mike Pence campaign speech.

5) Charlotte Pence, Where You Go: Life Lessons from My Father (New York, NY: Hachette Book Group, 2018).

6) Kirk Johannesen, "Exclusive interview: Pence, Trump share 'belief in the American dream,'" The Republic, January 18, 2017.

7) "Vice President Pence shares his testimony of Jesus Christ," Media Strategy Group, January 30, 2017.

8) Judith Valente, "Catholic Sister Recalls Her Pupil, Gov. Mike Pence," NPR from Illinois State University, August 1, 2016.

9) Ibid.

10) Jane Mayer, "The Danger of President Pence," The New Yorker, October 23, 2017.

11) Ibid.

12) Remarks by the Vice President to the Latino Coalition Policy Summit, Issued on March 10, 2017 (www.whitehouse.gov/briefings-statements).

13) Kukolla.

14) C-SPAN with host Brian Lamb, "Q&A with Mike Pence," January 19, 2006 (www.c-span.org/video/?190800-1/qa-mike-pence).

15) McCawley.

16) Charlotte Pence, Where You Go.

17) McKay Coppins, "God's Plan for Mike Pence: Will the vice president—and the religious right—be rewarded for their embrace of Donald Trump?," The Atlantic, January/February 2018.

18) "VP Mike Pence Shares Testimony at Church by the Glades," VFNtv (Vine Fellowship Network), April 8, 2017; "On Sunday Vice President Mike Pence shared his story of becoming a Christian during a visit to Church by the Glades in South Florida," TruNews, March 20, 2017; service was March 19, 2017.

제 3장

1) https://history.hanover.edu/texts/HC/2008pence-graduation.html.

2) Jennifer Wishon, "Rep. Mike Pence: 'It All Begins with Faith,'" Christia Broadcasting Network News, February 10, 2010.

3) Anne Klouman, "Vespers Looking Up," Hanover College Triangle, September 27,

1980, Vol. 73, No. 1.

4) "VP Mike Pence Shares Testimony at Church by the Glades," VFNtv.

5) Ibid.

6) Ibid.

7) First Baptist Church of Jacksonville, September 18, 2016.

8) "VP Mike Pence Shares Testimony at Church by the Glades," VFNtv.

제 4장

1) www.libertyfund.org/about-liberty-fund.

2) Craig Fehrman, "INcoming: Mike Pence. How the governor-elect found his conservative voice and a strategy for winning the race: keep it quiet," Indianapolis Monthly, January 2, 2013.

3) Brian Eason, "Trump's VP: 11 things to know about Mike Pence," The Indianapolis Star, February 24, 2018.

4) Michael Richard Pence, The Religious Expressions of Abraham Lincoln, December 14, 1980.

5) Ibid.

제 5장

1) Pence4Indiana, "First TV Ad: Mike for Governor," May 15, 2012 (www.youtube.com/watch?v=xomOUS4mO9U).

2) Amos Brown, "Karen Pence Sits Down With Amos For In-Depth Revealing Interview On Her Role As Indiana's First Lady," Afternoons with Amos, The Light & Radio One, (praiseindy.com/2029883/karen-pence-sits-down-with-amos-for-in-depth-revealing-interview-on-her-role-as-indianas-first-lady).

3) Jenna Browder, "Indiana Nice vs. DC Vice – Karen Pence on Faith, Family and Her Heart for Healing," CBN News, April 10, 2017.

4) Shari Rudavsky, "Karen Pence is right at home," The Indianapolis Star, December 12, 2013.

5) Kukolla.

6) Rudavsky.

7) McCawley.

8) McCawley.

9) Ibid.

10) Ibid.

11) John Schorg, "Riding the 2nd District: Pence 'pedals' his candidacy for Congress," The Republic, July 10, 1988.

12) Charlotte Pence, Where You Go.

13) C-SPAN, "Mike Pence Remarks at the Ronald Reagan Presidential Library," September 8, 2016.

14) Rudavsky.

15) Michael Barbaro and Monica Davy, "Mike Pence: A Conservative Proudly Out of Synch With His Times," The New York Times, July 16, 2016.

제 6장

1) Darren Samuelsohn, "The old cassettes that explain Mike Pence," Politico, July 20, 2016.
2) Kukolla.
3) Kukolla.
4) Ibid.
5) Hoosier State Chronicles, https://newspapers.library.in.gov.
6) Melissa Langsam Braunstein, "Second Lady Karen Pence Opens Up About Her Struggles With Infertility," The Federalist, April 25, 2017.
7) Ibid.
8) Braunstein.
9) Ibid.
10) Ibid.
11) https://inpolicy.org.
12) Rudavsky.

제 7장

1) Braunstein.
2) Kukolla.
3) Ibid.
4) Brian Blair, "Open Mike: Columbus native's radio show, Saturday TV debut demonstrate he has learned diplomacy," The Republic, Columbus, IN, September 17, 1995.
5) Brian Slodysko, "Pence's unflappability could help Trump stay cool," Associated Press/The Indianapolis Star, July 12, 2016.
6) C-SPAN, "Q&A with Mike Pence," January 19, 2006.
7) Braunstein.
8) Remarks by the Vice President at the National Veterans Day Observance, Arlington National Cemetery, Arlington, VA, November 11, 2017.

제 8장

1) Ryan Trares, "Mike Pence: Group recalls strong roots that helped Pence thrive," The Daily Journal, Franklin, IN, January 18, 2017.
2) Mayer.
3) Blair.
4) Charlotte Pence, Where You Go.
5) Gary Varvel, "Varvel: The day I unfriended Mike Pence," The Indianapolis Star, January 17, 2017.

제 9장

1) Rudavsky.
2) Rick Yencer, "Pence wins big; McIntosh loses home precinct, 191-119," The Star

Press, Muncie, IN, November 9, 2000.

제 10장

1) Carly Hoilman, "VP Mike Pence: 'No People of Faith Today Face Greater Hostility or Hatred Than the Followers of Christ,'" FaithWire, May 12, 2017.
2) Charlotte Pence, Where You Go: Life Lessons from My Father.
3) Ibid.
4) Mike Pence, "Theory of the Origin of Man," Congressional Record, Proceedings and Debates of the 107th Congress, Second Session, House of Representatives, Vol. 148, No. 93, Washington, July 11, 2002.
5) Hardball with Chris Matthews, MSNBC, May 5, 2009.
6) C-SPAN, "Q&A with Mike Pence," January 19, 2006.

제 11장

1) Billy Graham, Just As I Am: The Autobiography of Billy Graham (New York: HarperCollins Publishers, 1997).
2) Ibid.
3) Gary Varvel, "Varvel: Rebutting The New Yorker caricature of Mike Pence," The Indianapolis Star, October 24, 2017.
4) Mayer.
5) Charlotte Pence, Where You Go.
6) H.R.618, Right to Life Act, 110th Congress (2007-2008).
7) User-created clip of Mike Pence at March for Life, C-SPAN, January 22, 2001 (www.c-span.org/video/?c4617276/mike-pence-2001).
8) Mike Pence, "Abortion," Congressional Record, 111th Congress, First Session, Vol. 155, No. 12, Washington, January 21, 2009.
9) Mike Pence, "Pledging Support for Israel," Congressional Record, 107th Congress, First Session, Vol. 147, No. 137, Washington, October 12, 2001.
10) Coppins.
11) "Remarks by the Vice President at Christians United for Israel Washington Summit," July 17, 2017 (www.whitehouse.gov/briefings-statements/remarks-vice-president-christians-united-israel-washington-summit).
12) "Indiana Congressional Races, Congressional District 6," The Howey Political Report, Vol. 8, No. 39, July 1, 2002.
13) Mike Pence, "Our Military Health Care System," Congressional Record, 110th Congress, First Session, House of Representatives, Vol. 153, No. 38, Washington, March 6, 2007.

제 12장

1) First Baptist Church of Jacksonville, September 18, 2016.
2) Allan Smith, "Pence recalls the 'longest 12 minutes of his life' on September 11," Business Insider, September 11, 2017.
3) First Baptist Church of Jacksonville, September 18, 2016.
4) Mary Beth Sheridan, "Outdated Radios Fail Capitol Police," The Washington Post,

June 2, 2008.

5) Allan Smith.

6) Ibid.

7) Ibid.

8) Gabby Morrongiello, "Mike Pence tears up recalling heroes of Flight 93," Washington Examiner, September 11, 2017.

9) John Clark, "Hill, Pence tour devastation at New York's Ground Zero," The Republic, October 2, 2001.

10) Mike Pence, "National Day of Prayer," Congressional Record, 109th Congress, Second Session, Vol. 152, No. 52, Washington, May 4, 2006.

11) Mike Pence, 2013 Indiana Leadership Prayer Breakfast.

12) John Clark, "Pence family takes steps vs. 'poison powder,'" The Republic, October 28, 2001.

13) Mike Pence, 2013 Indiana Leadership Prayer Breakfast.

14) Ibid.

15) Meghan O'Gieblyn, "Exiled: Mike Pence and the evangelical fantasy of persecution," Harper's Magazine, May 2018.

16) "Pence Statement on 'In God We Trust' in Capitol Visitor's Center," Standard Newswire, October 1, 2009.

제 13장

1) Julia Moffitt, "Pence family comes home to Indiana," WTHR Channel 13/NBC, Indianapolis January 14, 2013.

2) Charlotte Pence, Where You Go.

3) Ibid.

4) Ibid.

5) Ibid.

6) Mike Pence, 2015 Indiana Leadership Prayer Breakfast.

7) Ibid.

8) Moffitt.

9) Ibid.

10) Rudavsky.

11) Nate Silver, "In State Governments, Signs of a Healthier G.O.P.," The New York Times, FiveThirtyEight Blogs, April 16, 2013.

제 14장

1) Maureen Hayden, "Karen Pence forging her role as Indiana's first lady," The Herald Bulletin, Anderson, IN, March 18, 2013.

2) Mike Pence, 2015 Indiana Leadership Prayer Breakfast.

3) Mike Pence, 2013 Indiana Leadership Prayer Breakfast.

4) Mike Pence, 2016 Indiana Leadership Prayer Breakfast.

5) Mike Pence, 2016 Indiana Leadership Prayer Breakfast.

6) Mike Pence, 2016 Indiana Leadership Prayer Breakfast.

7) "Governor Pence Statement on HEA 1337," IN.gov, March 24, 2016.

8) Tony Cook, "Gov. Mike Pence signs 'religious freedom' bill in private, The Indianapolis Star, March 25, 2015.

9) "A Visit with Governor Mike and Karen Pence," Dr. James Dobson's Family Talk, October 5, 2016.

10) Indiana General Assembly, Conference Committee Report Digest for ESB 50 (iga.in.gov/documents/92b34f58).

11) Mike Pence, 2016 Indiana Leadership Prayer Breakfast.

12) Gary Varvel, "Varvel: Rebutting The New Yorker caricature of Mike Pence."

13) Alex Brown, "Pence Welcomes Israeli Leaders at Business Exchange," Inside Indiana Business, June 28, 2016.

14) Sean Savage, "Indiana Gov. Mike Pence, Trump's VP choice, roots support for Israel in Christian faith," Jewish News Service, July 15, 2016.

제 15장

1) Mayer.

2) Charlotte Pence, Where You Go.

3) Charlotte Pence, Where You Go.

4) "VP Mike Pence Shares Testimony at Church by the Glades," VFNtv.

5) Mayer.

6) McKay Coppins, "God's Plan for Mike Pence."

7) Mayer.

8) Charlotte Pence, Where You Go.

9) "Charlotte Pence On Her New Book, Family & More," The View, ABC, March 20, 2018.

10) "A Visit with Governor Mike and Karen Pence," Dr. James Dobson's Family Talk, October 5, 2016.

11) Parker.

12) Charlotte Pence, Where You Go.

13) Mahler and Johnson.

제 16장

1) Mayer.

2) Gary Varvel, "Varvel: Rebutting The New Yorker caricature of Mike Pence."

3) Gary Varvel, "A conservative's view: What motivated Mike Pence to run with Donald Trump?" The Indianapolis Star, August 30, 2017.

4) Ibid.

5) "A Visit with Governor Mike and Karen Pence," Dr. James Dobson's Family Talk.

6) Gabby Morrongiello, "Trump: Mike Pence 'has one hell of a good marriage going,'" Washington Examiner, March 31, 2017.

7) Shari Rudavsky, "Karen Pence is right at home," The Indianapolis Star, December 12, 2013.

제 17장

1) Charlotte Pence, Where You Go.

2) Charlotte Pence, Where You Go.

3) "Vice President Mike Pence Speech March For Life 2017 Washington DC," FOX News Network/FOX 10 Phoenix, Jan 27, 2017.

4) Elena Mejia Lutz, "Bible, family picture grace Vice President Mike Pence's official portrait as governor," The Indianapolis Star, August 11, 2017.

5) Ibid.

6) "VP Mike Pence Shares Testimony at Church by the Glades," VFNtv.

7) Matt Hadro and Adelaide Mena, "Vice President at Catholic Prayer Breakfast: 'Continue to Be Hands, Feet of Our Savior,'" National Catholic Register, June 6, 2017.

8) "Omarosa says 'we would be begging' for Trump if Pence became president," CBS News, February 12, 2018.

9) "Omarosa Overshares About Pence On 'Big Brother,'" The View, ABC, February 13, 2018.

10) Ibid.

11) Ibid.

12) "Axios Interview with Vice President Pence," C-SPAN, February 14, 2018 (www.c-span.org/video/?441176-1/vice-president-pence-expresses-confidence-white-house-chief-staff).

13) "Pence: Behar's Comments About Faith Show How Out of Touch Some in the Media Are," FOX & Friends, Fox News, February 19, 2018.

14) Craig Bannister, "Bozell Calls on ABC News President to Apologize for Insults to Pence's Christian Faith on 'The View,'" CNSNews, February 15, 2018.

15) Brian Flood, "ABC News silent after more than 30,000 calls over 'View' star Joy Behar's 'anti-Christian bigotry,'" FOX News, February 28, 2018.

16) "'The View' Co-Hosts Respond To Criticism Of Comments On Vice Pres. Pence," The View, ABC, February 15, 2018.

17) Ibid.

18) "One-on-One with Vice President Pence," Hannity, FOX News, March 12, 2018.

19) Ibid.

20) "One-on-One with Vice President Pence," Hannity, FOX News, March 12, 2018.

21) Ibid.

22) Peter Heck, "Pete Heck: Mike Pence is a man of true faith," The Indianapolis Star, July 18, 2016.

23) "Remarks by Vice President Pence at the World Summit in Defense of Persecuted Christians," May 11, 2017 (whitehouse.gov).

제 18장

1) "Second Lady Karen Pence's Initiative, Healing with the HeART," The White House YouTube channel, October 18, 2017.

2) C-SPAN, "Q&A with Mike Pence," January 19, 2006.

3) "Trump and Pence Send Video Messages to the Nation's Churches."

4) Ibid.

나는 마이크 펜스를 거의 25년 동안 알아왔다.

우리는 서로의 믿음, 가족, 보수적인 대의, 나라를 위한 섬김의 열정의 가치를 공유했다. 사실 펜스와 나는 공통점이 많다. 내가 목회자로 주님을 섬길 때, 마이크 펜스도 목회자의 길을 고민했었다. 내가 알칸소 부지사로, 그리고 주지사로 나라를 위해 헌신할 때, 펜스는 인디애나주 하원 의원이었다. 또한 무엇보다도, 이겨낼 수 없을 만큼 힘겨운 상황에 직면했을 때 우리는 함께 하나님께 모든 걸 맡기며 주님의 능력에 의지했고, 결과적으로 믿음으로 한 단계 더 성숙해질 수 있었다.

마이크 펜스는 삶의 모든 영역에서 주님의 뜻을 이루고자 노력하고 바라는 사람이다. 많은 정치인들이 신앙을 이용해 표를 얻거나, 종교인들의 마음을 얻으려 하는 반면, 마이크 펜스는 자신이 말하는 것이 그의 뜻이며, 자신이 뜻하는 것을 그대로 말하는, 진실한 사람이다. 그는 성경적인 세계관으로 모든 일을 분별하는 사람이다. 나는 펜스를 미국의 부통령, 친구, 주님 안에서의 형제로 부를 수 있어 자랑스럽다.

마이크 펜스 부통령의 삶을 이토록 진실되고 자세하게 보여주는 책은 없을 것이다.

– 마이크 허커비(Mike Huckabee)

이 책은 아일랜드 이민자 출신이 삶 속에서 어떻게 영적인 빛을 발견하였는지, 그리스도 안의 형제 자매들의 성원에 힘입어 어떻게 미국 부통령으로 서게 되는지, 그 여정을 드러내고 있다. 또한 마이크 펜스의 깊이 있고 개인적인 믿음과 그리스도 중심의 삶이 얼마나 큰 기쁨을 주는지에 대해 이야기한다.

우리는 이 책을 통해 성숙하지 못한 신앙, 버려졌던 신앙, 그리고 어둠을 뚫고 기쁨으로 예수 그리스도 안에서 다시 태어난 신앙에 대해 느낄 수 있다.

마이크 펜스는 주님을 신뢰하고, 가족에게 감사하고, 하나님이 주신 자유를 날마다 찬양하는 '기도하는 지도자'이다.

그는 섬김의 마음과 인정이 많은 사람이다. 또한 펜스는 미국의 건국자들을 떠올리게 하고, 로널드 레이건의 낙천적인 정신과 국가를 향한 사랑을 느끼게 한다.

이 책에는 우리가 사랑하는 국가에 다시 한번 희망을 일으키기를 원하는 펜스의 겸손과 기도하는 지도자 펜스의 모습이 그대로 담겨있다.

― 렉스 엘사스(RexElsass CEO)

감사한 분들

무엇보다도 나의 가장 친한 친구이자 기도의 동역자인 어머니 다이앤 앤드루스(Dianne Andrews)에게 감사의 마음을 전한다.

"나의 엄마로 엄마를 만나게 해주셔서 감사합니다."

폴, 이사벨라 그리고 엘리야(Paul, Isabella and Elijah) 세 자녀와 남편(Dallas)에게 감사한다.

이 책의 출판이 가능할 수 있었던 것은 제이 C. 스테거(Jay C. Steger)의 지지와 조언, 참여와 기도 덕분이다.

그리고 James Dobson, Rex Elsass, R.J. Richmond, Christine Whitaker, Susan Van Someren, Shirley Rosenvall, Cathi and Dana Danzer, Mary Lou Phillips, Jackson Cramer, Jeanne Cramer, Kent DelHousaye, Editing team at Whitaker House, Jim Armstrong, Karen Campbell, Matt Palumbo, Sarah Olson.

또, Franklin Graham, Richard Land, Ken Blackwell, Ralph Reed, Stephen Piepgrass, Doug Deason, Van Smith, Ronnie Floyd, Craig Fehrman, Scott Uecker, Jay Strack, Cecil Bohanon, Mark and Patricia Bailey, Tony Suarez, Congressman John Carter, Jack Graham, Andrew Phipps, Ryan Reger, Reverend Johnnie Moore, Mike Murphy, Gary

Varvel, Garry Smith, David McIntosh, Pastor Harry Jackson, Pastor Jim Dodson, Howard Hubler, Lani Czarniecki, Ed Simcox, Pastor Charles Lake, Ed Feigenbaum, Matt Brooks, Andrew Murray, Dan Murphy, Mike Stevens, Sue Ellsperman, and Jennifer L. Ping에게 감사한다.

"His lord said unto him, Well done,

good and faithful servant;

thou hast been faithful over a few things,

I will make thee ruler over many things:

enter thou into the joy of thy lord.

그 주인이 이르되 잘 하였도다 착하고 충성된 종아

네가 작은 일에 충성하였으매

내가 많은 것으로 네게 맡기리니

네 주인의 즐거움에 참예할찌어다"

(마태복음 Matthew 25:23)

망망한 바다 한가운데서 배 한 척이 침몰하게 되었습니다.
모두들 구명보트에 옮겨 탔지만 한 사람이 보이지 않았습니다.
절박한 표정으로 안절부절 못하던 성난 무리 앞에 급히 달려 나온 그 선원이
꼭 쥐고 있던 손바닥을 펴 보이며 말했습니다.
"모두들 나침반을 잊고 나왔기에… "
분명, 나침반이 없었다면 그들은 끝없이 바다 위를 표류할 수 밖에 없을 것입니다.

우리는 삶의 바다를 항해하는 모든 이들을 위하여
그 나침반의 역할을 하고 싶습니다.
우리를 구원하신 위대한 주 예수 그리스도를 널리 전하고 싶습니다.

"하나님은 모든 사람이 구원을 받으며
진리를 아는 데에 이르기를 원하시느니라"
(디모데전서 2장 4절)

마이크 펜스의 행하는 신앙
Opportunity Leadership

지은이 | 레슬리 몽고메리
번 역 | 편집팀
발행인 | 김용호
발행처 | 나침반출판사

제1판 발행 | 2022년 5월 25일

등 록 | 1980년 3월 18일 / 제 2-32호
본 사 | 07547 서울특별시 강서구 양천로 583
         블루나인 비즈니스센터 B동 1607호
전 화 | 본사 (02) 2279-6321 / 영업부 (031) 932-3205
팩 스 | 본사 (02) 2275-6003 / 영업부 (031) 932-3207
홈 피 | www.nabook.net
이 멜 | nabook365@hanmail.net

ISBN 978-89-318-1638-9
책번호 차-1001

값은 뒤표지에 있습니다.